Studienskripten zur Soziologie

Herausgegeben von
H. Sahner, Halle (Saale), Deutschland
M. Bayer, Nürnberg, Deutschland
R. Sackmann, Halle (Saale), Deutschland

Die Bände „Studienskripten zur Soziologie" sind als in sich abgeschlossene Bausteine für das Bachelor- und Masterstudium konzipiert. Sie umfassen sowohl Bände zu den Methoden der empirischen Sozialforschung, Darstellung der Grundlagen der Soziologie als auch Arbeiten zu so genannten Bindestrich-Soziologien, in denen verschiedene theoretische Ansätze, die Entwicklung eines Themas und wichtige empirische Studien und Ergebnisse dargestellt und diskutiert werden. Diese Studienskripten sind in erster Linie für Anfangssemester gedacht, sollen aber auch dem Examenskandidaten und dem Praktiker eine rasch zugängliche Informationsquelle sein.

Herausgegeben von
Prof. Dr. Heinz Sahner
Halle (Saale), Deutschland

Prof. Dr. Reinhold Sackmann
Halle (Saale), Deutschland

Dr. Michael Bayer
Nürnberg, Deutschland

Begründet von
Prof. Dr. Erwin K. Scheuch †

Weitere Bände in dieser Reihe http://www.springer.com/series/12699

Petra Aigner

Migrationssoziologie
Eine Einführung

Petra Aigner
Johannes-Kepler Universität Linz
Linz, Österreich

Studienskripten zur Soziologie
ISBN 978-3-531-18271-1   ISBN 978-3-531-18999-4   (eBook)
DOI 10.1007/978-3-531-18999-4

Die Deutsche Nationalbibliothek verzeichnet diese Publikation in der Deutschen Nationalbibliografie; detaillierte bibliografische Daten sind im Internet über http://dnb.d-nb.de abrufbar.

Springer VS
© Springer Fachmedien Wiesbaden GmbH 2017
Das Werk einschließlich aller seiner Teile ist urheberrechtlich geschützt. Jede Verwertung, die nicht ausdrücklich vom Urheberrechtsgesetz zugelassen ist, bedarf der vorherigen Zustimmung des Verlags. Das gilt insbesondere für Vervielfältigungen, Bearbeitungen, Übersetzungen, Mikroverfilmungen und die Einspeicherung und Verarbeitung in elektronischen Systemen.
Die Wiedergabe von Gebrauchsnamen, Handelsnamen, Warenbezeichnungen usw. in diesem Werk berechtigt auch ohne besondere Kennzeichnung nicht zu der Annahme, dass solche Namen im Sinne der Warenzeichen- und Markenschutz-Gesetzgebung als frei zu betrachten wären und daher von jedermann benutzt werden dürften.
Der Verlag, die Autoren und die Herausgeber gehen davon aus, dass die Angaben und Informationen in diesem Werk zum Zeitpunkt der Veröffentlichung vollständig und korrekt sind. Weder der Verlag noch die Autoren oder die Herausgeber übernehmen, ausdrücklich oder implizit, Gewähr für den Inhalt des Werkes, etwaige Fehler oder Äußerungen. Der Verlag bleibt im Hinblick auf geografische Zuordnungen und Gebietsbezeichnungen in veröffentlichten Karten und Institutionsadressen neutral.

Lektorat: Katrin Emmerich

Gedruckt auf säurefreiem und chlorfrei gebleichtem Papier

Springer VS ist Teil von Springer Nature
Die eingetragene Gesellschaft ist Springer Fachmedien Wiesbaden GmbH
Die Anschrift der Gesellschaft ist: Abraham-Lincoln-Str. 46, 65189 Wiesbaden, Germany

Inhaltsverzeichnis

1 Einleitung.. 1
  1.1 The Age of Migration und die Migrationssoziologie............ 1
    1.1.1 Der Migrationsbegriff............................ 3
    1.1.2 Migrationssoziologie 3

2 Theorien der Migrationssoziologie 7
  2.1 Klassiker der Migrationssoziologie (1900–1920).............. 7
    2.1.1 Georg Simmel: Exkurs über den Fremden (1908)....... 9
    2.1.2 Robert Park: Human Migration and the Marginal
          Man (1928)..................................... 11
    2.1.3 Alfred Schütz: The Stranger (1944)................. 12
    2.1.4 Zusammenfassung 14
  2.2 Robert Park und die Chicago School: Race Relations Cycle
     (1920er-Jahre) 15
    2.2.1 Kritik.. 20
    2.2.2 Zusammenfassung 21
  2.3 Shmuel N. Eisenstadt: Drei-Phasen-Modell (1950er-Jahre)...... 22
    2.3.1 Kritik.. 26
    2.3.2 Zusammenfassung 26
  2.4 Nathan Glazer und Daniel Moynihan: Beyond the Melting Pot –
     von der Assimilationsdebatte zur Pluralismusdebatte (1963)..... 27
    2.4.1 Die afroamerikanische Bevölkerungsgruppe in
          New York 29
    2.4.2 Die puerto-ricanische Bevölkerungsgruppe New Yorks... 30
    2.4.3 Die jüdische Bevölkerungsgruppe New Yorks.......... 30
    2.4.4 Die italienische Bevölkerungsgruppe New Yorks 31
    2.4.5 Die irische Bevölkerungsgruppe New Yorks 31

2.4.6 Empirische Ergebnisse und theoretische Erkenntnisse
der Studie 31
2.4.7 Kritik.. 33
2.4.8 Zusammenfassung 33
2.5 Milton Gordon: Assimilationstheorie und Ethclass
(1960er-Jahre) 34
2.5.1 Kritik und Zusammenfassung..................... 38
2.6 Hans-Joachim Hoffmann-Nowotny: Migration und
sozietale Systeme (1970er-Jahre)......................... 39
2.6.1 Kritik.. 42
2.6.2 Zusammenfassung 43
2.7 Migrationssystemtheorie (1970er-Jahre).................... 44
2.7.1 Kritik.. 47
2.7.2 Zusammenfassung 49
2.8 Immanuel Wallerstein: Die Weltsystemtheorie (1970er-Jahre).... 49
2.8.1 Kritik.. 52
2.8.2 Zusammenfassung 53
2.9 Saskia Sassen: Global Cities und Migrationstheorien
(1980er-Jahre) 53
2.9.1 Kritik.. 56
2.9.2 Zusammenfassung 56
2.10 Hartmut Esser: Handlungstheoretisch-individualistischer Ansatz
(1980er-Jahre) 57
2.10.1 Kritik.. 61
2.10.2 Zusammenfassung 62
2.11 Brain Drain, Brain Gain und Brain Circulation (1990er-Jahre) ... 64
2.11.1 Kritik.. 67
2.11.2 Zusammenfassung 68
2.12 Transnationalismustheorie (1990er-Jahre).................. 68
2.12.1 Kritik.. 70
2.12.2 Zusammenfassung 71
2.13 Migrationsnetzwerktheorie (1990er-Jahre) 72
2.13.1 Kritik.. 74
2.13.2 Zusammenfassung 75
2.14 Gesamtresümee Theorien zur Migrationssoziologie 76

3 Felder der Migrationssoziologie 81
3.1 Migration, Alltag und Integration 85
3.1.1 Daten zu Migration............................ 86

3.1.2 Integration und Integrationsdynamiken: das
klassische Konzept 95
3.1.3 Zeitgenössische Ansätze zu Integrationsdynamiken 96
3.1.4 Multikulturalismus/Multikulturalität als Interaktion
und Integrationskonzept; Interkulturalität und
Transkulturalität 98
3.2 Migration, Arbeit und Arbeitsmarkt........................ 101
3.2.1 Remittances 103
3.2.2 Arbeitsmigration in der EU mit Fokus auf
Deutschland und Österreich 104
3.2.3 Benachteiligungen am Arbeitsmarkt
für MigrantInnen 108
3.2.4 Selbstständigkeit.............................. 110
3.2.5 Diversität und Betriebe......................... 112
3.3 Migration und Bildung................................. 113
3.4 Migration, Flucht und Asyl 123
3.5 Migration und Irregularität.............................. 131
3.5.1 Menschenhandel und Menschenschmuggel.......... 132
3.5.2 Schattenökonomien oder Clandestine Work.......... 137
3.6 Migration und Identität 138
3.7 Feminisierung von Migration............................ 142

4 Perspektiven der Migrationssoziologie....................... 147
4.1 Internationalität, globale Migrationsströme und
Migrationstrends 147
4.1.1 Daten, Fakten und Prognosen..................... 148
4.1.2 Feminisierung von Migration..................... 150
4.1.3 Süd-Süd-Migration............................ 151
4.1.4 Flucht und Asyl.............................. 153
4.1.5 Klimawandel und Umweltkatastrophen.............. 154
4.1.6 Irreguläre Migrationen 155
4.1.7 Remittances 156
4.2 Interdisziplinarität 156
4.2.1 Geografie und Demografie....................... 157
4.2.2 Ökonomie bzw. Betriebswirtschaft 158
4.2.3 Geschichte 159
4.2.4 Politikwissenschaft............................ 159
4.2.5 Rechtswissenschaften.......................... 159
4.2.6 Anthropologie................................ 160

	4.2.7	Kulturwissenschaften	160
	4.2.8	Psychologie	161
	4.2.9	Pädagogik	161
5	**Gesamtresümee**		165
Literatur			169

Einleitung

1.1 The Age of Migration und die Migrationssoziologie

Von geschätzten 7,35 Mrd. Menschen leben heute mehr als 244 Mio. (etwa 3 % der Weltbevölkerung) weltweit außerhalb ihrer Herkunftsregionen (vgl. UN 2016a). Während die Zahl der MigrantInnen im Jahr 1990 noch bei 154 Mio. Menschen lag, stieg sie bereits bis zum Jahr 2000 auf 175 Mio. an (vgl. ibid.). Mit Blick auf die Entwicklungen bis 2016 lässt sich somit ein Wachstum der Migrationsbewegungen ablesen.

2015 waren besonders die Länder im Norden, sogenannte Industrieländer, von Zuwanderung betroffen. MigrantInnen suchten dort eine neue Heimat. Im Vergleich dazu waren es nur 96 Mio. Menschen, die in südliche Länder und Entwicklungsländer einwanderten. Die Süd-Süd-Migration war dabei ebenso verbreitet wie die Migration von Süd zu Nord. AsiatInnen (104 Mio.) und LateinamerikanerInnen (37 Mio.) bildeten die größten globalen Diasporagruppen. InderInnen (16 Mio.) und MexikanerInnen (12 Mio.), gefolgt von Menschen der Russischen Föderation (11 Mio.) und ChinesInnen (10 Mio.) schließen sich den oben genannten an (vgl. ibid.).

2015 lebten etwa 76 Mio. MigrantInnen in Europa, 75 Mio. in Asien, 54 Mio. in Nordamerika, 21 Mio. in Afrika, 9 Mio. in Lateinamerika und in der Karibik und 8 Mio. in Ozeanien (vgl. ibid.). In der Summe lebten im Jahr 2015 zwei Drittel (67 %) aller internationalen MigrantInnen in zwanzig Ländern, wovon die folgenden vier den größten Anteil hatten:

47 Mio. in den USA,
12 Mio. in der Russischen Föderation,
12 Mio. in Deutschland und

10 Mio. in Saudi-Arabien (vgl. ibid.).

Die meisten internationalen MigrantInnen im Jahr 2015 waren im erwerbsfähigen Alter (20 bis 64 Jahre). Weltweit stellten darüber hinaus Frauen knapp die Hälfte (48 %) aller internationalen Zuwanderungen. Migrationen auf freiwilliger Basis, wie Arbeitsmarktmigrationen oder Familienzusammenführungen, trugen somit im Wesentlichen zu den Migrationsbewegungen bei. Davon ist gegenwärtig ebenfalls auszugehen (vgl. Abschn. 3.1, 3.2 und 4.1). Aber auch bei den Migrationen auf unfreiwilliger Basis, wie Flucht, Asyl und illegale Migrationen, ist ein Wachstum zu verzeichnen. Sie sind in den letzten Jahren stetig angestiegen und auch derzeit als Ursachen und Resultate von Wanderungsbewegungen zu nennen (vgl. Abschn. 3.4 und 3.5).

Bis Mitte der 1970er-Jahre stieg der Anteil der Flüchtlinge weltweit auf ca. 2,5 Mio. Menschen an, 1990 waren es bereits etwa 17,2 Mio. und 2008 42 Mio. (vgl. UNHCR 2011). Ende 2014 wurden 59,5 Mio. Menschen weltweit zwangsweise bzw. unfreiwillig als Folge von Vertreibung, Verfolgung, Konflikten, allgemeiner Gewalt oder Menschenrechtsverletzungen aus ihren Ursprungsregionen vertrieben; 19,5 Mio. waren Flüchtlinge, 14,4 Mio. unter UNHCR-Mandat. 38,2 Mio. fielen in die Kategorie Binnenvertriebene (IDP = Internally Displaced Persons) und etwa 1,8 Mio. waren Asylbewerber (vgl. UNHCR 2015). Laut United Nations High Commissioner for Refugees (UNHCR) stammten die meisten Flüchtlinge im Jahr 2014 aus Syrien (3,8 Mio.), Afghanistan (2,6 Mio.), gefolgt von Somalia (1,11 Mio.). Die Länder, die die meisten Flüchtlinge aufnahmen, waren die Türkei (1,59 Mio.), Pakistan (1,51 Mio.) und der Libanon (1,15 Mio.), gefolgt vom Iran, von Jordanien sowie Äthiopien. Die Länder mit den meisten Binnenvertriebenen waren Syrien (6,5 Mio.), der Irak (3,6 Mio.) und die Demokratische Republik Kongo (2,9 Mio.), die Ukraine (823.000), der Südsudan (1,5 Mio.) und Somalia (vgl. ibid.). Schleppertum und undokumentierte Migrationsbewegungen sind in den genannten Zahlen nicht berücksichtigt, da sie nur mit Schätzungen auf globaler Ebene statistisch erfassbar sind. Jedoch wird vermutet, dass durch Schleppertum illegale Migrationen ebenfalls stetig ansteigen. In Österreich beispielsweise soll ein Anstieg von im Jahr 2012 etwa 24.000 auf 27.000 geschmuggelten Personen (13 % Anstieg) im Jahr 2013 und auf 34.070 Personen (24 % Anstieg) im Jahr 2014 stattgefunden haben (vgl. BMI 2016d).

Migrationen sowie deren Ursachen und Wirkungsweisen beschäftigen daher gegenwärtig unterschiedliche Disziplinen der Wissenschaft, aber auch die Öffentlichkeit. Dieses Lehrbuch widmet sich zunächst den theoretischen Hintergründen von Migrationsphänomenen sowie den zeitgenössischen Forschungsfeldern der Migrationsforschung.

1.1.1 Der Migrationsbegriff

Der Begriff *Migration* stammt vom lateinischen *migrare*, zu Deutsch *wandern*, ab. Das Wandern kann als Grundverhalten von Individuen und Gruppen verstanden werden, weshalb Migration nicht als zeitgenössisches Phänomen anzusehen ist, sondern als Teilbestand der Kulturgeschichte der Menschheit.

Der Soziologe Franck Düvell (2006) argumentiert, dass keine historische Epoche, kein geografischer Raum und keine Gesellschaft existiere, in denen es Migration nicht gegeben hätte. Diese Ansicht steht allerdings im Gegensatz zur These der britischen Migrationsforscher Stephen Castles und Mark Miller (1998, 2009, 2013), die Migration vor allem als ein zeitgenössisches Phänomen eines *Age of Migration* sehen (vgl. Aigner 2013; vgl. Kleinschmidt 2012). Jedoch der Argumentation Düvells folgend, legen sie dar, dass Migration die Gesellschaftsstrukturen der Sende- und Aufnahmegesellschaften auf globaler Ebene bereits seit Jahrhunderten mitgestaltet habe und noch heute auf die Strukturen Europas und weltweit nachhaltig einwirke: beginnend bei den Jäger- und Sammlerkulturen, über die neuzeitliche Migration, die aus europäischer Sicht USA, Australien und Südafrika prägte, die alte und neue Völkerwanderung, die bereits 300 bis 600 n. Chr. stattfanden, sowie nomadische Lebensformen, die bis heute in unseren Gesellschaftssystemen existieren (zum Beispiel Sinti und Roma), oder der von den Kolonialimperien implementierte transatlantische Sklavenhandel.

Auf wissenschaftlicher Ebene beschäftigen sich unterschiedliche Disziplinen mit der Migrationsforschung, wobei erste wissenschaftliche Ansätze mit Bezug zum Phänomen Migration zeitgleich mit dem Entstehen einer empirischen sozial- und naturwissenschaftlichen Forschung im 19. Jahrhundert etabliert wurden. Ernst George Ravenstein (1889) wird beispielsweise als einer der ersten Migrationsforscher erwähnt, da er bereits 1880 erstmals sogenannte *Migrationsgesetze* erarbeitete. *Migrationssoziologische Ansätze* wurden darüber hinaus in der University of Chicago in den 1920er-Jahren entwickelt, wie Robert Ezra Parks *Race Relations Cycle* (Park et al. [1921] 1969, [1922] 1971).

Zeitgenössische Ansätze inkludieren auf soziologischer Ebene Theorien des *Transnationalismus* oder der *Netzwerktheorie*, um Phänomene der Migration wissenschaftlich zu erklären.

1.1.2 Migrationssoziologie

Migrationssoziologie ist ein grundsätzlich interdisziplinäres Fach, das nicht nur die oben genannten Forschungsfelder tangiert, sondern ebenso Fächer, die in Geschichts-, Politik- und Rechtswissenschaften sowie Anthropologie, Demografie

und Psychologie eine Rolle spielen. Um Migration ganzheitlich zu erfassen, verlangt es nach einer intensiven wissenschaftlichen Kooperation der unterschiedlichen Disziplinen, die sich mit diversen Phänomenen von Migration befassen.
In der Geografie beispielsweise beschäftigen sich WissenschaftlerInnen mit der regionalen Verteilung und Ansiedlung von MigrantInnen. Auf historischer Ebene wird die langfristige Migration als Kulturgeschichte der Menschheit analysiert, worin zum Beispiel Analysen zu Nomadenwanderungen oder der Völkerwanderung gemacht werden. Auf politikwissenschaftlicher Ebene werden die politische Partizipation sowie die Möglichkeiten der Partizipation von MigrantInnen analysiert und theoretische Perspektiven zu Staatsbürgerschaftsrechten und politischer Partizipation aufgegriffen (vgl. Bauböck 1994, 2006). JuristInnen konzentrieren sich auf die Themen Aufenthaltsrecht und Staatsbürgerschaftsrecht bzw. auf die Rechtslage zur Problematik Flucht und Asyl. ÖkonomInnen beschäftigen sich mit den wirtschaftlichen Ursachen und Wirkungsweisen von Migrationen sowie den Vor- und Nachteilen von MigrantInnen auf den nationalen Arbeitsmärkten (vgl. Piore 1979; vgl. Harris und Todaro 1979; vgl. Massey 1998; vgl. Düvell 2006; vgl. Sassen 1984, 1991, 1996a, b, 2000, 2007). DemografInnen prognostizieren Bevölkerungsentwicklungen (vgl. Fassmann und Münz 1996), PsychologInnen und KulturwissenschaftlerInnen gehen auf die Identitätsentwicklung der MigrantInnen ein (hybride, interkulturelle und ethnische Identitäten; vgl. Grossberg 1996; vgl. Bhaba 1996; vgl. Hall und DuGay 1996).

Das vorliegende Lehrbuch gibt daher erstens einen systematischen Überblick über die klassischen und zeitgenössischen theoretischen Ansätze der Migrationssoziologie auf mikro- und makrosoziologischer Ebene, welche das Phänomen der Migration erfassen und erläutern. Klassische Ansätze werden dabei vorgestellt, wie Robert Parks *Race Relations Cycle* oder Shmuel Eisenstadts *Drei-Phasen-Modell,* Glazers *Beyond the Melting Pot* oder Milton Gordons *Ethclasses.* Auf Theorien, die ihren Ursprung in den 1970er-Jahren haben, wird ebenfalls eingegangen, wie Hoffmann-Nowotnys *Migration und sozietale Systeme,* die *Migrationssystemtheorie,* Wallersteins *Weltsystemtheorie* oder Saskia Sassens *Migrationstheoretische Ansätze.* Auch zeitgenössische Ansätze, wie die des Transnationalismus oder die Migrationsnetzwerktheorie, werden vorgestellt. Theoretische klassische Ansätze, zum Beispiel diejenigen von Georg Simmel (*Der Fremde*), werden punktuell mitberücksichtigt. Die Einflussnahme klassischer Modelle auf zeitgenössische Ansätze und die veränderten Perspektiven der migrationssoziologischen Ansätze über das letze Jahrhundert hinweg werden erörtert, wobei auf die unterschiedlichen Paradigmenwechsel, zum Beispiel assimilationstheoretische Perspektiven versus Pluralismusdebatte, eingegangen wird.

1.1 The Age of Migration und die Migrationssoziologie

Zweitens stellt das Lehrbuch bedeutende Forschungsfelder der Migrationssoziologie vor. Themenbereiche wie *Migration, Alltag und Integration, Migration, Arbeit und Arbeitsmarkt, Migration, Flucht und Asyl, Feminisierung von Migration* sowie die Themenkomplexe *internationale Migrationsströme, Internationalität und globale Migrationstrends* werden vorgestellt. Dabei wird die interdisziplinäre Komponente der Migrationsforschung ebenfalls berücksichtigt. Abschließend befasst sich das vorliegende Lehrbuch mit den Perspektiven der Migrationssoziologie, wobei deren Interdisziplinarität eigens und im Zusammenhang mit Internationalität aufgegriffen wird. Besonders die Interdisziplinarität zu Forschungsfeldern der Betriebswirtschaft, Ökonomie, Sozial- und Kulturwissenschaften, der Politologie und Erziehungswissenschaften stehen im Fokus der Betrachtungen.

Der folgende Theorieteil soll zunächst die unterschiedlichen Ansätze zur Migrationssoziologie vermitteln und einen systematischen Überblick über die klassischen und zeitgenössischen Auffassungen in der Migrationssoziologie auf mikro- und makrosoziologischer Ebene geben.

Theorien der Migrationssoziologie

2.1 Klassiker der Migrationssoziologie (1900–1920)

Zu den klassischen Ansätzen der Migrationssoziologie zählen die Theorien von Ernest Ravenstein *(The Laws of Migration)*, Georg Simmel *(Exkurs über den Fremden)*, Robert Park *(Marginal Man)* und Alfred Schütz *(The Stranger)*. Sie sollen im Folgenden erläutert werden.

Ernest Ravenstein (1834–1913) muss trotz seines naturwissenschaftlichen Fokus auf die Migrationsforschung erwähnt werden, da dieser als der erste Migrationsforscher überhaupt angesehen wird. Ravenstein, eigentlich ein deutscher Geograf, der beträchtliche Lebenszeit in Großbritannien verbrachte, widmet sich in den beiden Publikation *The Laws of Migration,* veröffentlicht im Journal of the Royal Statistical Society (1885/1889), naturwissenschaftlich-theoretischen Mustern, mit deren Hilfe er die Gesetze der Migration zu analysieren und widerzuspiegeln versucht. Er stellt erstmals Hypothesen zu Migrationsbewegungen auf und gilt daher als der Begründer der Migrationsforschung.

Die klassischen Hypothesen zur Migration, die Ravenstein aufstellt, sind vor allem durch die Aussage geprägt, dass der Motivationsursprung für Migrationsentscheidungen unter anderem auf den folgenden Beweggründen beruhe:

1. die *Lebensumstände* verbessern,
2. im Besonderen *finanzielle und materielle Umstände* verbessern.

Ravenstein (1885/1889) argumentiert in seinen Werken, dass Migration ein *Prozess* sei, der sich langsam und schrittweise vollziehe, und dass der *Migrationsstrom proportional zur wachsenden geografischen Distanz in seiner Stärke abnehme.* Die Mehrzahl der MigrantInnen entscheide sich für die *Short-journey-Migration,* in der unmittelbar angrenzende Metropolen oder Länder laut Ravenstein als maßgebliche

Anziehungspunkte fungieren. Weiterhin löse Migration immer auch *Gegenmigration* aus. Ravenstein ging außerdem davon aus, dass das *Wachstum der Städte* auf Kosten der Entvölkerung *(Depopulation)* ländlicher Regionen gehe und dass die Mehrzahl der *Short-journey-MigrantInnen weiblich* sei. Mit *Fortschreiten der Industrialisierung* (heute: Globalisierung, Technologien etc.) wachse das *Migrationsvolumen* an.

Ravensteins theoretische Ansätze werden in späteren Jahren vor allem von ÖkonomInnen aufgegriffen. Die *neoklassische Theorie*[1] geht beispielsweise darauf zurück. Ravensteins Denkmuster beeinflussen auch die *Dual Labour Market Theory*[2] bzw. *Segmented Labour Market Theory* (vgl. Castles und Miller 2009; vgl. Piore 1979; vgl. Harris und Todaro 1971), auch Saskia Sassen (1991) geht in ihrer Theorie zu *Global Cities*[3] auf die Segmentierung der Arbeitsmärkte ein.

Zu den klassischen Theorieansätzen der Migrationssoziologie zählen vor allem Analysen zur Situation des/der MigrantIn als Fremde/n, im weiteren Sinne auch Ansätze zur Integration des/der Fremden in eine bestehende Kultur. Einschlägige Werke liegen von Georg Simmel (1908/1992), Alfred Schütz (1972) und Robert Park (1928) vor. Weiterhin können auch Norbert Elias und John Scotson mit dem Titel *Etablierte und Außenseiter/-innen* (1965/1990) dazugezählt werden.[4]

Diese Ansätze betrachten das *Fremdsein* und die Prozesse zwischen Alteingesessenen und Fremden, zwischen *Etablierten* und *AußenseiterInnen,* die bei deren Aufeinandertreffen entstehen. Sie befassen sich zudem mit den Prozessen, die zu

---

[1]Die *neoklassische Theorie* ist eine akteurzentrierte Theorie, die die ökonomisch rational handelnde Person als wesentlichen Akteur in Migrationsprozessen betrachtet (vgl. Düvell 2006). Harris und Todaro (1970) argumentieren, dass in der neoklassischen Theorie Migration auf der Differenz von Löhnen im Abwanderungs- bzw. Zuwanderungsgebiet beruhe.

[2]Die *Dual Labour Market Theory* bzw. *Segmented Labour Market Theory* (duale Arbeitsmarkt- theorie bzw. segmentierte Arbeitsmarkttheorien) basiert auf der Grundlage, dass internationale Migration ein Resultat von strukturellem Bedarf an hoch qualifizierten und Facharbeitskräften zur Produktionserhöhung sei. Ein dualer Arbeitsmarkt kristallisiere sich in der Folge daraus. Da einheimische Arbeitskräfte vom sekundären Sektor, also von höheren Lohngruppen angezogen würden, entstehe in den unteren Arbeitsmarktsegmenten eine Nachfrage nach migrantischen Arbeitskräften (vgl. Düvell 2006).

[3]Sassen argumentiert, dass *Global Cities* durch ökonomische Polarisierung charakterisiert seien. Die einheimischen Arbeitskräfte konzentrieren sich auf die höheren Lohngruppen im Finanzwesen, in der Forschung und im Management, wogegen die schlechter bezahlten Arbeitskräfte die unteren Segmente des Arbeitsmarktes bedienen. Hier entstehe Nachfrage nach migrantischen Arbeitskräften.

[4]Hierauf wird im Teil 2 dieses Bandes gesondert eingegangen.

Integration oder Entfremdung führen können. Kern dieser klassischen Theorien ist die Frage, ob und wie MigrantInnen als (nach wie vor) AußenseiterInnen in lokalen oder regionalen Gesellschaften sichtbar werden und ob bzw. wie sie ihre integrativen oder segregierenden Funktionen differenziert ausfüllen oder entwickeln können (vgl. Aigner 2013a, b).

2.1.1 Georg Simmel: Exkurs über den Fremden (1908)

Georg Simmel (1858–1918), Philosoph und Soziologe, beschäftigte sich nur am Rande mit Migration bzw. dem Konzept des Fremden. Seine Herangehensweise an diese Fragestellung befasst sich insbesondere damit, wie eine wandernde Gruppe im Gegensatz zu einer sesshaften Gruppe organisiert ist, wie die wandernden Gruppen die Gesellschaftsstrukturen der Sesshaften beeinflussen und verändern und umgekehrt. Die Interdependenz und Interaktion der Wandernden und der Sesshaften wird im Werk *Exkurs über den Fremden* (1908/1992) analysiert und beschrieben.

Simmels Definition beschreibt den Fremden nicht als den

> [...] Wandernde[n], der heute kommt und morgen geht, sondern [...] der heute kommt und morgen bleibt – sozusagen der potentiell Wandernde, der, obgleich er nicht weitergezogen ist, die Gelöstheit des Kommens und Gehens nicht ganz überwunden hat (Simmel 1908, S. 509).

In Simmels Exkurs über den Fremden werden dialektische Begriffe, wie *nah* und *fern*, *Nähe* und *Distanz*, *Fixiertheit* und *Gelöstheit* sowie *Objektivität*, zu wichtigen Stützen der Theorie. Der Fremde manifestiere die Gelöstheit, die die Sesshaften nach Simmel nicht besitzen, da sie im Raum fixiert seien. Der Wandernde werde allerdings zu einem Sesshaften, wenn er sich niederlässt; er verkörpere in diesem Sinne sowohl Gelöstheit als auch Fixiertheit, sowohl Nähe als auch Ferne. Andererseits charakterisiert Simmel die dialektische Ambivalenz von Nähe und Ferne damit, dass Fremdsein bedeute, dass der Ferne nah ist (vgl. ibid.). Räumliche Distanz werde somit auch zu sozialer Distanz.

Petrus Han (2005) interpretiert dies, indem er der/dem Fremden eine gewisse Distanz zu ihrer/seiner neuen Umgebung und zu den dort zugehörigen Menschen zuweist, woraus eine immerwährende Distanz zu den einheimischen Menschen entstehe. Simmels Fremdem/r wird infolge eine Sonderstellung in der Gesellschaft, in der sie/er sich befindet, zugeschrieben (vgl. Loycke 1992, S. 10).

Almut Loycke argumentiert, dass der Fremde nach Simmel oft als HändlerIn[5] auf wirtschaftlichen Reisen verstanden werde, der/die dann sesshaft wird. Der/die Fremde habe somit die Möglichkeit, sich in einer Gruppe, in der der lokale Arbeitsmarkt bereits saturiert ist, eine Existenz als HändlerIn auf- bzw. auszubauen. Simmel bezeichnet die/den Fremde/n in diesem Zusammenhang als eine Art Überzählige/n in einem eigentlich schon geschlossenen Wirtschaftskreis (vgl. Loycke 1993, S. 11). Fremde seien keine BesitzerInnen und hätten keine etablierten Netzwerke zu den Einheimischen, daher nähmen sie auch eine gesonderte und isolierte Stellung in der einheimischen Gesellschaft ein (vgl. Loycke 1992, S. 11). Aufgrund ihrer/seiner Distanz und Ferne als Fremde/r zu der einheimischen Gesellschaft sei ein/e Fremde/r durch Objektivität charakterisiert. Simmel erläutert, dass man „Objektivität auch als Freiheit bezeichnen" (ibid., S. 510) könne. Er/sie könne durch den Abstand zu den gesellschaftlichen Gegebenheiten der einheimischen Bevölkerung aus einer objektiven Distanz heraus urteilen und beobachten (vgl. Simmel 1958, S. 510). Loycke hingegen argumentiert diesbezüglich, dass

> durch seine relative Ungebundenheit und der damit verbundenen Objektivität – sowohl praktisch als auch theoretisch – der Fremde aber ohne Zweifel freier als der Einheimische ist. Er ist noch eher in der Lage, Dinge vorurteils- und wertfrei zu sehen und sie an den allgemeineren Idealmaßen zu messen (Loycke 1993, S. 11).

Diese Beschreibung der/des wandernden Fremden, die/der laut oben genannter Theorie eine dialektische Ambivalenz von Ferne und Nähe bzw. Fixiertheit und Gelöstheit ausstrahlt und auf eine Gruppe von sesshaften Einheimischen trifft, mit denen sie/er als wandernde/r Fremde/r Kontakt aufnimmt und somit infolge eine immerwährende gesellschaftliche Sonderstellung einnimmt, stellt den ersten soziologischen Versuch zur Erklärung des Phänomens Migration im Bezug auf eine Einzelmigration und Arbeitsmigration auf soziologischer Ebene dar. Wenngleich Simmels Werk zunächst auf wenig Resonanz in der deutschsprachigen Soziologie traf, kommt ihm doch eine besondere Rolle in der Migrationssoziologie zu. Sein Ansatz beeinflusste die Soziologie und Migrationssoziologie der USA, einem damals klassischen Einwanderungsland, und zahlreicher Studien zu Fremden und MigrantInnen zur Zeit seiner Entstehung erheblich (vgl. Loycke 1993). Zum Beispiel prägte Simmels *Exkurs über den Fremden* Robert Parks Werk *The Marginal Man* maßgeblich (vgl. Abschn. 2.2).

---

[5]Mit Verweis auf jüdische Händler.

2.1.2 Robert Park: Human Migration and the Marginal Man (1928)

The Marginal Man, wörtlich übersetzt „der Mensch am Rande", beschreibt, ähnlich wie Simmels *Exkurs über den Fremden,* eingehend die Migration von kleineren Gruppen oder Einzelpersonen im Gegensatz zu Migrationen von größeren ethnischen Gruppen (zum Beispiel Völkergruppen). Diesbezüglich betrachtet Park[6] (1864–1944), wie schon Simmel, erstmals in der Migrationssoziologie die Migration von Individuen. Er entwickelt seine theoretischen Zugänge in Bezug auf die jüdischen MigrantInnen in den USA. Im Vergleich zu Simmel beschreibt Park den/die MigrantIn als freien Menschen, als einen von Objektivität gekennzeichneten Menschen, der durch eine Distanz zur einheimischen Bevölkerung charakterisiert und damit nicht der Gesellschaft zugehörig sei. „He [the marginal man] is the freer man, practically and theoretically" (Park 1928, S. 888). Park entwickelt Simmels Modell des Wandernden dahin gehend weiter, dass er den *Marginal Man* als einen *Cultural Hybrid*[7] versteht, einen kulturell hybriden Menschen:

> […] there appeared a new type of personality, namely, a cultural hybrid, a man living and sharing intimately in the cultural life and traditions of two distinct peoples; never quite willing to break, even if he were permitted to do so, with his past and his traditions, and not quite accepted, because of racial prejudice, in the new society in which he now sought to find a place[8] (ibid., S. 892).

---

[6]Robert Park war Mitbegründer der Chicago School (1920–1935) und ist für erste Ansätze und die Begründung der Stadtsoziologie und Kriminalsoziologie bekannt.

[7]Der Begriff *Cultural Hybridity* wird von Park erstmals verwendet und später unter anderem in der Kritik am Assimilations- und Pluralismusmodell der Migrationsforschung als Alternative genannt, um die Identifikations- und Integrationsprozesse von Einzelnen und Gruppen zu beschreiben, vor allem den In-between-Status von migrantischen Identitäten in Aufnahmegesellschaften. Besonders von Stuart Hall (Hall und DuGay 1996) oder Homi Bhaba (1996) wird diese Thematik aufgegriffen.

[8][Es] erschien eine neue Art von Persönlichkeit, nämlich eine kulturell hybride, ein Mensch, der durch und durch das kulturelle Leben und die Traditionen von zwei verschiedene Völkern/Kulturen lebt und teilt; nie ganz bereit, mit den ursprünglichen Traditionen und seiner Vergangenheit zu brechen, auch wenn es die Erlaubnis dazu gäbe, und niemals ganz akzeptiert, aufgrund von rassistischen Vorurteilen in der neuen Gesellschaft, in der er nun versucht, einen Platz zu finden.

Den kulturell hybriden Menschen sieht Park als kosmopolitischen Weltenbürger (vgl. Park 1928, S. 892). Dieser sei nicht da und nicht dort zugehörig, er vereine in sich die kulturellen Muster sowohl der Herkunftskultur als auch der Aufnahmekultur in einem Prozess, der darin ende, nur mehr die kulturellen Muster der Aufnahmegesellschaft widerzuspiegeln (also eine Absorption in die Aufnahmekultur) (vgl. Abschn. 2.2). Was bei Simmel als Distanz und Ferne bezeichnet wird, benennt Park mit *Margin*, dem Rand, dem „Am-Rande-der-Gesellschaft-Sein". Auch Park merkt an, dass die gesellschaftliche Randstellung des/der MigrantIn, dem/der Fremden eine besondere Rolle in Interaktionen mit Mitgliedern der Mehrheitsgesellschaft einnehme und darin resultiere, dass der/die Fremde mit einem höheren Potenzial an Objektivität ausgestattet sei und relativ wertfrei urteilen könne.

2.1.3 Alfred Schütz: The Stranger (1944)

Alfred Schütz (1899–1959), der Jurist, Philosoph und Soziologe war und als Begründer der phänomenologischen Soziologie gilt, argumentiert zur Situation des/der Fremden *(The Stranger)* von einer phänomenologisch-sozialpsychologischen, theoretischen Perspektive aus. Er wird besonders im Vergleich zu Simmel als Ergänzung verstanden, wobei es hervorzuheben gilt, dass Schütz von einer grundsätzlich anderen theoretischen Perspektive als Simmel ausgeht (vgl. Han 2006).

Han ist der Auffassung, dass beide, Simmel und Schütz, die Position vertreten, dass psychosoziale Probleme des/der Fremden aus dem Wechsel der Bezugsgruppen resultierten, der eine zwangsläufige Folge der Migration sei. Park führt diese Sichtweise in *Marginal Man* weiter (vgl. ibid.). Besonders bei der theoretischen Begründung der Objektivität wird die ergänzende Sichtweise von Simmel und Schütz ersichtlich (vgl. ibid.).

Schütz bezieht sich, wie auch schon Park und Simmel, auf individuelle Migrationen und nicht auf Kollektivmigrationen, wobei er, wie auch vor allem Park, auf die psychosoziale Situation der MigrantInnen als Fremde in einem neuen Gesellschaftssystem und einer neuen Gesellschaftsstruktur eingeht. Er definiert den Fremden wie folgt:

2.1 Klassiker der Migrationssoziologie (1900–1920)

For our present purposes the term 'stranger' shall mean an adult individual of our times and civilisation who tries to be permanently accepted or at least tolerated by the group which he approaches[9] (Schütz 1944, S. 499).

Bei Alfred Schütz' theoretischem Zugang zum/r Fremden stechen drei grundlegende Punkte heraus, die dem/r Fremden in seiner/ihrer Sonderstellung in einer Aufnahmegesellschaft attribuiert werden:

1. Die Aufnahmegesellschaft sei laut Schütz als Gruppe durch ihr *System of cultural Knowledge* definiert, daher würden die Mitglieder der Mehrheitsgruppe den etablierten Handlungsmustern und Reglements, wie für ihre Gesellschaft üblich, folgen, diese akzeptieren und nach ihnen handeln. Für die Mitglieder der Mehrheitsgesellschaft stellten sich diese Muster als kohärent, klar und nicht widersprüchlich dar (vgl. Schütz 1944).
2. Der/die Fremde aber, der/die sein/ihr übliches ihm/ihr erlerntes und bekanntes Handeln in der Herkunftsgruppe als *Culture of Knowledge* internalisiert hat, sei nun in den neuen gesellschaftlichen Rahmenbedingungen verloren. Er/sie empfinde diese als inkohärent, nur teilweise klar und als widersprüchlich (vgl. ibid., S. 500–501).
3. Infolge könne es dazu kommen, dass der/die Fremde die Gegenwart und Zukunft zwar mit der Mehrheitsgesellschaft teile, er/sie jedoch von der Vergangenheit der Mehrheitsgruppe ausgeschlossen bliebe. Die Mehrheitsgruppe sähe in ihm/ihr daher einen Menschen ohne Vergangenheit (vgl. ibid., S. 502).[10]

Schütz argumentiert, dass der Verlust der Denk- und Handlungsmuster eine Form der Desorientierung bzw. einen Orientierungsverlust im Fremden auslöse. Diese Orientierungslosigkeit verursache eine Art Schockzustand im Fremden, da die Validität seiner habituellen Denkmuster – denken wie üblich („thinking as usual", ibid., S. 503) – verloren gehe und damit auch das Selbstvertrauen (vgl. ibid., S. 503). Die Kulturmuster der Aufnahmegesellschaft würden als Abenteuer empfunden und der/die Fremde müsse sich darin zurechtfinden bzw. sich die neuen

---

[9]Für unsere derzeitigen Interessen soll die Terminologie *Stranger* folgendermaßen definiert werden: Eine erwachsene Person unserer Zeit und unserer Zivilisation, die versucht, dauerhaft akzeptiert oder wenigstens toleriert zu werden von der Gruppe, an die sie sich annähert.

[10]„[…]; under all circumstances, however, he remains excluded from such experiences of the past. Seen from the point of view of the approached group, he is a man without a history" (Schütz 1944, S. 502).

„Denken-wie-üblich"-Reglements der neuen Gruppe aneignen (vgl. ibid.; vgl. Han 2006). Da der/die Fremde in der Aufnahmegesellschaft Akzeptanz und Toleranz suche, aber die Kulturmuster noch nicht gänzlich beherrsche, so Schütz, leiten sich daraus folgende Eigenschaften des/der Fremden ab:

1. seine/ihre *Objektivität* und
2. *zweifelhafte Loyalität* („doubtful loyalty", Schütz 1944, S. 506).

Ad (1): Objektivität
Im Gegensatz zu Park und Simmel bezieht sich die Objektivität des/der Fremden bei Schütz nicht auf seine/ihre Rolle der distanzierten Betrachtungsmöglichkeit der etablierten Aufnahmegesellschaft, sondern im Gegenteil darauf, dass seine/ihre Objektivität aus einem Wissensdurst entstehe, den der/die Fremde anwenden müsse, um die Kulturmuster der Aufnahmegesellschaft („in-group") kennenzulernen. Er/sie stelle daher die Schemata „denken wie üblich" im Gegensatz zur etablierten Gesellschaft infrage. Daraus resultiere ein hohes Maß an angewandter Objektivität.

Ad (2): Zweifelhafte Loyalität
Die Mitglieder der Aufnahmegesellschaft gingen davon aus, so Schütz, dass der/die Fremde sich die Kulturmuster der Aufnahmegesellschaft aneigne. Weiter argumentiert er, dass sie die/den Fremde/n als illoyal ansähen, da diese/r während ihrer/seiner Transition in die neue Gesellschaftsstruktur den Kulturmustern skeptisch und desorientiert gegenüberstehe und sich diese nicht gänzlich aneignen könne.

2.1.4 Zusammenfassung

Als der erste Migrationsforscher überhaupt gilt Ernest Ravenstein, der naturwissenschaftliche Muster und Regeln zu Migrationsbewegungen entwickelte. Für die Migrationssoziologie sind diese allerdings nicht von großer Bedeutung, wenngleich spätere ökonomische Ansätze zur Migrationsforschung, wie die *Dual Labour Market Theory* (Piore/Massay) oder Theorien zu *Global Cities* (Sassen), darauf zurückgehen.

Die klassischen Theoretiker entwickeln migrationssoziologische Perspektiven zu individuellen Migrationen und beobachten bzw. analysieren vor allem die Interdependenz und Interaktionen der/des Fremden als Einzelne/n und der Aufnahmegesellschaft. Die psychosoziale Situation des/der Fremden wird analysiert und von unterschiedlichen Sichtweisen dargestellt, wobei nur am Rande, im Gegensatz zu späteren theoretischen Ansätzen, wie die von Robert Park/Chicago School oder Shmuel Eisenstadt, Integrationsmechanismen zwischen Einwanderern und Aufnahmegesellschaft analysiert werden.

Der klassische Zugang zur Migration ist auf den Einzelnen und dessen Interaktion mit der Aufnahmegesellschaft und auf die sozialen Spannungen, die sich daraus ergeben, fokussiert. Nur ansatzweise thematisieren Park und Schütz die Integrationsdynamik, die bei einem Aufeinandertreffen von Fremden und Alteingesessenen entstehe, und folgern, dass diese in Assimilation ende. Park verweist jedoch darauf, dass im ersten Stadium der Immigration eine kulturell hybride Person entstehe, wohingegen Schütz diesen Zustand als Desorientierung und Verlust der „Denken-wie-üblich"-Kulturmuster beschreibt. Im Gegensatz dazu geht Simmel nicht auf Assimilation bzw. Integrationsmechanismen per se ein. Außer Schütz beziehen sich Park und Simmel auf jüdische Einwanderer. Infolge beeinflusst besonders Simmel Robert Park, der wiederum Ansatzpunkte Simmels und des *Marginal Man* in den danach entstehenden Zyklenmodellen der Chicago School verarbeitet (vgl. Abschn. 2.2).

2.2 Robert Park und die Chicago School: Race Relations Cycle (1920er-Jahre)

Robert Park (1864–1944) knüpft in seinem Werk *Marginal Man* (vgl. vorheriges Kapitel) an Georg Simmel an und entwickelt auf theoretischer Ebene Simmels *Fremden* im US-amerikanischen Kontext weiter. Die Chicago School[11] (1920–1935) als solche, die von Robert Ezra Park mit beeinflusst bzw. gegründet wird, ist für erste Ansätze und die Begründung der Stadtsoziologie und Kriminalsoziologie bekannt. Ernest Burgess (1886–1966) und Louise Wirth (1897–1952) sind weitere Vertreter dieser Denktradition. Die Chicago School setzt sich unter anderem mit der Thematik der Rassenbeziehungen („race-relations") auseinander, beeinflusst durch die europäischen Immigrationswellen in die USA und afroamerikanische Wanderbewegungen aus dem Süden der USA in nordamerikanische Großstädte zu der Zeit.

Der wichtigste Beitrag der Chicago School zur Migrationssoziologie ist das Zyklenmodelle *Race Relations Cycle* von Robert Park und Ernest Burgess (vgl. Park et al. [1921] 1969, [1922] 1971), ein 1000-seitiges Werk. Die zu diesem

---

[11]Diese Denktradition fand am Institut für Soziologie der University of Chicago ihren Ursprung.

Zeitpunkt verfassten migrationssoziologischen Ansätze zur Integration von migrantischen oder ethnischen Gruppen in der US-amerikanischen Migrationsforschung gehen bis etwa 1960 auf das Konzept des amerikanischen Melting Pots, das erstmals Israel Zangwill im Jahr 1909 beschreibt, zurück.

Der Begriff *Melting Pot* definiert ein Zusammenleben diverser Einwanderungsgruppen an einem Ort. Als Resultat dieses Zusammenlebens entsteht aus kultureller Heterogenität eine kulturelle Homogenität, also eine kulturelle Verschmelzung bzw. Absorption der ethnischen Minderheitsgruppen in der Mehrheitsgruppe unter dem Einfluss der Kultur des jeweiligen Aufnahmelandes (vgl. ibid.). Dies wird auch als Assimilationsprozess verstanden, der bis zur Veröffentlichung des Werkes *Beyond the Melting Pot*[12] (Glazer und Moynihan 1963; vgl. Abschn. 2.4) der in den USA am häufigsten vertretene wissenschaftliche integrations- und migrationstheoretische Standpunkt ist. Aus ihm gehen Zyklen- oder Sequenzmodelle hervor, wie der *Race Relations Cycle* von Park und Burgess (vgl. Park et al. [1921] 1969, [1922] 1971), das *ökologische Sequenzmodell* von Wirth und Glazer (1957 In Price 1969), Eisenstadts *Drei-Phasen-Modell* ([1954] 1975; vgl. Abschn. 2.3) oder auch Gordons *Assimilationsmodell* ([1964] 1978; vgl. Abschn. 2.5). Sie alle sind gängige Theorien ihrer Zeit, um den Eingliederungsprozess von Einwanderungsgruppen zu erklären (vgl. Aigner 2013a, b; 2014b).

Die Studie von Park und Burgess zum *Race Relations Cycle* zeigt sowohl Integrationsdynamiken als auch die grundsätzlichen Beziehungen zwischen ethnischen Gruppen bzw. Einwanderungsgruppen in amerikanischen, städtischen Lebensräumen auf (vgl. Layman 1968). Sie entwickelt spezifische Sichtweisen zur Assimilation, einem progressiven und irreversiblen Prozess, der über mehrere Stufen der Eingliederung hin zur vollständigen Angleichung an die Kultur der Aufnahmegesellschaft führt (vgl. Aumüller 2009, S. 48). In dem Werk *Introduction to the Science of Sociology* (Park und Burgess 1921), in dem der Race Relations Cycle erstmals theoretisch vorgestellt wird, wird unter anderem befunden, dass Assimilation gleich einem Denationalisierungsprozess sei. Assimilation sei ein natürlicher Prozess, eine Praktik oder eine Richtlinie, so Park und Burgess (ibid., S. 734–735). Der Race Relations Cycle wird in *Our final frontier on the pacific* (Park 1950) weiter verfolgt.

---

[12]In diesem Werk wird erstmals die Pluralismusdebatte entfacht. Kallen (1915) definiert kulturellen Pluralismus als einen gesellschaftlichen Zustand, in dem ethnische Gruppen untereinander kohäsiv agieren und ihre Sprache, Herkunftskultur, Religion und Gebräuche weiter pflegen, während sie gleichzeitig am wirtschaftlichen und politischen Leben der USA partizipieren, wenngleich gegenseitiger Respekt gegenüber ethnischen Unterschieden herrscht.

2.2 Robert Park und die Chicago School: Race Relations Cycle ...

Grundsätzlich gehen die Soziologen der Chicago School davon aus, dass sich die Gesellschaft in eine biotische und eine übergeordnete kulturelle Ebene aufteile. Ein Prinzip ist daher, – auf der biotischen Ebene – aufbauend auf der Tier- und Pflanzenwelt, dass sich die Gesellschaft über den Wettbewerb um Positionen, Standorte und in einer arbeitsteiligen Gesellschaft organisiere (vgl. Park 1935 In Fairwick 2009, S. 3 f.). Daraus resultiere ein Konflikt, der je nach Unterschieden zwischen den Gruppenmitgliedern mehr oder weniger heftig ausfalle (vgl. ibid.). Eingeschränkt werde der Wettbewerb durch die der kulturellen Ebene zugeordneten Attribute, wie Werte, Normen oder Institutionen (vgl. ibid.). Infolge beschreibt das Zyklenmodell des Race Relations Cycles, das auf empirischen Beobachtungen basiert, die folgenden spezifischen Zyklenphasen (vgl. Park und Burgess 1921/1969):

1. Kontakt *(Contact)*,
2. Wettbewerb *(Competition)*,
3. Konflikt *(Conflict)*,
4. Akkommodation *(Accomodation)* und
5. Assimilation *(Assimilation)*.

Ad (1): Kontakt-/Contact-Phase (vgl. Park und Burgess 1921, S. 280–336)
Ethnische Gruppen kommen in einem Gebiet miteinander in Kontakt *(Contact)* und versuchen, diesen friedlich zu gestalten. Park und Burgess argumentieren, dass Gesellschaftsmitglieder in dieser Phase zwar räumlich voneinander getrennt seien, sich jedoch durch Wahrnehmung *(Perception)* und Kommunikation *(Communication)* in sozialem (und nicht nur physischem) Kontakt befänden, sodass ihre Verhaltensweisen durch die sozialen Kontaktarten zwischen den Personen und Personengruppen bestimmt würden. Genauer führen Park und Burgess aus, dass die Kontaktphase grundsätzlich und allgemeingültig den Anfang von jeglicher sozialer Interaktion bzw. den Ausgangspunkt darstelle, der die weiteren vier Phasen einleite und auch kontrolliere.

Ad (2): Wettbewerb-/Competition-Phase (vgl. ibid., S. 504–571)
In der zweiten Phase entstehe jedoch ein Wettbewerb *(Competition)* um Ressourcen, wie Arbeitsplätze, Bildung und die allgemeine ökonomische Lebenssituation. Diesbezüglich stellen Park und Burgess fest, dass Wettbewerb zwangsläufig stattfinde. Sie beziehen sich dabei auch auf naturwissenschaftliche Muster („the struggle for existence", ibid., S. 504). Zum Beispiel wird argumentiert, dass alle Lebewesen (auch Pflanzen und Tiere) in einem Wettbewerbsverhältnis zueinander stünden und der Wettbewerb die fundamentale Form der sozialen Interaktion

darstelle. Sobald sich die beteiligten Gesellschaftsmitglieder ihrer gegenseitigen Lebenssituation bewusst werden, gehe diese Phase des Wettbewerbs in die des Konfliktes über. Park und Burgess legen dar, dass allerdings Wettbewerb nicht ausschließlich zu Konflikt führen müsse und dieser weitere, noch kontrollierende und in der Gesellschaft ausgleichende Funktionen innehabe (vgl. ibid., S. 508 f.). Der Wettbewerb trage zum Gemeinwohl bei *(Common Welfare)*, wenn er innerhalb des kulturell, traditionell und gesetzlich vorgegebenen Rahmens stattfinde, weil dann die Einzelnen die Möglichkeit hätten, geschützt und relativ frei ihre Dienstleistungen im gegenseitigen Interesse *(mutual Exchange of Services)* miteinander auszutauschen. Beim Wettbewerb gebe es einen Machtkampf um ökonomische Positionen, die die Stellung des/der Einzelnen in der Gemeinschaft *(Community)* bestimmen (vgl. Park und Burgess 1921; vgl. Han 2005).

Ad (3): Konflikt-/Conflict-Phase (vgl. Park und Burgess 1921, S. 574–661)
Darauf folge die Konfliktphase, so Park und Burgess, die durch gegenseitige Diskriminierungen sowie Macht- und Statuskämpfe gekennzeichnet sei. Vor allem in den städtischen Regionen könne Immigration negative Reaktionen der städtischen, alteingesessenen Bevölkerung auslösen (wie Exklusion und Diskriminierung am Arbeitsmarkt oder im Bildungssystem). Die Verteilung der knappen Ressourcen führe zu einem Konflikt um dieselbigen, dies wiederum dann entweder zu Anpassung (Adaption) oder zu Unterwerfung (Subjugation) der alteingesessenen oder der immigrierten Gruppe. Park und Burgess sehen den Unterschied zwischen Konflikt und Wettbewerb darin, dass der Konflikt ein bewusster Streit sei, wobei sich die Parteien in sozialer Interaktion und im Kontakt befänden. Der Wettbewerb hingegen laufe unbewusst als unpersönlicher Lebenskampf ab. Beim Konflikt gehe es um den Status des/der Einzelnen, wobei über Überordnung oder Unterordnung des/der ImmigrantIn und seiner/ihrer Kontrollmöglichkeiten innerhalb der Gesellschaft entschieden werde. Wogegen es beim Wettbewerb um die ökonomische Position des/der Einzelnen oder der Gruppe gehe (vgl. ibid., S. 574).

Ad (4): Akkommodations-/Accomodation-Phase (vgl. ibid., S. 663–732)
In dieser Phase entstehe ein Ausgleich auf ökonomischer und sozialer Ebene, eine Art „Modus vivendi" (berufliche Nischen, Rückzug in gesonderte Gebiete, Zufriedenheit mit dem jeweiligen sozialen Status). Park und Burgess vergleichen diese Phase im sozialen Gefüge mit der Phase der Adaption auf naturwissen-

schaftlicher Ebene[13]. In der Soziologie und im Race Relations Cycle bedeutet Akkommodationsphase allerdings, die Übermittlung der Veränderung von Gewohnheiten, vor allem alle erworbenen Anpassungen, die sozial und nicht biologisch übermittelt werden, zum Ausdruck zu bringen. Dies bezieht sich beispielsweise auf Kultur, Tradition und Techniken, die meist persönlich durch soziale Erfahrungen erworben wurden. Adaption könne daher als Folge des Wettbewerbs und Akkommodation als Folge des Konflikts aufgefasst werden, so Park und Burgess. Das Endergebnis nach vollzogener Adaption/Akkommodation sei der Zustand des relativen Gleichgewichts *(a State of relative Equilibrium)*. Im Sinne der Akkommodation sei dieser Zustand als Gleichgewicht gemäß wirtschaftlicher und sozialer Bestandteile durch Tradition vermittelt festzuhalten. Definiert wird diese Phase von Park und Burgess wie folgt:

> Accomodation has been described as a process of adjustment, that is, an organisation of social relations and attitudes to prevent or to reduce conflict, to control competitions, and to maintain a basis of security in the social order for persons and groups of divergent interest and yes to carry on together their carried life activities[14] (Park und Burgess 1969, S. 735).

In dieser Phase entstehen nach Park und Burgess eigene „Neighbourhoods" (Little Italy, Chinatown, etc.) oder Nischenmärkte, wie die der „Ethnic Entrepreneurs". Auch kann die Akkommodationsphase als theoretisch vergleichbar mit dem kulturellen Pluralismus (vgl. Abschn. 2.4) verstanden werden.

Ad (5): Assimilationsphase (vgl. Park und Burgess 1969, S. 734–783; vgl. Park 1950)
Erst dann folge die Assimilationsphase, bei der sich laut Park und Burgess durch interethnische Beziehungen Gruppen auf kultureller Ebene angleichen und ursprüngliche Unterscheidungsmerkmale der ethnischen Gruppen verschwinden würden. Park und Burgess definieren:

---

[13]Sie verweisen auf Charles Darwins (1859) *The theory of the origin of species by means of natural selection.*

[14]Akkommodation wird als ein Prozess der Anpassung beschrieben, das heißt, eine Organisation der sozialen Beziehungen und Haltungen, um Konflikte zu verhindern oder zu reduzieren, um die Wettbewerbe zu kontrollieren und um eine Grundlage der Sicherheit in der sozialen Ordnung für Personen und Gruppen unterschiedlicher Interessen zu erhalten und gemeinsam ihre Lebensaktivitäten weiter zu vollziehen.

Assimilation [...] to describe the process by which the culture of a community or a country is transmitted to an adopted citizen. [...] Assimilation is a process of interpenetration and fusion in which persons or groups, by sharing their experience and history, are incorporated with them in a common cultural life. In so far as assimilation denotes this sharing of tradition, this intimate participation in common experiences, assimilation is central in the historical and cultural processes[15] (ibid., S. 734–736).

In der Folge würden interethnische Konflikte und Machtkämpfe eingedämmt, Assimilation begänne (vgl. ibid.). Park und Burgess unterscheiden Assimilation von Amalgamation. Sie bezeichnen Assimilation als „Fusion of Culture", Fusion der Kulturen. In Summe sei Partizipation an der Mehrheitsgesellschaftskultur eine Kondition für die Assimilation. Partizipation wird bei Park und Burgess unter anderem als Medium und Ziel der Assimilation verstanden.

Für ImmigrantInnen sei die Erinnerung an ihre Herkunftskultur unauslöschbar. Alles, was wir von den Menschen mit ausländischer Herkunft *(foreign born)* erwarten könnten, sei ihre Teilhabe an unseren Idealen, Wünschen und gemeinsamen Unternehmungen *(Partizipation in our Ideals, our Wishes and common Enterprises)*. Die Inklusion der ImmigrantInnen in das gemeinsame Leben gelänge besser, wenn mehr in die Zukunft und weniger in die Vergangenheit gesehen würde (vgl. Park und Burgess 1969, S. 734–737)

2.2.1 Kritik

VertreterInnen des kulturellen Pluralismus kritisieren, dass die ethnischen Unterschiede nach dem Assimilationsprozess von Park und Burgess aufgehoben würden (vgl. Glazer und Moynihan 1963; vgl. Abschn. 2.4). In neuerer Literatur wird jedoch bereits anhand von Parks Text *Marginal Man* abgeleitet, dass das Konzept der Assimilation nicht unbedingt als absolute Absorption von migrantischer Kultur in die Mehrheitskultur verstanden werden könne. Wie schon im Prozess der Assimilation beschrieben, werde die Partizipation an der Mehrheitskultur

---

[15]Assimilation [...], um den Prozess, durch den die Kultur einer Gemeinschaft oder eines Landes auf einen angenommenen Bürger übertragen wird, zu beschreiben. [...] Die Assimilation ist ein Prozess der gegenseitigen Durchdringung und Verschmelzung, in der Personen oder Personengruppen ihre Erfahrungen und Geschichte in einem gemeinsamen kulturellen Leben integrieren. Soweit Assimilation diese Gemeinsamkeit der Tradition kennzeichnet, diese intime Teilnahme an gemeinsamen Erfahrungen, hat Assimilation eine zentrale Bedeutung in historischen und kulturellen Prozessen.

und die Verschmelzung (Fusion) der Kulturen nicht unbedingt gleichbedeutend mit einer Absorption von migrantischen Herkunftskulturen verstanden. Zyklen- bzw. Stufenmodelle würden diesbezüglich allgemein und spezifisch entlang des *Race Relations Cycle* reinterpretiert und ebenso empirisch widerlegt werden (vgl. Oswald 2007, S. 96; vgl. Han 2006). Zeitgenössisch wird argumentiert, dass der Endzustand von einer Immigration nicht ausschließlich in Assimilation ende, sondern dass Akkommodation nach Park und Burgess bedeute, Lern- und Anpassungsprozesse zu durchlaufen (ohne völlige Assimilation). Die nur partielle Anpassung bedeute aber keine Assimilierung an die Mehrheitsgesellschaft (vgl. Langenfeld 2001, S. 283–287). Park, der ebenso in *Marginal Man* anmerkt, dass der/die Fremde eine kulturell hybride Person darstelle, und die Studien der Chicago School zur Akkommodation lassen auf die Entstehung von Hybridkulturen schließen (vgl. Aigner 2013b, 2014b).

Das Phasenmodell wurde überdies für seine deterministische Sichtweise des unvermeidbaren und irreversibel verlaufenden, progressiv-linearen Verlauf (vgl. Han 2006; vgl. Lyman 1968) und für die wenig spezifizierende Sichtweise kritisiert. Beispielsweise werden rückläufige Phasen, kurzfristige Immigrationen und atypische Migrationsverläufe (Flucht und Rückkehrmigration) in diesem Modell ignoriert. Der Prozess der Assimilation wird nicht detailliert genug porträtiert (vgl. Layman 1968). Die Generalisierung von Park, ohne Differenzierung von unterschiedlichen ethnischen Gruppen, wurde heftig kritisiert (vgl. Wirth 1969; vgl. Lyman 1968). Mittlerweile wurde die Theorie oftmals empirisch widerlegt.

Ein weiterer Kritikpunkt ist, wie auch in den klassischen Modellen von Simmel, Schütz und Gordon, dass Park und Burgess nicht auf die Motivbildung zur Migration eingehen im Gegensatz zu beispielsweise Eisenstadt (vgl. Abschn. 2.3) oder in späteren Migrationsmodellen, wie dem Push-Pull-Modell (Lee 1966). Insofern werden die Herkunftsgesellschaften der unterschiedlichen Migrationsgruppen und deren Motivation, in die USA einzuwandern, vollkommen außer Acht gelassen. Stanford Lyman (1968) argumentiert außerdem, dass der Race Relations Cycle für die Wissenschaft weniger nutzvoll gewesen sei als für politische Zwecke und soziale Reformen.

2.2.2 Zusammenfassung

Parks *Race Relations Cycle* war der Startpunkt bzw. die erste grundlegende Theorie, die in einem Zyklenmodell die unterschiedlichen Integrationsphasen von MigrantInnen theoretisierte. Dazu zählten die Kontaktphase, die Wettbewerbsphase, die Konfliktphase, die Akkommodationsphase und die Assimilationsphase.

Auch stellten Park und Burgess das erste Modell der sogenannten Assimilationsmodelle dar, wozu auch Eisenstadts Drei-Phasen-Modell (vgl. Abschn. 2.3) oder Gordons Assimilationstheorie (vgl. Abschn. 2.5) zählen. Die Assimilationstheorie per se wurde erst mit Nathan Glazers Werk *Beyond the Melting Pot* hinterfragt und von der Pluralismusdebatte (vgl. Abschn. 2.4) zum Teil abgelöst bzw. stärker infrage gestellt. Zeitgenössisch wird der Race Relations Cycle dahin gehend interpretiert, dass die Akkommodationsphase auf Entstehen von Hybridkulturen schließen lässt und Assimilation nicht unbedingt als völlige Assimilation/Absorption der Herkunftskultur und Identität der migrantischen Gruppen zu verstehen ist.

2.3 Shmuel N. Eisenstadt: Drei-Phasen-Modell (1950er-Jahre)

Shmuel Eisenstadt (1923–2010), Jugendsoziologe, beschäftigte sich ebenfalls mit dem Prozess der Migration. Sein Drei-Phasen-Modell zählt, wie das von Park (Abschn. 2.2) und das in Abschn. 2.5 dargestellte Modell von Milton Gordon, zu den Zyklenmodellen. Auch dieses Modell beinhaltet als Konsequenz von Migration im letzten Stadium des Immigrationsprozesses Assimilation bzw. eine vollständige Absorption der MigrantInnen in die Aufnahmegesellschaft.

Eisenstadt bezieht sich in seiner empirischen Herangehensweise auf jüdische Einwanderungen nach Israel und Palästina bis etwa 1947, aber auch auf ethnische Gruppen in den USA. Er analysiert in diversen empirischen Studien die Eingliederungsprozesse anhand seines Modells (vgl. Eisenstadt 1953, 1952, 1954a, b). Einzigartig an Eisenstadts Analysen ist, dass er eine breite Herangehensweise an das Migrationsthema verfolgt, und er sich zwar empirisch auf Israel bezieht, aber deutlich macht, dass Migration in unterschiedlichen Kontexten unterschiedliche Konsequenzen des Anpassungsprozesses zeige (vgl. Aumüller 2009, S. 67). In seinen empirischen Untersuchungen kommt er zu dem Schluss, dass Migration ein Wechsel des/der Einzelnen oder einer Gruppe von einem angestammten stabilen sozialen System zu einer fremden soziokulturellen Lebensumwelt sei:

> The process of immigration is a process of physical transition from one society to another. Through it the immigrant is taken out from a more or less stable social system and transplanted into another. The process of transplantation involves considerable

2.3 Shmuel N. Eisenstadt: Drei-Phasen-Modell (1950er-Jahre)

frustrations and gives rise to many social problems among the immigrants[16] (Eisenstadt 1952, S. 225).

Es entstehen laut Eisenstadt drei prinzipielle Phasen des Migrationsprozesses:

1. Die erste Phase beziehe sich auf die *Motivbildung zur Migration* in der Herkunftsgesellschaft;
2. die zweite Phase auf den *aktuellen Vorgang der Migration*, also auf das Verlassen der Herkunftsgesellschaft und die Ankunft in der Aufnahmegesellschaft;
3. und die dritte Phase *analysiere den Prozess der Eingliederung: Settlement*, später *Absorption* (1954) der ImmigrantInnen in die sozialen und kulturellen Gegebenheiten der Aufnahmegesellschaft (Eisenstadt 1952/1954).

Ad (1): Phase 1 – Motivbildung

The initial immigration is usually motivated by some feelings of inadequacy and insecurity within the old social system, and by the hope to resolve this insecurity in the new one[17] (Eisenstadt 1952, S. 225).

Die Personen oder Personengruppen, die sich zu einer Emigration aus ihrem stabilen und bekannten Lebensumfeld entschließen, sind durch Gefühle von Unsicherheit (zum Beispiel Arbeitsmarkt/Arbeitsplatz, Verfolgung, soziale, ökonomische und politische Unsicherheit) und Unzulänglichkeit in ihren Migrationsentscheidungen beeinflusst. Emigration sei die Hoffnung, diese negativen Gefühle, Ängste und Unsicherheiten zu überbrücken bzw. zu überwinden.

Ad (2): Phase 2 – Verlassen der Herkunftsgesellschaft
Das Verlassen der Herkunftsgesellschaft und die soziokulturelle Eingliederung (Transplantation) der ImmigrantInnen in eine neue Umgebung bringt soziokulturelle Veränderungen und vor allem neue, unerwartete Unsicherheiten mit sich. Diese Stufe der Immigration beinhalte eine Einschränkung im gesellschaftlichen

---

[16]Der Prozess der Einwanderung ist ein Prozess des körperlichen Übergangs von einer Gesellschaft zur anderen. In diesem Prozess wird der Einwandernde aus einem mehr oder weniger stabilen sozialen System entnommen und in ein anderes transplantiert. Dieser Prozess der Transplantation ist mit erheblichen Frustrationen für den/die ImmigrantIn verbunden und gibt Anlass zu vielen sozialen Problemen unter den Einwandernden.
[17]Die anfängliche Zuwanderung wird in der Regel durch Gefühle der Unzulänglichkeit und Unsicherheit innerhalb des ehemaligen sozialen Systems und von der Hoffnung, diese Unsicherheit [durch Migration] zu lösen, motiviert.

Leben, so Eisenstadt. Die *alten Rollenmuster, Partizipationsmuster* und *Interaktionsmuster* erachtet Eisenstadt als Hemmschwelle beim Eintritt in die neue Aufnahmegesellschaft. Ähnlich wie bei Schütz der Prozess des „Denkens wie üblich" beschrieben wird, erkennt Eisenstadt vergleichbare Schwierigkeiten für MigrantInnen. Er argumentiert, dass infolge ein Prozess der *Desozialisation* eintrete, in dem *Werte, Verhaltensnormen* und *Rollenmuster* (analog zum Denken wie üblich bei Schütz) ihre Gültigkeit verlieren würden und die bisherige Sozialisation Verbindlichkeit und Bedeutung einbüße. Dieser Prozess beinhalte Unsicherheit und Ängste seitens der MigrantInnen (vgl. Eisenstadt 1952, S. 226; vgl. Eisenstadt 1954, S. 4–25).

Ad (3): Phase 3 – Niederlassungsprozess (Assimilation/Absorption)
Ursprünglich entwirft bzw. wendet Eisenstadt das Konzept der Assimilation an. Später reinterpretiert er selbiges als Konzept der *Absorption* jedoch neu (1952 *The process of Absorption;* 1954 *The Absorption of immigrants*)[18]. Diesen Absorptionsprozess fasst er in den drei Kategorien Akkulturation, persönliche Anpassung und institutionelle Durchdringung zusammen (vgl. Eisenstadt 1952, 1954a, b).

1. „Institutionalisation of role expectation and behaviour" (Institutionalisierung der Rollenerwartungen und Verhaltensweisen im Alltag);
2. „demands made upon the immigrant and facilities offered to the migrant in the country of Absorption" (Anpassung der ImmigrantInnen an die Anforderungen der Aufnahmegesellschaft);
3. „Process of Institutionalisation of Immigrant Behaviour" (Eindringen der ImmigrantInnen in die institutionellen Sphären der Aufnahmegesellschaft und Verschmelzungen) (Ibid.).

Ad (1): Rollenerwartungen und Verhaltensweisen im Alltag
Eisenstadt argumentiert, dass in dieser Phase ein neuer Lernprozess stattfinde, wobei *Sprache* und deren Anwendung neu erlernt würden. Ein Resozialisierungsprozess (Lernprozess für neue Gegebenheiten des Aufnahmelandes) setze ein, Wertehierarchien würden neu konzipiert und die Selbstfindungs- und Identitätskonstruktionen würden reorganisiert. *Neue soziale Rollen* und deren soziale Erfüllungen würden erlernt und die Techniken, um sich im Alltagsbereich

---

[18]In dieser Reinterpretation bezieht er sich weiterhin auf Immigrationsbewegungen nach Israel.

zurechtzufinden, also die Denk- und Umgangsformen, würden wieder erlernt; *Rollenerwartungen* und soziale Empfindungen würden hinsichtlich der Aufnahmegesellschaft angepasst/adaptiert. Eisenstadt vergleicht diesen Prozess mit dem allgemeinen Sozialisationprozess eines jeden Individuums (Eisenstadt 1954; vgl. Han 2010; vgl. Aumüller 2009). Durch die *Institutionalisierung des Rollenverhaltens* könne der Akkulturationsprozess beginnen, bei dem es zu Umformungen des sozialen Verhaltens und der sozialen Netzwerke/Beziehung- en der ImmigrantInnen komme. Ohne diese Institutionalisierung entstünden laut Eisenstadt *anomische Verhaltensweisen,* durch die Normen und Wertesysteme der Aufnahmegesellschaft ignoriert und boykottiert würden. Eisenstadt argumentiert, dass Partizipation in der Mehrheitsgesellschaft unumgänglich sei und ImmigrantInnen sich über ihre ethnischen Kohorten neue Partizipationsmuster gestalten und suchen müssten (vgl. Eisenstadt 1954, S. 6–7)

Ad (2): Anpassungen an die Aufnahmegesellschaft
MigrantInnen würden, so Eisenstadt, damit rechnen müssen, dass die Aufnahmegesellschaft ihnen grundsätzlich wenig Chancen einräume, sich anzupassen. Die *Bereitschaft der Aufnahmegesellschaft* sei der Indikator und entscheidend für die Anpassung der MigrantInnen. Die *Bildung von Netzwerken* im Aufnahmeland über die eigene ethnische/kulturelle Gruppe hinaus sei für erfolgreiches Settlement essenziell. Die Abhängigkeit der Chancengebung und der Offenheit der Aufnahmegesellschaft hinsichtlich erfolgreichen Settlements führe oft zu Frustrationen seitens der ImmigrantInnen (vgl. Eisenstadt 1954; vgl. Han 2010). Eisenstadt legt sich auf keine Norm der Assimilation fest, er differenziert lediglich den Grad der Anpassung, der notwendig ist, um die Kohäsion von Gesellschaften zu gewährleisten (vgl. Aumüller 2009, S. 69).

Ad (3): Eindringen in die Aufnahmegesellschaft/institutionelle Durchdringung
Unter *Eindringen und Absorbieren (Dispersion and Absorption)* in die verschiedenen Sphären der Aufnahmegesellschaft (Mikro, Meso und Makro) versteht Eisenstadt den Verlust der Identität und der ethnischen Gruppenzugehörigkeit aufseiten der MigrantInnen in Form institutioneller, gesellschaftlicher und politischer Eingliederung/Dispersion.

Mit dem Begriff *Dispersion* beschreibt Eisenstadt den Prozess der Verschmelzung und die darin enthaltenen Stadien. Tendenzen der MigrantInnen, ihre eigene Kultur aufrechtzuerhalten und sich zu separieren, zum Beispiel im Bereich von institutionellen Sektoren, deutet er als Zeichen mangelnder Absorption (vgl. Eisenstadt 1954, S. 13). Eisenstadt argumentiert:

It is assumed that full absorption has not taken place unless the migrant group ceases to have a separate identity within the new social structure (Eisenstadt 1954, S. 13).

Daher setzt Eisenstadt ein erfolgreiches Settlement einer vollkommenen *Absorption* gleich, die nur erreicht werden könne, wenn die MigrantInnen ihre Gruppenidentität vollständig ablegten. Er räumt allerdings auch ein, dass eine Erhaltung der eigenen ethnischen Gruppenidentität – abhängig von der Gesellschaftsstruktur des Aufnahmelandes – stattfinden könne. Der Umfang der Auflösung der eigenen kulturellen Gruppe, der kulturellen Zugehörigkeit und Identität hänge im Einzelfall davon ab, wie viel Pluralismus eine Gesellschaft vertrüge könne, ohne dass die grundlegende soziale Struktur unterminiert werde, so Eisenstadt (1954, S. 16 In Aumüller 2009, S. 69).

2.3.1 Kritik

Eisenstadts Ansichten, wie auch die vorherigen Zyklenmodelle, sind auf eine Analyse des Aufnahmelandes und der Anpassung der MigrantInnen und deren Werten an die Aufnahmegesellschaft beschränkt. Dieses Vorgehen ist zu der Zeit zwar gängige Praxis bei migrationssoziologischen Analysen, dennoch sind die Thesen Eisenstadts und die Zyklenmodelle im Kontext einer Weltgesellschaft als einseitig und überholt zu werten. Wicker (2003) argumentiert, dass Assimilationsmodelle und deren Erwartung an eine absolute Anpassung an die Aufnahmegesellschaft nicht mehr zeitgerecht seien und Integrationskonzepte und Theorien zeitgenössisch den Anspruch stellen, von diesen Assimilationserwartungshaltungen entrümpelt zu werden.

2.3.2 Zusammenfassung

Eisenstadt, der sich zwar von Theorien zum Melting Pot und zu Pluralismuskonzepten distanziert, wird zeitgenössisch so interpretiert, dass vollständige Assimilation bzw. Absorption nicht zwingend eintritt, sondern von den Strukturen der Aufnahmegesellschaft abhängt (ähnlich der Reinterpretation zu Parks Race Relations Cycle und dessen Assimilationsphase).

Analog zu Parks Akkommodationsphase und der Ansatzweise der im Raum stehenden Hybridkulturen, die Park in *Marginal Man* beschreibt, geht auch Eisenstadt davon aus, dass eine vollständige Absorption nur selten eintrete, in der

der Endzustand von Migration eher mit einer Form von pluralistischer Absorption verstanden werden könne, also tatsächlich die eigene Kultur der MigrantInnen bis zu einem gewissen Grad beibehalten werde (vgl. Aumüller 2009). Eisenstadt argumentiert, dass Assimilation kein notwendiger, linear verlaufender Prozess sei, sondern dem Referenzrahmen des Nationalstaates entspricht (ibid.). Besonders hervorzuheben an Eisenstadts Theorie ist jedoch, dass er sich im Gegensatz zu anderen Theoretikern seiner Zeit mit Formen von Devianz und konflikthaften Beziehungen zwischen Einwandererminoritäten und der Mehrheitsgesellschaft befasst (vgl. Aumüller 2009, S. 69).

2.4 Nathan Glazer und Daniel Moynihan: Beyond the Melting Pot – von der Assimilationsdebatte zur Pluralismusdebatte (1963)

Nathan Glazer (1923) und Daniel Moynihan (1927–2003) gelten als Begründer der Pluralismusdebatte, da sie 1963 einen Paradigmenwechsel in der Migrationssoziologie einleiten. Glazer verfolgt zunächst eine primär soziologische Perspektive, sein Fokus liegt auf der komplexen Analyse der interdependenten Wechselbeziehungen von *Race and Ethnicity, Urban Development and Urban Policy* und später auf der Untersuchung des Multikulturalismus, wohingegen Moynihan auch als Politiker und Diplomat bekannt ist (vgl. Aigner 2015).

Eine der zentralen Thesen von Glazer und Moynihan ist die Auffassung, dass der amerikanische Melting Pot per se nicht existiere und eine vollständige Assimilation – entgegen der zu diesem Zeitpunkt populären theoretischen Standpunkte der Migrationsforschung (vgl. Abschn. 2.2, 2.3, 2.4) – zwischen den unterschiedlichen ethnischen Gruppen[19] nicht stattfinde (vgl. Han 2006). Im Gegenteil, Glazer und Moynihan argumentieren, dass sich die jeweiligen ethnisch-kulturellen Gruppen nur marginal unter dem Einfluss der Kultur des Aufnahmelandes USA verändern und als „new creation each shaped by a distinctive history, culture and American experience, which gives each group a distinctive

---

[19]Bei Glazer und Moynihan mit Bezug zu New York.

role in the life of the city"[20] (Glazer 1980, S. 301) zu einer ethnisch-kulturell pluralen[21] Gesellschaftsstruktur beitragen würden.

Diese theoretische Erkenntnis leitet einen Paradigmenwechsel in der Migrations- und Integrationsforschung ein. Glazer und Moynihans Werk stellt de facto einen Wendepunkt innerhalb der Wissenschaft dar, einen Wandel von der Assimilationstheorie zur Pluralismustheorie. Dieser löst einerseits soziale Bewegungen, wie das „Ethnic Revival" (USA), aus, andererseits beeinflusst es die klassischen Einwanderungsländer, von einer bis dato vertretenen Assimilationspolitik zu einer Pluralismus- und Multikulturalismuspolitik überzugehen (vgl. Han 2006). Auch beeinflussen die Thesen, die Glazer und Moynihan aufstellen, die Theorieentwicklung der Migrations- und Integrationsforschung[22]. In der Folge werden Konzepte

---

[20]Unter dem Begriff *ethnisch-kulturelle Gruppen* werden Menschengruppen zusammengefasst, die jeweils durch eine unverwechselbare Geschichte, Kultur und durch Erfahrungen in Amerika geprägt sind, was jeder Gruppe eine besondere, distinktive Rolle im Stadtbild zuteilt (Glazer 1980, S. 301).

[21]*Cultural Pluralism* = kultureller Pluralismus (auch: ethnic Pluralism = ethnischer Pluralismus): Der Begriff *kultureller Pluralismus* stellt als Gegenkonzept des Begriffs *Melting Pot* Assimilationstheorien infrage und kann als Vorstufe des Multikulturalismus angesehen werden. Kallen (1915) definiert kulturellen Pluralismus als einen gesellschaftlichen Zustand, in dem ethnische Gruppen untereinander kohäsiv agieren und ihre Sprache, Herkunftskultur, Religion und Gebräuche weiter pflegen, während sie gleichzeitig am wirtschaftlichen und politischen Leben der USA partizipieren, wenngleich gegenseitiger Respekt gegenüber ethnischen Unterschieden herrsche.

Der Multikulturalismus (vgl. Ariëns 2013) als späteres Folgekonzept (ab etwa 1960 bis 1970) oder als Steigerung des Konzepts kann als Parallelexistenz, als tolerantes Nebeneinander und Miteinander von ethnischen bzw. kulturellen Gruppen (ohne Marginalisierung) verstanden werden. Diese Gruppen sind alle gleichgestellt und aus dieser Sicht nicht marginalisiert, sondern multikulturell gleichberechtigt ohne die Existenz einer dominanten Mehrheitskultur. Beispiele zu gesellschaftlich multi- kulturellen Strukturen finden sich heute in den USA, Australien und Kanada, wo Integration über rasche Staatsbürgerschaftsverleihung *(Ius Solis),* offene Einwanderungspolitik im Kontext von liberal-ökonomischen Modellen und schwachen Wohlfahrtsstaatsmodellen definiert wird (vgl. Aigner 2008; vgl. Ataç 2012). Multikulturelle Ansätze finden sich in Großbritannien, Frankreich und den Niederlanden, wohingegen Deutschland, Österreich und die Schweiz für die Eingliederung von ImmigrantInnen durch Assimilierungsintegration bekannt sind (vgl. Ataç 2012). Das Konzept des Multikulturalismus wird allerdings wegen seiner Unschärfen bereits maßgeblich kritisiert und debattiert (vgl. Majcherek 2010; vgl. Terkessidis 2010, S. 19–52).

[22]Beispielsweise wird New York City auch heute noch durch die Begriffe *ethnic Neighbourhoods* oder *ethnic Communities* charakterisiert, die sich räumlich und kulturell von anderen *ethnic Groups* abgrenzen (zum Beispiel Chinatown, Little Italy) und dem Pluralismusmodell zugeordnet werden können (vgl. Alba und Nee 2004).

2.4 Nathan Glazer und Daniel Moynihan: Beyond the Melting Pot ...

zu ethnischem Pluralismus und Multikulturalismus weiterentwickelt, auch Konzepte zu Ethnizität gewinnen an Bedeutung.

Im Detail handelt das Werk von Glazer und Moynihan von der ethnischen Komplexität New Yorks und analysiert die Integrationsmechanismen des amerikanischen Melting Pots anhand von Beobachtungen des Zusammenlebens diverser ethnischer Gruppen in New York City, wie das der AfroamerikanerInnen („Negroes"), Puerto RicanerInnen, Juden/Jüdinnen, ItalienerInnen und Iren/Irinnen. Glazer und Moynihan gehen auf die Immigrationsgeschichte dieser ethnischen Gruppen ein. Die Lebenssituationen der Gruppen werden in Beziehung zu den spezifischen Bereichen Bildung und Schule, Arbeitsmarkt, politische Aktivitäten und Mitspracherechte, Wohnungsmarkt und Wohnverhältnisse diskutiert. Auch die Interaktion miteinander und der Wettbewerb zwischen den unterschiedlichen ethnischen Gruppen wird eingehend analysiert.

2.4.1 Die afroamerikanische Bevölkerungsgruppe in New York

Ein elementares Themenfeld in *Beyond the Melting Pot* ist die Diskriminierung und Marginalisierung der afroamerikanischen Bevölkerung New Yorks, deren Segregation am Arbeitsmarkt und im Bildungsbereich stärker deutlich werde, so Glazer und Moynihan, als bei anderen ethnischen Gruppen, wie den Juden/Jüdinnen oder Iren/Irinnen. Auch werden interethnische Spannungen zwischen den AfroamerikanerInnen und anderen Ethnien, wie der jüdischen Bevölkerung, hervorgehoben (vgl. Glazer und Moynihan 1970, S. 71). Als Gründe der stärkeren Benachteiligung seien sowohl der Mangel an Bildung und selbstständigen unternehmerischen Tätigkeiten als auch die schwach ausgeprägten Familienstrukturen bzw. der schwache familiäre Zusammenhalt zu nennen (vgl. ibid., S. 24–85).

Die afroamerikanische Gruppe wird von Glazer und Moynihan stark von den europäischen Einwanderungsgruppen differenziert:

> perhaps another way in which negroes differed from European immigrant groups was that they did not develop the same kind of clannishness, they did not have the same close family ties, that in other groups created little pools for ethnic businessmen and professionals to tap[23] (Glazer und Moynihan 1970, S. 33).

---

[23]Vielleicht eine Art, in der AfroamerikanerInnen sich von europäischen Einwanderergruppen unterschieden, war, dass sie nicht die gleiche Art von familiärem Zusammenhalt entwickelten. Sie hatten daher nicht dieselben Familienbande, die es anderen Gruppen ermöglichten, ethnisches Unternehmertum und Fachkräfte zu etablieren.

Des Weiteren wird darauf hingewiesen, dass AfroamerikanerInnen politisch aktiver seien als andere Ethnien (vgl. 1970, S. 24–85).

2.4.2 Die puerto-ricanische Bevölkerungsgruppe New Yorks

Zu den Puerto RicanerInnen wird angemerkt, dass höhere Arbeitslosigkeit und geringeres Einkommen im Vergleich zu anderen Ethnien überwiege. Diese Gruppe wird als eine Art Sonderfall bezeichnet, da sie nicht den „Non-Whites" und nicht den „Whites" zuordenbar sei. Diesbezüglich heben Glazer und Moynihan ihre „Brückenfunktion" zwischen der europäisch „weißen" Einwanderergruppe und der „nicht weißen" Einwanderergruppe hervor (vgl. ibid., S. 86–136).

2.4.3 Die jüdische Bevölkerungsgruppe New Yorks

Basierend auf der Einwanderungsgeschichte der jüdischen Bevölkerung New Yorks widmen sich Glazer und Moynihan der ökonomischen Situation der jüdischen Bevölkerung. Sie charakterisieren diese als eine im selbstständigen Unternehmertum sehr avancierte Gruppe. Weiterhin wird die jüdische Bevölkerungsgruppe als die vergleichsweise höchst gebildete und an Bildung interessierteste Gruppe bezeichnet. Glazer und Moynihan sind der Ansicht, dass im Bildungsbereich kaum Diskriminierung gegen Juden/Jüdinnen stattfinde. Die älteren jüdischen Einwanderer werden noch den *manual unskilled Workers* (ungelernten Arbeitskräften) zugehörig beschrieben, wohingegen sich die Folgegeneration bereits als *semi skilled* oder *skilled* (gelernte Fachkräfte) auf dem Arbeitsmarkt etabliert habe. Auch im Angestelltenbereich, vor allem im Bildungsbereich (LehrerIn), fänden sich Mitglieder der jüdischen Gemeinschaft in hohem Ausmaß (vgl. ibid., S. 143–144). Glazer und Moynihan merken an, dass die jüdische Einwanderungsgruppe Interesse habe, ihre Gruppenidentität zu bewahren. Allerdings werde diese Minderheit dadurch charakterisiert, dass sie Schwierigkeiten habe, die Balance zwischen Separation von der Mehrheitsgesellschaft und anderen Ethnien und dem Verlust der eigenen Identität zu finden. Der jüdischen Gruppe werden daher Separationstendenzen zugeschrieben (vgl. ibid., S. 137–180)

2.4.4 Die italienische Bevölkerungsgruppe New Yorks

Anhand der italienischen Diaspora wird von Glazer und Moynihan das Profil der ItalienerInnen in New York erstellt: Sie seien gering qualifiziert und kämen aus niedrigeren Bildungssegmenten. Eine signifikante Charakteristik der italienischen Gemeinschaft läge in deren Familienstrukturen, die eine hohe familiäre Kohäsion aufweisen würden und vom familiären Zusammenhalt geprägt seien. Glazer und Moynihan weisen allerdings darauf hin, dass die Folgegenerationen (die zweite und dritte Einwanderergeneration) im Gegensatz zu anderen Ethnien mehr Assimilation zeigen, indem die Kinder sich die kulturellen Gegebenheiten des Aufnahmelandes zu eigen machen würden, obwohl eine räumliche Segregation beibehalten werde. Immigration von anderen Ethnien in die italienischen „Neighbourhoods" sei allerdings mit Skepsis verbunden[24]. Politisch seien die ItalienerInnen wenig aktiv, jedoch spiele bezüglich kultureller Identifikation und Identitätsentwicklung der italienischen Ethnie die katholische Kirche eine übergeordnete Rolle (vgl. ibid., S. 181–216).

2.4.5 Die irische Bevölkerungsgruppe New Yorks

Auch bei der irischen Bevölkerungsgruppe wird der katholische Glauben als eine der Hauptcharakteristiken der Gruppe genannt. Politisch seien die Iren/Irinnen sehr aktiv. Sie würden sich, ähnlich der jüdischen Bevölkerungsgruppe, langsam etablieren und sich von *unskilled* (ungelernten) Arbeitskräften zu einer gebildeten Mittelschicht entwickeln. Auch bei den Iren/Irinnen, wie bei den ItalienerInnen, spiele der familiäre Zusammenhalt eine große Rolle in der Erhaltung der ethnischen Strukturen (vgl. ibid., S. 217–287).

2.4.6 Empirische Ergebnisse und theoretische Erkenntnisse der Studie

Zusammengefasst gelangen die empirischen Ergebnisse der Studie zu folgenden Erkenntnissen: Einerseits wird verdeutlicht, dass unterschiedliche ethnische Gruppen in ihrer Interaktion mit der Aufnahmegesellschaft und mit anderen Ethnien in diversen gesellschaftlichen Bereichen unterschiedlich agieren würden.

---

[24]Beispielsweise sind East Harlem oder North Bronx bis heute mehrheitlich von italienischstämmiger Bevölkerung geprägt.

Während die AfroamerikanerInnen in den Bereichen Bildung und Arbeitsmarkt am meisten segregiert und diskriminiert würden, habe sich sowohl die jüdische als auch die irische Ethnie über Folgegenerationen in diesen Bereichen am erfolgreichsten etabliert. Die Gruppenkohäsion variiere unter den Ethnien. ItalienerInnen und Iren/Irinnen würden nach Glazer und Moynihan besonderen familiären und Gemeinschaftszusammenhalt aufweisen. Die jüdische Gruppe zeige als Gemeinschaft Zusammenhalt, aber weise Separationstendenzen zu anderen Ethnien auf. In jedem Fall könne festgestellt werden, dass ab der zweiten Einwanderergeneration eine kulturelle Veränderung durch die Übernahme von Gebräuchen der dominanten Mehrheitsgesellschaft des Aufnahmelandes in den ethnischen Gruppen auftrete, also deren Ethnizität und Kultur nicht statisch erhalten bleibe, sondern sehr wohl eine kulturelle Veränderung stattfinde. Diese Veränderung könne aber nicht als Assimilation bezeichnet werden, denn die Gruppen behielten weiterhin die für ihre Gruppe distinktiven Merkmale, die sie von der kulturell dominanten Mehrheitsgruppe auch über Folgegenerationen unterscheiden und abgrenzen werde:

> What emerged […] as somewhat original was the idea that the ethnic group was not only a survival from the age of mass immigration, but something of a new creation, and thus we could expect not rapid assimilation but an extended persistence, even as each group underwent change[25] (Glazer 1980, S. 301).

Glazer und Moynihan (vgl. 1970, S. 288–315) kommen zu der Schlussfolgerung, dass die beschriebenen ethnischen Gruppen in vier Kategorien/Gruppen subsumierbar seien: 1) die Juden/Jüdinnen, 2) die KatholikInnen, 3) die AfroamerikanerInnen und Puerto RicanerInnen und 4) die nicht gesondert analysierten WASPS (White Anglo-Saxon Protestants = Mehrheitsgesellschaft). Diese Kategorisierung impliziert Unterscheidungskriterien anhand von Religion und *Race*[26]. Beispielsweise ordnen Glazer und Moynihan Iren/Irinnen und ItalienerInnen aufgrund der gemeinsamen katholischen Religion einer Kategorie zu, was wiederum impliziert, dass manche Ethnien aufgrund gemeinsamer Merkmale verstärkt miteinander interagierten. Ein wichtiger Ausgangspunkt von Glazer und Moynihan

---

[25]Was dabei herauskam […] als neue Idee, dass die ethnische Gruppe nicht nur ein Überbleibsel aus der Zeit der Masseneinwanderung war, sondern eine neue Schöpfung, und so konnten wir nicht schnelle Assimilation, sondern ein [kulturelles] Weiterverharren erwarten, obwohl jede Gruppe eine Veränderung durchmachte.
[26]Der Begriff *Race* definiert eine ethnische Gruppe, deren Mitglieder dieselbe Kultur, Geschichte und Sprache miteinander teilen (vgl. Oxford English Dictionary). Auf umfassende Debatten zu den Konzepten „Race und Ethnicity" wird hier nicht eingegangen.

2.4 Nathan Glazer und Daniel Moynihan: Beyond the Melting Pot ...

ist eine empirische Sichtweise, nach der es keine gesonderte „Core Culture" (WASPS) geben könne, also keine dominante Gruppe, in die die Minderheiten assimilieren. Im Gegenteil, die Angloprotestanten bilden laut dieser Ansicht selbst eine von vielen Gruppen in einer ethnisch diversen Landschaft (vgl. Han 2006). Diese Herangehensweise steht im Gegensatz zu den Ansichten der Assimilationstheoretiker, die davon ausgehen, dass es eine dominante „Kernkultur" gebe, in die sich die Minderheiten assimilieren (vgl. Gordon In Han 2006, vgl. Abschn. 2.5).

2.4.7 Kritik

Stephen Steinbergs Werk *The Ethnic Myth* (1989) bilanziert den „ethnischen Pluralismus" der USA als Resultat der Immigrationsgeschichte der USA (vgl. Han 2006) und kritisiert den ethnischen Pluralismus als ein Konzept von Glazer und Moynihan, das soziale Ungleichheit nicht thematisiere (vgl. ibid.).

Auffällig an Glazer und Moynihans Ansatz ist, dass nur selektiv auf fünf ethnische Gruppen eingegangen wird. Große Einwanderergruppen, zum Beispiel aus Asien (Chinatown) oder auch die deutsche Einwanderergruppe, welche in den folgenden Jahrzehnten Zentrum der Forschung auch im Hinblick auf das ethnische Unternehmertum[27] werden, werden übergangen. Zudem kann kritisch angemerkt werden, dass auch im Integrationstheoretischen Ansatz von Glazer und Moynihan (wie ebenso in anderen klassischen Ansätzen dieser Epoche) Faktoren wie „Gender" völlig außer Acht gelassen werden (vgl. Aigner 2015).

2.4.8 Zusammenfassung

Obwohl Glazer und Wirth (In Price 1969) bereits 1957 ein ökologisches Sequenzmodell mit fünf unterschiedlichen Integrationsphasen (mit Bezug zur jüdischen Einwanderungsgruppe) entwerfen, in dem die letzte Phase der Integration die

---

[27]Der Begriff *Ethnic Enclave Economies* wurde von Ma (1998) und Zhou (2004) zu chinesischen Entrepreneurs in den USA oder von Hillman (1997, 1999), Light (1994, 2003) und Light und Gold (2007) zu den Wechselwirkungen von Ethnic Entrepreneurship und urbanen Arbeitsmärkten durchgeführt. Der *Middleman-Minority-Ansatz* wurde von Bonacich (1973, 1993) und Portes (1995) (weiter-)entwickelt und weist auf die theoretisch bedeutsame Pufferrolle in den USA von Ethnic Entrepreneurs zwischen der Mehrheitsgesellschaft und Minorities (Minderheiten) hin (vgl. Aigner 2012b).

Anpassung von ethnischen Einwanderergruppen an die US-Bürgerinnen und -Bürger darstellt und Glazer und Wirth darin annehmen, dass die Intensivierung der Kontakte von ethnischen Minder- und Mehrheitsgruppen letztlich zur Assimilation im Aufnahmeland führe, verfolgt Glazer diese These nicht weiter und revidiert sie mit der Veröffentlichung *Beyond the Melting Pot* 1963. Dort wird, trotz der Ablehnung von Assimilationsmodellen, nicht spezifisch auf das Konzept des kulturellen Pluralismus eingegangen. Glazer argumentiert, dass *Beyond the Melting Pot* besonders von Integrationsforschung und -theorien der Chicago School (vgl. Park et al. 1921/1969, 1922/1971), spezifisch dem *Race Relations Cycle*, beeinflusst und inspiriert sei (vgl. Glazer 1980, 2012). Er argumentiert allerdings gegen das Assimilationsmodell, in jedem Fall gegen die vierte und letzte Stufe des Zyklusmodells, also gegen Assimilation; Glazer und Moynihan negieren somit in ihrem Werk die Assimilationsphase.

2.5 Milton Gordon: Assimilationstheorie und Ethclass (1960er-Jahre)

Nach Erscheinen des Werkes *Beyond the Melting Pot* reagiert Milton Gordon (geb. 1918), Soziologe, mit seiner Assimilationstheorie (*Assimilation in American Life* 1964/1978) als Gegenthese, welche dem Konzept des ethnischen Pluralismus widerspricht. In diesem Werk kritisiert er bestehende Theorien zur Migration und Integration, wie den kulturellen Pluralismus und die Theorie des Melting Pots. Gordon kann zwar seine Theorie gegen die damals bereits durchgreifende Theorie des kulturellen Pluralismus nicht behaupten, jedoch entwickelt er anhand der USA eine Theorie der Assimilation, die er für alle Regionen und Staaten weltweit geltend macht. Aumüller (2009, S. 59) hebt hervor, dass Gordon darauf fokussiere, dass Assimilation ein sozialer Prozess sei, der sich von dem Prozess der Akkulturation, der einen kulturellen Prozess darstelle, unterscheide.

Die eigentliche Assimilation findet bei Gordon in sieben Stufen statt, sowohl im Rahmen von kultureller als auch struktureller Assimilation. Die sieben Phasen der Assimilation enden in einer vollständigen Anpassung und beinhalten Bereiche wie Sprache und Verhaltensweisen im Rahmen der kulturellen Assimilation, im Rahmen der strukturellen Assimilation die Partizipation im institutionellen Bereich der Aufnahmegesellschaft sowie eine vollständige soziale Angleichung (vgl. Gordon 1964; Han 2010). Gordon definiert die strukturelle Assimilation als die treibende Kraft, die zur absoluten Anpassung führe. In dieser siebenstufigen Theorie geht Gordon davon aus, dass sich ein Individuum grundsätzlich in einer („in-house") Gruppe als ethnisch, rassisch, national oder religiös zugehörig fühle

2.5 Milton Gordon: Assimilationstheorie und Ethclass (1960er-Jahre)

(vgl. Gordon 1964, S. 27). Er fokussiert im Gegensatz zu anderen Theoretikern auf das Konzept „Class"/Schicht bzw. sozioökonomische Klassenzugehörigkeit und geht dabei auf das Konzept der *Subsociety, Subculture* und insbesondere *Ethclass* ein:

> I propose then, that we refer to subsociety created by the intersection of the vertical stratifications of ethnicity with the horizontal stratifikation of social class as the ethclass (Gordon 1964, S. 51).[28]

Gordon argumentiert, dass sich *Ethnic Subsocieties* und *Ethclasses* immer an der *Core Society/Core Culture* (Kerngesellschaft/-kultur) orientieren und anpassen würden. Da sich Menschen zur gleichen Schicht zugehörig fühlen, sei soziale Klassenzugehörigkeit für ihr Verhalten und ihre kulturelle Prägung allerdings ebenso ausschlaggebend wie der ethnische Hintergrund. Die ethnische Zugehörigkeit wiederum sei für soziale Netzwerke wichtig. Gordon glaubt, dass sich Diskriminierungen gegen Minderheiten verringern, wenn diese sich an die *Core Society* anpassen (vgl. Gordon 1961, 1964; Han 2010)

Im Detail wird das Sieben-Stufen-Modell der Assimilation von Gordon folgendermaßen erläutert, wobei Assimilation als ein Prozess zwischen (1) soziokultureller Distanz und (7) vollständiger Integration definiert wird. Die Unterscheidung zwischen kultureller und struktureller Anpassung ist, so Gordon, dabei besonders wichtig. Er bezieht sich im Modell auf die folgenden Assimilationsvariablen (vgl. Gordon 1964, S. 71, 1961; Tab. 2.1).

Die kulturelle verhaltensmäßige Assimilation (Stufe 1) kann laut Gordon als Akkulturation (Wandel der kulturellen Verhaltensmuster in Richtung Angleichung) verstanden werden. Die strukturelle Assimilation (Stufe 2) erfolge auf Basis der Primärbeziehungen in Form eines Eintritts in Cliquen, Vereine und Institutionen der

---

[28]Ich schlage vor, dass wir die Subgesellschaft, die durch den Schnittpunkt der vertikalen Schichtungen von Ethnizität und der horizontalen Stratifikation der sozialen Schicht entstanden ist, als *Ethclass* bezeichnen.
Gordon charakterisiert die *Ethclasses* als die Überschneidungen in der horizontalen ethnischen Stratifikation mit der vertikalen sozialen Stratifikation. Anders formuliert: Gordon unterscheidet *horizontal* nach Ethnien und *vertikal* nach sozialer Schicht. Daher argumentiert er, dass zum Beispiel die Ethclass einer Person „upper middle class white protestant" oder „upper lower class negro protestant" sein kann (Gordon 1964, S. 51).

Tab. 2.1 Assimilationsvariablen. (Gordon 1964, S. 71)

Teilprozess/Bedingung	Stufe der Assimilation	Spezielle Terminologie
Angleichung von kulturellen Verhaltensmustern an die der Aufnahmegesellschaft	*Kulturelle und Verhaltensassimilation*	Akkulturation
Eintritt in Cliquen, Vereine und Institutionen der Aufnahmegesellschaft auf primärer Gruppenbeziehungsebene	*Strukturelle Assimilation*	–
Interethnische Heiraten und Beziehungen	*Maritale Assimilation*	Amalgamation
Entstehung eines Gemeinschaftssinns, der ausschließlich auf der Aufnahmegesellschaft beruht	*Identifikative Assimilation*	–
Fehlen von Vorurteilen	*Einstellungsrezeptionale Assimilation*	–
Fehlen von Wert- und Machtkonflikten	*Zivile Assimilation*	–

Aufnahmegesellschaft.[29] Gordon merkt weiterhin an, dass die kulturelle Assimilation oder Akkulturation in den USA häufig der Fall sei, wogegen die strukturelle Assimilation selten auftrete (vgl. Gordon 1961, S. 279). Maritale Assimilation (Stufe 3, interethnische Heirat) folge in jedem Fall auf die erstgenannten Assimilationsstufen (vgl. ibid.). Identifikative Assimilation (Stufe 4, Entwicklung des Zugehörigkeitsgefühls zur Aufnahmegesellschaft), Einstellungsassimilation (Stufe 5, Fehlen von Vorurteilen), Verhaltensassimilation (Stufe 6, Fehlen von Diskriminierungen) und zivile Assimilation (Stufe 7, Fehlen von Wertkonflikten und Machtkämpfen) ergänzen die Assimilationskategorien Gordons (vgl. Gordon 1964, 1961). Dieser geht prinzipiell davon aus, dass zu Integration bzw. Assimilation zwei Seiten und

---

[29]Gordon (1961, S. 279): „The most crucial distinction is one often ignored? the distinction between what I have elsewhere called ‚behavioral assimilation' and ‚structural assimilation'. The first refers to the absorption of the cultural behavior patterns of the ‚host' society. (At the same time, there is frequently some modification of the cultural patterns of the immigrant-receiving country, as well.) There is a special term for this process of cultural modification or ‚behavioral assimilation' namely ‚acculturation'. ‚Structural assimilation', on the other hand, refers to the entrance of the immigrants and their descendants into the social cliques, organizations, institutional activities, and general civic life of the receiving society."

2.5 Milton Gordon: Assimilationstheorie und Ethclass (1960er-Jahre)

deren Interesse an Integration notwendig seien („It takes two to tango", Gordon 1961, S. 280), ein theoretischer Zugang, der auch im Drei-Phasen-Modell von Eisenstadt relevant ist.

Sowohl die Mitglieder der Aufnahmegesellschaften als auch die Mitglieder der migrantischen Gesellschaft agieren laut Gordon ambig. Besonders die religiösen Minderheitsgruppen hätten Befürchtungen, ihre Identität durch interethnische Heiraten zu verlieren (vgl. ibid.). Weiterhin argumentiert Gordon, dass die erste Generation von ImmigrantInnen an struktureller Integration nicht interessiert gewesen sei, wohingegen die zweite Generation, sich bereits mit der Aufnahmegesellschaft identifizierend, beschrieben wird als Gruppe, die bereits zu sozialen Versammlungen in der Aufnahmegesellschaft eingeladen werde.[30]

In Gordons Verständnis kreieren besonders die afroamerikanischen Minderheiten ihre eigene soziale Welt. Sie hätten jedoch keine Intention, sich von der Mehrheitsgesellschaft abzukapseln. Gordon erkennt allerdings, dass duale soziale Strukturen in diesem Belang einzig durch Vorurteile und Diskriminierungen seitens der Mehrheitsgesellschaft entstanden seien und nicht durch die Einstellung der Minderheiten (vgl. Gordon 1961, S. 279–282).[31] Strukturelle Assimilation sei daher derjenige Bestandteil von Assimilation, an dem die Prozesse der Entstehung des Melting Pots gescheitert seien. Akkulturation oder kulturelle Assimilation sei stattdessen das herausragende soziologische Motiv, das die Entstehung der Nation aus diversen ethnischen Gruppen maßgeblich gefördert habe. Entgegen dem strukturellen Pluralismus müssten Strategien zur Verstärkung der Gruppenharmonie,

---

[30] „With regard to the immigrant, in his characteristic numbers and socioeconomic background, structural assimilation was out of the question. He did not want it, and he had a positive need for the comfort of his own communal institutions. The second generation found a much more complex situation. Many believed they heard the siren call of welcome to the social cliques, clubs, and institutions of white Protestant America. After all, it was simply a matter of learning American ways, was it not? Had they not grown up as Americans, and were they not culturally different from their parents, the ‚greenhorns?'" (Gordon 1961, S. 280).

[31] „[...] Structural assimilation, then, has turned out to be the rock on which the ships of Anglo-conformity and the melting pot have foundered. To understand that behavioral assimilation (or acculturation) without massive structural intermingling in primary relationships has been the dominant motif in the American experience of creating and developing a nation out of diverse peoples is to comprehend the most essential sociological fact of that experience. It is against the back ground of ‚structural pluralism' that strategies of strengthening inter group harmony, reducing ethnic discrimination and prejudice, and maintaining the rights of both those who stay within and those who venture beyond their ethnic boundaries must be thoughtfully devised" (Gordon 1961, S. 282).

zur Reduktion von ethnischer Diskriminierung und Vorurteilen und zur Beibehaltung der Rechte von denjenigen, die sich in ihrer ethnischen Gruppe bewegen, und denen, die sich darüber hinaus bewegen, daher vorsichtig konstruiert und erdacht werden.

2.5.1 Kritik und Zusammenfassung

Gordon (1961, 1964), wie auch Esser (1980) (vgl. Abschn. 2.10), Park und die Chicago School oder Eisenstadt, bewerten kulturelle Anpassung als eine notwendige Voraussetzung für die soziostrukturelle Inkorporierung von MigrantInnen in die jeweiligen Aufnahmegesellschaften. Die Assimilationsprozesse gingen dabei auf Kosten des Verlustes des „herkömmlichen" Orientierungswissens.

Spezifisch reagiert Gordon mit seinem siebenstufigen Assimilationsmodell auf die entstandene Pluralismusdebatte, die mit dem Werk *Beyond the Melting Pot* einsetzt. Diese siebenstufige Assimilationstheorie, die aus *kultureller Assimilation* (Stufe 1: Spracherwerb; Stufe 2: Aneignen von Verhaltensweisen), und *struktureller Assimilation* (Stufe 3: zunehmende Partizipation im institutionellen Bereich der Aufnahmegesellschaft; Stufe 4: kulturelle Assimilation; Stufe 5: soziale Assimilation; Stufe 6: Akkulturation; Stufe 7: Integration) besteht, etabliert sich als Gegenthese, die dem Konzept des ethnischen Pluralismus widerspricht. Gordon argumentiert grundsätzlich, dass sich *Ethnic Subsocieties* und *Ethclasses* immer an der *Core Society/Core Culture* (Kerngesellschaft/-kultur; in den USA = WASPS) orientieren und anpassen würden. Er nimmt den Standpunkt ein, dass sich Diskriminierungen gegen Minderheiten verringern würden, wenn diese sich an die *Core Society* anpassen.

Gordons Modell ist, wie auch vorherige Modelle (zum Beispiel Glazer/Moynihan), im Kontext der damaligen US-amerikanischen politischen Gegebenheiten und interethnischen Beziehungen, wie den Rassenauseinandersetzungen, situiert. Gordon geht in seinem Werk *Assimilation in American life* auch auf die politischen Gegebenheiten ein und situiert seine Assimilationstheorie bzw. seine Zugänge zu Integration auch im politisch-zeitgenössischen US-amerikanischen Kontext. Hierbei tritt er für Antidiskriminierungspolitik ein, spricht sich aber gegen Anglo-Konformitätsmodelle (gegen die Melting-Pot-Theorie) und gegen kulturellen Pluralismus aus (vgl. Gordon 1964; vgl. Aumüller 2009). Im Gegensatz zu den Phasen- und Zyklenmodellen, wie Robert Parks *Race Relations Cycle*, geht er nicht davon aus, dass Assimilation ein umkehrbarer Prozess sei (vgl. Aumüller 2009). Aumüller argumentiert darüber hinaus, dass die Frage der strukturellen Assimilation von Zuwanderern, ihr Zugang zum Arbeitsmarkt und Bildungswesen sowie zu den rechtlichen und sozialen Kerninstitutionen ein wichtiger Punkt in Gordons Modell sei und zur entscheidenden Determinante werde. Akkulturation sei dabei eine wichtige Begleitdeterminante der strukturellen Assimilation und ergebe sich gleichermaßen von selbst, sobald das Individuum Zugang zu den Kerninstitutionen hat (vgl. Aumüller 2009, S. 66). Gordon leistet (mit spezifischem Fokus auf den US-amerikanischen Kontext) hiermit einen essenziellen Beitrag zur migrationssoziologischen und integrationsrelevanten Debatte seiner Zeit, wenngleich sein Werk und seine Thesen im Rahmen der En-vogue-Theorien des kulturellen Pluralismus, der sich langfristig in den USA durchsetzt, nicht durchschlagend sind.

2.6 Hans-Joachim Hoffmann-Nowotny: Migration und sozietale Systeme (1970er-Jahre)

Hoffmann-Nowotny (1934–2004), Soziologe im deutschsprachigen Raum, stellt migrationssoziologische Theorien vor allem mit Fokus auf die Schweiz und deren Gastarbeiterzuwanderung auf. Er setzt sich intensiv mit migrationsrelevanten Fragestellungen auseinander und beschäftigt sich mit der Frage, unter welchen soziostrukturellen und soziokulturellen Bedingungen der Mensch sesshaft bleibt oder mobil wird, also mit den grundsätzlichen *Rahmenbedingungen von Migration*. Migration sieht Hoffmann-Nowotny als den Abbau anomischer Spannungen im internationalen Maßstab an (vgl. Aumüller 2009, S. 118).

Er entwickelt eine Theorie *struktureller und anomischer Spannungen* im Rahmen von sozialen Systemen und versucht, sowohl objektive Gegebenheiten als auch subjektive Motivlagen systematisch miteinander zu verknüpfen bzw. makrosoziologische und ökonomische Aspekte auf mikrosoziale und individuelle Entscheidungssituationen zu beziehen (vgl. Oswald 2007, S. 87). Im Gegensatz zu bisherigen migrationssoziologischen Ansätzen und Erklärungsmodellen geht Hoffmann-Nowotny auf Sende- und Aufnahmegesellschaften ein und fokussiert auf die Migration von einem Ursprungsort zu einem Zielort (auch: A nach B). Er versteht diesen Prozess als holistisches und zusammenhängendes Gefüge.

Die bisher erläuterten Modelle fokussieren in ihrer theoretischen Herangehensweise auf die Interaktion bzw. Integration von MigrantInnen in der Aufnahmegesellschaft, auf die Etablierte-Außenseiter-Dynamik und auf unter- schiedliche Integrationsmodi, wie vor allem die Assimilation. Mit Hoffmann-Nowotny wird erstmals in die migrationssoziologischen Sichtweisen, auch im Hinblick auf die Motive der MigrantInnen, die zu Migration führen, eingegangen. Möglicherweise wird Hoffmann-Nowotny von neuen Perspektiven zur Migrationsforschung, die in den 1960er-Jahren erstmals aufkommen und von Lee (1966) initialisiert werden, beeinflusst. Lee entwirft 1966 das sogenannte Push-Pull-Modell[32] zu Migration. Hauptthese Hoffmann-Nowotnys ist, dass Macht und Prestige[33] ungleich verteilt seien, woraus folge, dass Ungleichheit von Macht und Prestige strukturelle *Spannungen*[34] im *sozietalen (sozialen)* System verursache und dass in sozialen Systemen die Tendenz zur Angleichung von Macht und Prestige existiere. Daraus resultiert, so Hoffmann-Nowotny, dass Migration dieser Tendenz zum Ausgleich von sozialen Spannungen und Konflikten diene (vgl. Hoffmann-Nowotny 1970a, b; 1973; Han 2010; Katenbrink 2003; Treibel 2003, S. 175–186). *Ungleichgewichtsspannungen* werden bei Hoffmann-Nowotny als Macht-Prestige-Verteilung erläutert, die gestört sei und infolge zu Ungleichgewicht im Bereich Macht führe. *Rangspannungen* werden als ungleiche Teilhabe an zentralen machtrelevanten Werten erläutert. *Unvollständigkeitsspannungen* werden darin erläutert, dass eine der beiden Positionen (Macht oder Prestige) nicht (ausreichend) besetzt werde (ibid.). Im Gegensatz dazu seien soziale Spannungen auf eine ungleiche Machtverteilung zurückzuführen. Spannungen dieser Art seien gleichzeitig Zeichen des Wandels. Macht und Prestige würden somit zu Ungleichgewicht und Spannungsverhältnissen zwischen den verschiedenen Teilen der Sozialstruktur führen. Andererseits geht Hoffmann-Nowotny auch auf anomische Spannungen ein, welche er

---

[32]Lees (1966) Push-Pull-Modell geht erstmals sowohl auf die Motivation und die Gründe in den Ursprungsländern, also die Push-Faktoren, die Migration auslösen, als auch auf die Pull-Faktoren, die sogenannten Sogfaktoren, die MigrantInnen in Aufnahmegesellschaften anziehen, ein. Zu Push-Faktoren zählen sowohl ökonomische Faktoren als auch soziale, politische, religiöse, familiäre oder Umweltfaktoren (Arbeitsmarktsituation in der Entsendegesellschaft, niedrige Löhne, politische/religiöse oder andere Formen von Verfolgung, familiäre Netzwerke, Übervölkerung, Krieg, Diskriminierungen, Armut, Gesundheitsgefährdungen, Umweltkatastrophen). Zu den Pull-Faktoren zählen Sicherheit, Bildungsmöglichkeiten, gute Einkommensmöglichkeiten, Arbeitskräftemangel, politische oder religiöse Freiheit. Bis zu den 1970er-Jahren wird Migration als bipolares Modell erläutert, wobei eine Migration von A (Entsendegesellschaft) nach B (Aufnahmegesellschaft) angenommen wird. Die Migrationssoziologie konzentriert sich zu der Zeit vor allem auf die Integration von Zuwandern und Zuwanderinnen in der Aufnahmegesellschaft.

[33]*Macht* ist die Möglichkeit eines Akteurs, seinen Anspruch auf Teilhabe an den sozialen Werten durchzusetzen (Macht ist definiert durch soziale Positionen, Einfluss, Status und Einkommen).
Prestige verweist darauf, inwiefern die Teilhabe oder ihr Besitz als legitim gilt (individuelle Eigenschaften, Berufsausbildung, Qualifikationen). (vgl. Hoffmann-Nowotny 1970, S. 26 ff. In Oswald 2007).

[34]*Strukturelle Spannungen* treten auf, wenn auf der Ebene der Einheiten des sozialen Systems *Macht* und *Prestige* entkoppelt werden bzw. auseinanderfallen (ibid.).

als letzte Konsequenz aller oben genannten Spannungen definiert. Ausgleich/ Abbau von Spannungen werde gesellschaftlich angestrebt und durch Migration gelöst (vgl. ibid.). Anders formuliert: Um Migration zu erklären, so Hoffmann-Nowotny, müsse die endogene Spannung, also die Spannung zwischen nationalen Gesellschaften, mitberücksichtigt werden. Migrationsentscheidungen könnten in diesem Fall gewählt werden, wenn sich der/die einzelne AkteurIn in einem nationalen Ungleichgewichtssystem befinde (zum Beispiel nationales Machtdefizit). Weitere Motivation könne entstehen, wenn der/die einzelne AkteurIn sich selbst als Einzelperson in einem Macht-Prestige-Ungleichgewicht befinde, das aber nicht im Kontext nationalstaatlicher Systeme steht. Daher werde Migration als Möglichkeit gewählt, Spannungen, die der Einzelne für sich empfindet, in einer anderen Gesellschaft zu egalisieren (vgl. ibid.). Hoffmann-Nowotny betitelt dies auch als *anomisches Verhalten,* das zum Ausgleich von Spannungen im Macht- und Prestigegefüge der Gesellschaft führen könne.

Eine Möglichkeit, Spannungen anomisch (= nicht systemkonform) zu begegnen, sei *Migration* (intended social upward mobility by way of migration – intendierte *Aufwärtsmobilität durch Migrationsmobilität*). Das bedeutet, dass mit starken anomischen Spannungen gelebt werde und infolge ein Individuum oder eine Gruppe entscheide, diese Spannungen auszugleichen, indem es/sie in ein anderes soziales System wechselt, wo die Spannungen geringer oder anderer Natur sind (Emigration). Das *Migrationspotenzial steige aufgrund von strukturellen Spannungen* stetig an, so Hoffmann-Nowotny. Migration solle für Einzelne oder Gruppen *vertikale Aufwärtsmobilität* erzielen. Die *Zukunft der Migrationen* werde davon abhängen, wie *stark soziokulturelle und strukturelle Spannungen* existieren. Mobilität werde *legitimiert* durch a) die (wertmäßige) kulturelle Integration von Gesellschaften und b) durch entwicklungsspezifische Parameter zwischen nationalen Gesellschaften (ökonomische, soziale und demografische Indikatoren). Laut Hoffmann-Nowotny sei internationale Migration/Emigration daher ein Mittel der *social upward Mobility.* Dies münde in der Tendenz zu einer „*Weltgesellschaft",* was wiederum dazu führe, dass das internationale Migrationspotenzial wächst (vgl. ibid.).

Die *strukturellen und kulturellen Bedingungen in der Weltgesellschaft* beeinflussen, so Hoffmann-Nowotny, ob das Migrationspotenzial ausgeschöpft werde und ob es tatsächlich zu Migrationen komme. *Migrationspotenziale* würden durch *strukturelle Integration* auf nationaler Ebene und *kulturelle Integration* auf internationaler Ebene (jeweils ökonomische, soziale, demografische Indikatoren) ausgelöst oder gehemmt. Diese *Faktoren der Integration* (strukturelle und kulturelle) seien Ausdruck nationaler und internationaler Ungleichheit. Die Umsetzung von Migrationspotenzial setze Wertintegration auf kultureller Ebene voraus, um Ungleichheit zu erkennen und dieser entgegenzuwirken (Werte wie Freiheit, Gerechtigkeit, Gleichheit). Dies bedeute konkret, dass Migration entstehen kann, wenn nicht genug Arbeitsplätze zur Verfügung stehen, aber ein Überangebot am Arbeitsmarkt an dementsprechend Qualifizierten herrscht. Migration könne dann sowohl für die Entsendegesellschaft, für den/die einzelne/n MigrantIn als auch für die Aufnahmegesellschaften von Vorteil sein. Für den/die MigrantIn bedeute die Migrationsentscheidung eine Aufwärtsmobilität, für die Entsendegesellschaft eine Entlastung des Arbeitsmarktes und damit geringeres Konfliktpotenzial, für das Zielland die Füllung einer Arbeitsmarktstelle, dort, wo Mangel herrscht (vgl. Oswald 2007). Hoffmann-Nowotny argumentiert allerdings, dass Integration letztendlich zum Scheitern verurteilt sei. Sogenannte neofeudale Tendenzen entstünden. Infolge der Immigration werde der Zugang zu zentralen sozialen Werten, wie Einkommen und Bildung für MigrantInnen von der Aufnahmegesellschaft, die mittlerweile in ihren Positionen Spannungen und Unsicherheiten durch die MigrantInnen verspüren könnte, erschwert oder gar gesperrt. Um diese Diskriminierungen zu überbrücken, erläutert Hoffmann-Nowotny, dass MigrantInnen ihre Kultur hinter sich lassen und sich vollständig assimilieren müssten (vgl. ibid.; vgl. Aumüller 2009), allerdings könne dies nur funktionieren, wenn die Aufnahmegesellschaft auch integrationsbereit sei (Hoffmann-Nowotny 1987).

Auf praxisrelevanter Ebene muss ergänzt werden, dass Hoffmann-Nowotny, sich auch mit dem Konzept der neuen gesellschaftlichen Schichtung, und vor allem der *Unterschichtung* durch Einwanderung beschäftigte.

> Wir nennen eine Einwanderung unterschichtend, wenn die Einwanderer zum überwiegenden Teil in die untersten Positionen des sozialen Schichtsystems eintreten, und eine neue soziale Schicht unter Schichtstruktur des Einwandererkontexts bilden (Hoffmann-Nowotny 1973, S. 52).

Das Phänomen der *Unterschichtung* wurde unter anderem hinsichtlich psychologischer Aspekte zu MigrantInnenbiografien diskutiert (z. B. Treibel 2003).

2.6.1 Kritik

Hoffmann-Nowotny unterscheidet grundsätzlich zwischen Assimilation und Integration, angelehnt an Eisenstadt (1954a, b), der zwischen vollständiger Dispersion und der Akkulturation, der integralen persönlichen Anpassung von ImmigrantInnen differenziert. Aumüller (2009, S. 119) argumentiert, dass Hoffmann-Nowotny, analog zu Eisenstadt, Assimilation mit Akkulturation

(Partizipation an der Kultur) und Integration mit institutioneller Dispersion (Partizipation an der Gesellschaft) gleichsetze. Dies sei jedoch ein problematischer Vergleich. Dabei hebt Aumüller (2009) hervor, dass kulturelle Partizipationsanstrengungen von der Aufnahmegesellschaft stark mit beeinflusst würden. Es würden keine großen Partizipationsanstrengungen unternommen, wenn die Aufnahmegesellschaft die MigrantInnen an den Rand der Gesellschaft drängten. Assimilation sei, so Hoffmann-Nowotny, daher ohne Integration nicht möglich. Wenngleich er damit erstmals Migrationsrahmenbedingungen in einem Makrokontext analysiert und sowohl auf Entsende- als auch Empfängergesellschaftskonditionen und Spannungen zwischen Entsende- und Aufnahmegesellschaft eingeht, ist doch die Konzeptualisierung der Integration von MigrantInnen bei Hoffmann-Nowotny problemzentriert dargestellt.

Hill (1984) kritisiert, dass Hoffmann-Nowotnys Ansatz zu individualistisch und teleologisch konstruiert sei, und das Konzept von Status weit wichtiger im Migrationsprozess zu sehen sei, als das Konzept von Struktur. Nauck (1988b) entgegen der These Hoffmann-Nowotnys, nimmt an, dass Migration zu einem Spannungstransfer führt.

2.6.2 Zusammenfassung

Die Theorie struktureller und anomischer Spannungen (Hoffmann-Nowotny 1973) gibt als Ursache der Migration die funktionale Notwendigkeit an, Spannungen im Gefüge sozialer Positionen von Macht und Prestige abzubauen. Macht wird durch Prestige legitimiert; dabei besteht idealerweise ein Konsens über den Wert der Güter und die jeweilige Position in sozialen Systemen und dem damit verbundenen Status. Strukturelle Spannungen entstünden aus Ungleichheiten und Statusinkonsistenzen in den Herkunftsländern. Sie könnten zu Ungleichgewichten zwischen Macht und Status führen, die in anomischen Spannungen resultiert würden. Individuelle Handlungen zur Auflösung dieser Spannungen könnten unter anderem in internationaler Migration bestehen (vgl. Haug 2000, S. 30). Migration sei somit, so Hoffmann-Nowotny, eine Strategie des Spannungsabbaus. Im Aufnahmeland würden MigrantInnen nicht unbedingt mit Konditionen rechnen können, die Integration ermöglichen (vgl. Aumüller 2009), da ein Konkurrenzverhältnis um Arbeitsplätze zwischen Einheimischen und Neuankömmlingen herrsche. Ein neofeudales Syndrom entstehe, dass beinhalte, dass MigrantInnen zwar toleriert werden, aber die absolute Integration von der Mehrheitsgesellschaft verweigert werde (vgl. ibid.).

2.7 Migrationssystemtheorie (1970er-Jahre)

Die Migrationssystemtheorie, auch als *Container-Modell-Theorie* bezeichnet, wird im Grunde von Akin L. Magobunje, Ökonom, (*Systems Approach to a Theory of Rural-Urban Migration*, 1970) aufgestellt. Die Migrationssystemtheorie, wie auch die Weltsystemtheorie (Abschn. 2.8) und Saskia Sassens Theorie der Global Cities (Abschn. 2.9), zählt zu den migrationssoziologischen Theorien, denen die Systemtheorie zugrunde liegt. Hierbei wird vor allem auf Arbeitsmigration und globale soziale Ungleichheit im Rahmen von makrosoziologischen und makroökonomischen Theorien fokussiert.

In den 1990er-Jahren wurde die Migrationssystemtheorie neu definiert. Mathias Bös argumentiert, dass *Migration* im Migrationssystemansatz als „Migration auf globaler, regionaler und nationalstaatlicher Ebene [und] mit historischen, politischen, wirtschaftlichen und sozialen Prozessen verknüpft" (1997, S. 11) definiert wird. Demnach werden in der Migrationssystemtheorie neben dem ökonomischen Kontext, wie in der Weltsystemtheorie (Abschn. 2.8), auch politische, soziale und demografische Faktoren berücksichtigt (vgl. Bös 1997, S. 65; Kritz und Zlotnik 1992, S. 2 ff. In Haug 2000, S. 18).

Magobunje, ein zeitgenössischer Professor für Geschichte und Geografie, aus Nigeria stammend, bezieht sich ursprünglich auf die Land-Stadt-Migration, die er mithilfe der Systemtheorie wie folgt erläutert:

> A systems approach to rural-urban migration is concerned not only with why people migrate but with all the implications and ramifications of the process. Basically, the approach is designed to answer questions such as: why and how does an essentially rural individual become a permanent city dweller? What changes does he undergo in the process? What effects have these changes both on the rural area from which he comes and on the city to which he moves? Are there situations or institutions which encourage or discourage the rate of movement between the rural area and the city? What is the general pattern of these movements, and how is this determined?[35] (Magobunje 1970, S. 3–4).

---

[35]Ein systemtheoretischer Ansatz zur Land-Stadt-Migration beschäftigt sich nicht nur mit der Frage, warum Menschen migrieren, sondern auch mit allen Implikationen und Konsequenzen des Prozesses. Grundsätzlich wurde dieser Ansatz entwickelt, um die folgenden Fragestellungen zu beantworten: Warum und wie wird ein ländliches Individuum zu einem manifesten Städter? Welche Änderungen bringt dieser Prozess mit sich? Welche Auswirkungen haben diese Veränderungen auf die ländliche Gegend, aus der er kommt, und auf die Stadt, in die er sich bewegt? Gibt es Institutionen oder Situationen, die diese Migration zwischen dem ländlichen Raum und der Stadt fördern oder hemmen? Wie ist die generelle Ausrichtung dieser Bewegungen und wie wird diese bestimmt? (Magobunje 1970, S. 3–4).

2.7 Migrationssystemtheorie (1970er-Jahre)

Die erste und ursprüngliche Definition der eigentlichen Migrationssystemtheorie von Magobunje lautet folgendermaßen:

> A system may be defined as a complex of interacting elements, together with their attributes and relationships. One of the major tasks in conceptualizing a phenomenon as a system, therefore, is to identify the basic interacting elements, their attributes, and their relationships. Once this is done, it soon becomes obvious that the system operates not in a void but in a special environment[36] (Magobunje 1970, S. 3).

Es wird sichtbar, dass Magobunje Migrationssysteme so definiert, dass sowohl Sender- als auch Empfängergesellschaften bzw. Systeme theoretisch analysiert und mit einbezogen werden. Hierbei fokussiert er darauf, dass die Systeme interagieren.

Mit Bezug zur Migration bedeute dies, so Magobunje, dass die Migrationsgruppen in Austausch mit der Entsendegesellschaft stünden und der Kontakt zwischen den Systemen nicht abreiße. Dies wiederum führe zu weiteren Migrationsströmen oder zur Hemmung der Migrationsströme, je nach Art der Informationen zwischen der Entsendegesellschaft und deren MigrantInnen in ein neues Gesellschaftssystem. Migration sei daher keine zufällige Bewegung, sondern eine strukturierte, geografische Bewegung zwischen oft bereits etablierten Systemen aufgrund von interdependenten Beziehungen zwischen Entsende- und Annahmesystem, durch die supranationalen und transnationalen Gemeinschaften, die durch familiäre und persönliche Beziehungen in Kontakt bleiben. Magobunje erläutert weiter, dass Systeme durch Prozesse definiert seien und daher Migration ein Prozess sei, der systematisch ablaufe und in stabilem Austausch ende, der sich geografisch räumlich und zeitlich etabliere.

---

[36]Ein System kann als ein Komplex aus zusammenwirkenden Elemente definiert werden, zusammenwirkend mit ihren Attributen und Beziehungen. Eine der wichtigsten Aufgaben bei der Konzeptualisierung des Phänomens als System ist daher die Identifizierung von interagierenden Elementen, deren Attributen und Beziehungen. Sobald dies geschehen ist, wird schnell klar, dass das System nicht in einem Hohlraum, sondern in einer speziellen Umgebung situiert ist bzw. operiert (Magobunje 1970, S. 3).

[…] formal and informal subsystems operate to perpetuate and reinforce the systematic nature of international flows by encouraging migration along certain pathways, and discouraging it along others. The end result is a set of relatively stable exchanges […] yielding an identifiable geographical structure that persists across space and time[37] (Magobunj 1970, S. 12).

Dieser Austausch, der durch Personen, Informationen, Ideen, Kapital, Dienstleistungen, Personen und Güter zwischen den Systemen stattfinde, beeinflusse auch die Art und Weise, die Intensität und die geografische Richtung der Migrationsbewegungen (vgl. Magobunje 1970; vgl. Haas 2010a; vgl. Fawcett 1989; vgl. Kritz et al. 1992a, b). Diese würden ein Migrationssystem bilden, das Herkunfts- und Zielnation verbindet (vgl. Bös 1995, S. 63; vgl. Fawcett 1989, S. 673; vgl. Kritz et al. 1992; vgl. Massey et al. 1993, S. 454; vgl. Zlotnik 1992 In Haug 2000). Greifbare Merkmale seien bei diesen Netzwerken monetäre Transaktionen (Remittances), Geschenke, Briefe und Gespräche zwischen den Mitgliedern (vgl. Haas 2010a; vgl. Haug 2000). Als Regulator werden interpersonelle Verpflichtungen aufgefasst, die zur Kettenmigration führen könnten. Als Kennzeichen der relationalen Verbindung wird der sozioökonomische Status von MigrantInnen im Vergleich zu NichtmigrantInnen herangezogen, der zur Migration motiviere (vgl. Fawcett 1989, S. 674 ff.)

Die Weiterentwicklung der Migrationssystemtheorie besteht auch darin, dass im Gegensatz zu Magobunje, der sich auf Stadt-Land-Migration auf der Mikroebene fokussiert, Kritz et al. (1992) oder Massay et al. (1993) später das Zentrum der Theorie auf eine Makroebene anheben und Migrationssysteme als Systeme zwischen Nationalstaaten identifizieren. Massey et al. (1993, S. 454) definiert drei grundlegende Charakteristika von Migrationssystemen:

1. Geografische Nähe sei keine notwendige Bedingung dafür, dass Länder sich in einem Migrationssystem befinden. Entscheidend seien politische und ökonomische Beziehungen zwischen den Ländern/Nationen/Systemen.
2. Nationen würden zu mehr als zu einem Migrationssystem gehören.
3. Mit Veränderungen der politischen und ökonomischen Bedingungen würden Systeme entstehen oder Länder ein System verlassen können.

---

[37][…] formale und informale Subsysteme operieren, um die systematische Natur der internationalen [Migrations-]Ströme durch die Förderung der Migration entlang bestimmter Bahnen und Hemmung entlang anderer aufrechtzuerhalten und zu verstärken. Das Endresultat ist eine Reihe von relativ stabilem Austausch […], was zu einer identifizierbaren geografischen Struktur führt, die über Raum und Zeit fortbesteht (Magobunje 1970, S. 12).

2.7 Migrationssystemtheorie (1970er-Jahre)

Migrationssysteme entstünden daher häufig durch bereits bestehende Beziehungen zwischen Entsende- und Aufnahmegesellschaften (Kolonialismus, politische Verbindungen, Handel, kulturelle Vernetzungen, transnationale Arbeitsmärkte, historische Systeme). Beispiel dafür sei das *Commonwealth*[38] und auch andere Systeme, die durch historische oder kulturelle Bindungen entstanden[39], indem eine Erleichterung der Migration mithilfe durchlässiger Immigrationsgesetze, ähnlicher juristischer Systeme, vergleichbarer Bildungssysteme, der Sprache, politischer und ökonomischer Verflechtungen sowie Abkommen hinsichtlich der Flüchtlingspolitik gegeben waren bzw. sind. Das führe zu Arbeits- und Bildungsmigration, Familienzusammenführungen, Flucht und Asyl, irregulären Migrationen und Migrationsnetzwerken auf Mikroebene. Beispiele zu Migrationssystemen im anglofonen System sind die etablierten Migrationsrouten zwischen den ehemaligen Commonwealth-Mitgliedern und Großbritannien[40]. Aigner, Barou und Mbenga (2012, S. 25) argumentieren, dass eine der Migrationsrouten der afrikanischen Migrationen nach Europa besonders in das United Kingdom – aufgrund der ehemaligen Kolonialsysteme – führe. Beispielsweise befinden sich 4,6 Mio. Afrikaner in der EU, davon 485.000 in Großbritannien und nur 980.000 in den USA.

2.7.1 Kritik

Haas (2010b) argumentiert, dass die Migrationssystemtheorie drei fundamentale Schwachpunkte aufweise, wobei *Migration* nicht ausreichend erläutert werde:

---

[38]The Commonwealth of Nations: das United Kingdom und Staaten, die zuvor Mitglieder bzw. Teil des Britischen Empires waren und die heute noch einen Staatenbund formen (vgl. Oxford English Dictionary 2014), ehemals 54 Mitgliedsstaaten, zum Beispiel Kanada, Australien, Indien, Pakistan, Jamaika, Kamerun, Kenia, Südafrika, etc.

[39]frankofones System: Maghreb/Nordafrika, Westafrika → Frankreich

euro-mediterranes System: italienische Diaspora, ehemaliges Jugoslawien

transatlantisches System: Migration von Europa (zum Beispiel Irland) über den Atlantik in die USA

russofones System: ehemaliges COMECON.

[40]In einem Referendum in Großbritannien (Brexit-Referendum) entschied sich das United Kingdom am 23.6.2016 gegen einen Verbleib in den bis dato EU 28. Die Zukunft ist noch ungewiss. Im Verlauf dieses Buches wird daher weiterhin von den EU 28 (inklusive Großbritannien) gesprochen, da Großbritannien bis dato weiterhin Mitglied der EU-Staaten ist.

1. Die Migrationssystemtheorie nehme an, dass Migrationssysteme bereits existieren. Sie baue auf dieser Annahme auf. Allerdings erläutere die Migrationssystemtheorie nicht die Gründe und Prozesse des Entstehens der differenzierten Systeme. Sie gehe ausschließlich auf die bereits existierenden Migrationssysteme ein. In der Folge erkläre die Theorie nicht, warum manche Pioniermigrationsbewegungen zu keinem Migrationssystem oder Migrationsnetzwerk führen, andere sich aber etablieren (vgl. ibid.; vgl. Faist 1997a, S. 13).
2. Die Migrationssystemtheorie nehme weiterhin an, dass, sobald eine Migrationsbewegung etabliert sei, sie „self sustaining" bleibe. Sind die Strukturen der Migration, die sozialen Netzwerke und ökonomischen Gegebenheiten eingerichtet, werde der Migrationsprozess automatisch erhalten (vgl. Castles und Miller 2009; vgl. Massey 1990; vgl. Massey et al. 1998 In Haas 2010a).
Der kontextuelle Fokus und der Einfluss von Migration werde hier nicht näher betrachtet. Haas (2010b) argumentiert, dass Remittances[41] beispielsweise nicht nur zurückgebliebene Familienmitglieder finanzieren würden, sondern auch die Ungleichheit und Deprivation (den Mangel) in Ursprungsländern erhöhen könnten (vgl. Azam und Gubert 2006; vgl. Stark 1984). Auch werde ignoriert, dass ab einem gewissen Migrationsvolumen, dass sich in den Zielregionen niederlässt, auch eine zusätzliche Arbeitsnachfrage nach ethnischen Gesichtspunkten auftauche, wie *ethnic Businesses,* was zu erhöhter Migration führe. Darüber hinaus führe dies zu „Feedback-Mechanismen", die die Migration noch mehr anfachen könnten, als es soziale Netzwerke und familiäre Bindungen gegebenenfalls tun.
3. Außerdem seien die internen Mechanismen der Migrationssysteme großteils nicht analysiert worden. Fawcett (1989, S. 678) zeigt auf, dass das Konzept der Migrationssysteme kein theoretisches Modell darstellt, sondern lediglich von heuristischem Wert für die Entwicklung von Theorie und Forschung über internationale Migration sei. Meist liege ein zirkuläres Modell zugrunde, welches annimmt, dass Feedback, soziale/familiäre Netzwerke und Feedbackinformationen weitere Migration anfachen werde (vgl. Haug 2000). Allerdings werde nicht konkret analysiert, welche Mechanismen, Informationen oder welches Feedback Migration behindert oder zum Stoppen bringt (vgl. Haas 2010a). Hierbei werde vor allem nicht auf die unterschiedlichen Formen der Migration in den diversen Migrationssystemen und auf die Spezifika der Migrationsgruppen eingegangen. Faist legt aus, dass das Grundproblem aller

---

[41]Remittances: Geldüberweisungen eines/r MigrantIn in das Ursprungsland (IOM 2014).

Makrotheorien darin liege, dass die Zusammenhänge nicht ohne das Handeln individueller AkteurInnen innerhalb der sozialen Netzwerkstrukturen verstehbar und erklärt seien (vgl. Faist 1997a In Haug 2000, S. 13).

2.7.2 Zusammenfassung

Im Migrationssystemansatz wird davon ausgegangen, dass sich zwei Regionen/Nationalstaaten oder Gesellschaftssysteme, zwischen denen sich Migrationsflüsse bewegen (vgl. Haug 2000) und die ein Migrationssystem ausmachen, in soziale (Wohlfahrtsunterschiede, MigrantInnennetzwerke), politische (Einreise-, Ausreise- und Ansiedlungsregelungen, Legislatur, internationale Beziehungen), demografische (geografische Ferne und Nähe, Reiseverbindungen), ökonomische (Lohn- und Preisunterschiede, Arbeitsmarktverbindungen) und kulturelle wie historische Kontexte eingebettet sind. Daneben bestünden andere interdependente Verbindungen im Bereich der Geschichte, Kultur, Technologie und Kolonialvergangenheit. Das System reguliere sich selbst mittels Feedback und Anpassungsmechanismen.

Der Migrationssystemansatz ist ein historisches Denkmuster, das von Magobunje (1970) erstmals erfasst wird und ursprünglich strukturell auf einer Makroebene angelegt ist. Weiterentwicklungen des Ansatzes beziehen sich heute auf Makro-, Meso- und Mikroebenen von Migrationssystemen. Zur Makrostruktur zählen Handelsbeziehungen, Ökonomie des Weltmarktes und Kapitalverflechtungen. Ethnische Netze gehören zu den Mikrostrukturen, die Ebene der vermittelnden Institutionen bilden multinationale Organisationen, aber auch Schlepperringe (vgl. Haug 2000). Castles und Miller (1993) argumentieren außerdem, dass der Ansatz in der neomarxistischen Denktradition, die sich aus der Erklärung einer kapitalistischen Welt mit Zentren, Semiperipherien und Peripherien entwickelt hat, angelegt ist.

2.8 Immanuel Wallerstein: Die Weltsystemtheorie (1970er-Jahre)

Die Weltsystemtheorie von Immanuel Wallerstein, der 1930 geboren wurde, (1974, 1984, 1988) steht in engem Zusammenhang mit der Migrationssystemtheorie. Die Theorie wird von Wallerstein an marxistische Theorien angelehnt und ist nicht gänzlich der Migrationssoziologie zuordenbar, jedoch, wie auch die Migrationssystemtheorie, am Neomarxismus orientiert.

Wallerstein (1974) bettet Migration in ein kapitalistisches Weltsystem[42], das in ein Zentrum, Peripherie und Semiperipherien unterteilt ist, die durch Globalisierungsbewegungen entstehen und in diesem Sinne Migrationssysteme verbinden bzw. hervorrufen. Hierbei geht Wallerstein auf Systeme, die über Kolonialbewegungen aufkamen, auf historischer Ebene ein, beginnend mit dem 16. Jahrhundert, darunter die Habsburger (vgl. ibid., S. 406 ff.)

Die Weltsystemtheorie selbst geht davon aus, dass es im Zuge der Globalisierungen auf Makroebene zu einer weltweiten Arbeitsteilung zwischen Zentrum, Peripherie und Semiperipherie kommt. Dies führe zu systematischen Austauschprozessen, die sich in Bezug auf Sprache, Kultur, Administration und Ökonomie abspielen würden und meist zwischen Kolonialmächten und Kolonien stattfänden (vgl. Wallerstein 1974).

Internationale Migration erklärt sich in der Weltsystemtheorie durch den Austausch von Humankapital zwischen den Systemen und folgt der Struktur eines kapitalistischen Marktes[43]. Massey et al. (1993, S. 445) erkennt, dass Wallersteins Einteilung in Peripherien eine mobile Population generiere, die zur Migration bereit sei. Motivationsfaktoren, wie höherer Profit oder größerer Reichtum, trieben Manager und Eigentümer kapitalistischer Firmen in die Peripherien (Afrika, Südamerika), so Massey, um Land, Rohstoffe, Arbeitskräfte und neue Märkte zu erschließen[44], – in der Vergangenheit durch koloniale Systeme unterstützt, gegenwärtig von neukolonialen Regimen. Migration sei daher eine logische Konsequenz und Folge der globalen kapitalistischen Entwicklungen. Mit der Expandierung und Globalisierung der Weltsysteme im Rahmen des Kapitalismus seien größere Populationen zu Teilbeständen der Weltwirtschaft geworden. Humankapital emigriere von den Peripherien in die weltwirtschaftlichen Zentren.

Massay verweist in seiner Interpretation zu Wallerstein auf Land, Rohstoffe, Arbeitskräfte, ideologische und kulturelle Vernetzungen zwischen Peripherien und Zentren. Wie auch in der Migrationssystemtheorie wird darauf verwiesen, dass durch Kolonialprozesse kulturelle Vernetzungen zwischen Zentrum und Peripherien existieren würden, die sich durch administrative und sprachliche

---

[42] „[…] there are no socialist systems in the world-economy any more than there are feudal systems because there is only ONE world-system. It is a world economy and it is by definition capitalist in its form" (Wallerstein 1974, S. 415).

[43] Saskia Sassen verfolgt die Weltsystemtheorie im Rahmen von Theorien zu *Global Cities* weiter (Abschn. 2.9).

[44] „Driven by a desire for higher profits and greater wealth, owners and managers of capitalist firms enter poor countries on the periphery of the world economy in search of land, raw materials, labor, and new consumer markets" (Massey 1993, S. 444–445).

2.8 Immanuel Wallerstein: Die Weltsystemtheorie (1970er-Jahre)

Vernetzungen oder Ähnlichkeiten im Bildungssystem charakterisierten, zum Beispiel Commonwealth, InderInnen oder Pakistanis (vgl. ibid., S. 447), und damit Migrationsfaktoren begünstigten. Massey verweist darauf, dass in den Entwicklungsländern (den Peripherien) eine Land-Stadt-Migration auf den allgemeinen Kapitalisierungsprozess folge und dass auch Migration von Zentren in die Peripherien in die Migrationsbewegungen eingeschlossen seien. Generell seien Migrationsbewegungen so beeinflusst, dass Migration in die Richtung stattfinde, wo Kapital situiert sei.

Massay (1993, S. 447–448) entwickelte die Weltsystemtheorie mit sechs Hypothesen weiter:

1. International migration is a natural consequence of capitalist market formation in the developing world; the penetration of the global economy into peripheral regions is the catalyst for international movement.
2. The international flow of labor follows the international flow of goods and capital, but in the opposite direction. Capitalist investment foments changes that create an uprooted, mobile population in peripheral countries while simultaneously forging strong material and cultural links with core countries, leading to transnational movement.
3. International migration is especially likely between past colonial powers and their former colonies, because cultural, linguistic, administrative, investment, transportation, and communication links were established early and were allowed to develop free from outside competition during the colonial era, leading to the formation of specific transnational markets and cultural systems.
4. Since international migration stems from the globalization of the market economy, the way for governments to influence immigration rates is by regulating the overseas investment activities of corporations and controlling international flows of capital and goods. Such policies, however, are unlikely to be implemented because they are difficult to enforce, tend to incite international trade disputes, risk world economic recession, and antagonize multinational firms with substantial political resources that can be mobilized to block them.
5. Political and military interventions by governments of capitalist countries to protect investments abroad and to support foreign governments sympathetic to the expansion of the global market, when they fail, produce refugee movements directed to particular core countries, constituting another form of international migration.

6. International migration ultimately has little to do with wage rates or employment differentials between countries; it follows from the dynamics of market creation and the structure of the global economy.[45]

2.8.1 Kritik

Die Weltsystemtheorie wird für ihren Determinismus und ihre ökonomische Einseitigkeit kritisiert, da AkteurInnen großteils ignoriert werden (vgl. Mayer 2005). Zudem wird die Theorie als eurozentrisch verstanden (Frank, Chaudhuri, Pomeranz oder Abu-Lughod In Shannon 1996; vgl. Mayer 2005), da die Zentren des Weltsystems in Nordamerika und Europa definiert werden. Eine Verlegung der Zentren ist nicht angedacht (vgl. ibid.). Wallerstein baut seine Theorie historisch basiert auf, geht aber auf Migration per se nicht fundiert ein.

---

[45] 1. Die internationale Migration ist eine natürliche Folge der kapitalistischen Marktbildung in den Entwicklungsländern; die Durchdringung des globalen Wirtschaftssystems in peripheren Regionen ist der Katalysator für internationale Bewegung.

2. Der internationalen Arbeitsmigration folgt der internationale Strom von Waren und Kapital, aber in die entgegengesetzte Richtung. Kapitalistische Investitionen schüren Änderungen, die eine entwurzelte, mobile Bevölkerung in den Peripherieländern schafft, während gleichzeitig starke materielle und kulturelle Verbindungen mit Kernländern, was zu länderübergreifenden Bewegungen führt, entstehen.

3. Die internationale Migration ist besonders zwischen ehemaligen Kolonialmächten und ihren ehemaligen Kolonien wahrscheinlich, weil kulturelle, sprachliche, Verwaltungs-, Investitions-, Transport- und Kommunikationsverbindungen bestehen, die zur Bildung von spezifischen trans- nationalen Märkten und kulturellen Systemen führt.

4. Da sich internationale Migration aus der Globalisierung der Marktwirtschaft ergibt, beeinflussen Regierungen Einwanderungsraten, indem Reglements der Überseeinvestitionstätigkeit von Unternehmen und Steuerpolitik, internationale Kapitalströme und Güter, geschaffen werden. Solche Reglements sind jedoch schwer umzusetzen, da diese zu internationalen Handelsstreitigkeiten, Weltrezessionsrisiken und Antagonisierung multinationaler Unternehmen mit erheblichen politischen Ressourcen, die mobilisiert werden können, um sie zu blockieren, führen.

5. Wenn politische und militärische Interventionen von Regierungen der kapitalistischen Länder, um Investitionen im Ausland und ausländische Regierungen zu schützen, die mit dem Ausbau des globalen Marktes sympathisieren, scheitern, produzieren sie Flüchtlingsbewegungen, die auf bestimmte Kernländer gerichtet sind und zu einer anderen Form der internationalen Migration führen.

6. Die internationale Migration hat letztlich wenig mit Lohnsätzen oder Beschäftigungsunterschieden zwischen den einzelnen Ländern zu tun; internationale Migration folgt aus der Dynamik der Marktschaffung und der Struktur der Weltwirtschaft.

2.8.2 Zusammenfassung

Die Weltsystemtheorie ist eine an den Neomarxismus angelehnte Theorie, die sich mit der Entstehung von unterschiedlichen, aber interdependenten Migrationsprozessen, die durch die kapitalistische Weltherrschaft geprägt sind, beschäftigt. Die Regionen können laut Immanuel Wallerstein in Zentrum, Semiperipherien und Peripherien eingeteilt werden. Zwischen diesen Regionen finde ein Austausch statt, der sich in Richtung der Situierung von Kapital bewege. Dieser beziehe sich auch auf Populationsbewegungen wie Migrationen. Die Weltsystemtheorie hängt mit der Migrationssystemtheorie grundsätzlich in der theoretischen Herangehensweise und neomarxistischen Orientierung zusammen. Beide Theorien werden beispielsweise von Saskia Sassen (vgl. Abschn. 2.9) und anderen weiterentwickelt.

2.9 Saskia Sassen: Global Cities und Migrationstheorien (1980er-Jahre)

Saskia Sassen (geb. 1949), Ökonomin und Soziologin, knüpft an die Schule der Systemtheorien, welche die Migration erläutern, an, indem sie sowohl auf die Migrationssystemtheorie als auch besonders auf die Weltsystemtheorie zurückgreift. Diesbezüglich kann die Theorie auch als angelehnt an neomarxistische Sichtweisen verstanden werden. Sassen erweitert die Weltsystemtheorie durch Erläuterungen von globalen Migrationsbewegungen in den Werken *The Global City* (1991), *The making of international migrants* (2007) und *Global Networks, linked cities* (2002). In diesen und weiteren Werken erläutert sie anhand der Definition zum Begriff *Global City,* wie internationale Migration entsteht. Ihre grundsätzliche Definition zum Begriff *Migration* lautet wie folgt:

> Migrations do not just happen: they are one outcome or one systemic tendency in a more general dynamic of change. The internal transformation of the category is similarly linked, with broader processes of social change[46] (Sassen 1984, S. 1148).

---

[46]Migrationen passieren nicht einfach: Sie sind ein Ergebnis oder eine systemische Tendenz in einer allgemeinen Veränderungsdynamik. Die interne Transformation der Kategorie ist ähnlich verbunden mit breiteren gesellschaftlichen Veränderungsprozessen (Sassen 1984, S. 1148).

Und später:

> Yes, immigration happens in a context of inequality between countries, but inequality by itself is not enough to lead to emigration. Inequality needs to be activated as a migration push factor – through organised recruitment, neo-colonial bonds, etc.[47] (Sassen 2006, S. 637).

Sassen definiert *Migration* per se als Prozess, der aus einem Ungleichheitsgefälle zwischen Staaten oder Regionen entstehe, die häufig in Abhängigkeiten oder Verbindungen zueinander stehen. Sassen (1991) ist überzeugt, dass der Entstehung und Bedeutung von Global Cities eine grundlegende Rolle in der Migration zugeordnet werden kann. Sie argumentiert, dass die Weltökonomie von relativ kleinen globalen Stadtzentren aus organisiert werde, in denen die zentralen Bankinstitutionen als finanzielle Schlüsselinstitutionen, Administrationszentren der Weltwirtschaft, professionelle Dienstleistungsservices und Hightech-Produktionsfaktoren situiert seien. Als Beispiele für globale Städte nennt sie unter anderem New York, Los Angeles, Miami, London, Paris, Mailand, Sydney und Osaka. In solchen Städten befinde sich die höchste Konzentration an Reichtum und hoch qualifizierten Arbeitskräften, was umgekehrt die Nachfrage nach Dienstleistungen von Unqualifizierten erhöhe, wie Gärtner, Haushaltskräfte, Pflegepersonal, Hotelarbeitskräfte (vgl. Massey 1993). Vergleichsweise stellen Sassens *Global Cities* die von Wallerstein als *Zentren* betitelte Regionen dar. Die Theorie Sassens ist im Endeffekt ähnlich aufgebaut wie die von Wallerstein. Der grundsätzliche Gedanke, dass Migration zwischen Systemen stattfinde, ist sowohl bei Wallerstein als auch Sassen mit einer Anlehnung an den Neomarxismus verbunden.

Massey (1993, S. 447) erläutert Sassens Theorien zu Global Cities dahin gehend, dass die Verlagerung der Produktionen in der Schwerindustrie nach Übersee, der wachsende Sektor von Telekommunikation und Elektronik, das Wachstum der Gesundheitssektoren oder Bildungssektoren für einen gabelförmig geteilten Arbeitsmarkt verantwortlich seien, der vor allem nach Arbeitskräften am

---

[47]Ja, Einwanderung passiert in einem Kontext der Ungleichheit zwischen den Ländern, aber die Ungleichheit an sich ist nicht genug, um zu Auswanderung zu führen. Ungleichheit muss als Migration-Push-Faktor aktiviert werden – durch organisierte Anwerbung, neokoloniale Verbindungen, etc. (Sassen 2006, S. 637).

2.9 Saskia Sassen: Global Cities und Migrationstheorien (1980er-Jahre)

oberen und unteren Ende des Marktes suche, aber in den mittleren Arbeitssegmenten saturiert sei.[48] Schlecht ausgebildete Einheimische sträubten sich, Niedriglohnarbeitsplätze am unteren Ende des Marktes anzunehmen, was wiederum zu verstärkter Nachfrage nach MigrantInnen führe. Zeitgleich würden hoch qualifizierte Einheimische und qualifizierte „Ausländer" die lukrativen Arbeitsstellen am oberen Ende der Okkupationen dominieren. Der konzentrierte Reichtum generiere eine größere Nachfrage nach ImmigrantInnen, die Dienstleistungspositionen im ungelernten Arbeitssegment einnehmen[49]. Einheimische mit mittlerer Bildung verharrten in den Positionen der sich verkleinernden Mitte des Arbeitsmarktes oder emigrierten aus globalen Städten, so Massey. Sassen (2007, S. 69) argumentiert ebenso:

> This transition has in turn contributed to the mobilization of displaced smallholders and crafts-based producers in labor migrations, migrations that initially may be internal but eventually can become international. There are numerous examples of this dynamic launching new cross-border migrations. For instance, the development of commercial agriculture and export-oriented standardized manufacturing has dislocated traditional economies and eliminated survival opportunities for small producers, who have been forced to become wage laborers.[50]

Sassen (2007) hält zudem fest, dass „Brain Drain" (Abwanderung von hoch qualifizierten Arbeitskräften) und „Brain Circulation" (Zirkulation; Emigration und Rückkehrmigration von hoch qualifizierten Arbeitskräften) eng mit Global Cities

---

[48] „Links created by economic internationalization range from the offshoring of production and the establishment of export-oriented agriculture through foreign investment to the weight of multinationals in the consumer markets of labor-exporting countries" (Sassen 2007, S. 69).

[49] „A key factor in the operation of ethnic and recruitment networks is the existence of an effective demand for immigrant workers in the receiving countries. The effective labor-market absorption of workers coming from different cultures with mostly lower levels of development arose as, and remains, an issue in the context of advanced service economies. Immigrants have a long history of getting hired to do low-wage jobs that require little education and are often situated in the least advanced sectors" (Sassen 2007, S. 71).

[50] Dieser Übergang hat wiederum zur Mobilisierung von vertriebenen Kleinbauern und Handwerkern in Arbeitsmigrationen beigetragen, Migrationen, die zunächst intern bzw. Binnenmigrationen sind, aber letztlich zu internationalen Migrationen werden. Es gibt zahlreiche Beispiele für diese dynamische Einführung neuer grenzüberschreitender Migrationen. Zum Beispiel hat die Entwicklung der kommerziellen Landwirtschaft und exportorientierten standardisierten Produktion traditionelle Ökonomien verdrängt, und eliminierte Überlebenschancen für Kleinbetriebe, die gezwungen waren, Lohnarbeiter zu werden.

und Hightech-Industrien zusammenhängen (vgl. Abschn. 2.11). Außerdem weist sie auf illegale Migration und Schleppertum hin, die durch die neue Migrationsdynamik, durch Global Cities und die ökonomischen Gegebenheiten generiert werden. Anwerbungsprozesse könnten durch Rekrutierungsprogramme von multinationalen und großen Firmen existieren, so Sassen, aber ebenso und vermehrt über das illegale Schmuggeln von MigrantInnen und Schleppertum oder über Kinship und Familiennetzwerke (vgl. Abschn. 2.13) vonstattengehen. Sassen (1994) konzentriert sich zusehends auf illegale Migrationsströme, die durch globale Zentren und deren Ökonomien angefacht werden.

2.9.1 Kritik

Wenngleich zu den 1980er-Jahren die Notwendigkeit besteht, internationale und globale Migrationsströme zu deuten und theoretisch zu erklären, stellen die Migrationssystemtheorie und die Theorie von Global Cities nur eine Erweiterung der Weltsystemtheorie dar. Wirklich revolutionär und neu ist diese Theorie nicht. Auch fällt an allen drei Theorien eine gewisse engstirnige Vorgehensweise auf, die nicht auf die Situation der einzelnen AkteurInnen eingeht. Auf Makroebene wird vor allem auf ökonomische Zusammenhänge fokussiert, auf die globalen Arbeitsmärkte, nicht aber auf der Mikroebene. Erst ab 2005 beginnt Sassen, auch auf Netzwerktheorien und auf familiäre Netzwerke einzugehen.

Obgleich die Assimilation und integrationszentrierten klassischen Theorien von 1920 bis 1970 zu einseitig auf Integration und die Dynamiken der Interaktion zwischen Aufnahmegesellschaft und MigrantInnen eingehen, findet ein zu radikaler Paradigmenwechsel hin zur Migrationserklärung auf der Makroebene statt. Ökonomische Erklärungsmodelle, die auf nationalstaatliche und wirtschaftliche Systeme konzentriert sind, zirkuläre und bipolare Migration erläutern, verfehlen in dieser Herangehensweise die Miteinbeziehung des/der einzelnen Akteurs/in und eine Analyse der Mikroebene zu Migrationsbewegungen. Auffällig bei Sassen ist allerdings, dass in späteren Erweiterungen der Theorie zu *Global Cities* irreguläre Migrations- und Missstände in den Fokus gerückt werden. Kritik wurde auch an der fehlenden empirischen Basis zu dieser Theorie geübt.

2.9.2 Zusammenfassung

Sassen erweitert die Weltsystemtheorie durch Erläuterungen von globalen Migrationsbewegungen in den Werken *The Global City* (1991), *The making of international migrants* (2007) und *Global Networks, linked cities* (2002). In diesen und weiteren Werken erläutert sie anhand der Definition zu *Global City,* wie internationale Migration entsteht.

Sassen definiert, dass *Migration* per se als Prozess verstanden werden könne, der aus einem Ungleichheitsgefälle zwischen Staaten oder Regionen entstehe, die häufig in Abhängigkeiten oder Verbindung zueinander stehen, de facto Migrationssysteme darstellen. Internationale Migration sei daher ein Resultat von strukturellem Bedarf an hoch qualifizierten und Facharbeitskräften zur Produktionserhöhung. Ein dualer Arbeitsmarkt kristallisiere sich infolge daraus (Piore 1979/2006). Sassen (1991) erläutert, dass *Global Cities* eine grundlegende Rolle in der Migration zugeordnet werden könne. Spezifisch, Sassen argumentiert, dass *Global Cities* durch ökonomische Polarisierung charakterisiert seien. Die einheimischen Arbeitskräfte konzentrieren sich auf die höheren Lohngruppen im Finanzwesen, in der Forschung und im Management, wogegen die schlechter bezahlten Arbeitskräfte die unteren Segmente des Arbeitsmarktes bedienen. Hier entstehe Nachfrage nach migrantischen Arbeitskräften. Die Niedriglohnsegmente werden daher von MigrantInnen eingenommen, wie Reinigungskräfte, Transport, Hausangestellte, Pflegekräfte. Als Beispiele für globale Städte nennt sie unter anderem New York, Los Angeles, Miami, London, Paris, Mailand, Sydney und Osaka. In solchen Städten befinde sich die höchste Konzentration an Reichtum und hoch qualifizierten Arbeitskräften, was umgekehrt die Nachfrage nach Dienstleistungen von Unqualifizierten erhöhe, wie Gärtner, Haushaltskräfte, Pflegepersonal, Hotelarbeitskräfte, welche durch MigrantInnen besetzt würden (vgl. Massey 1993).

2.10 Hartmut Esser: Handlungstheoretisch-individualistischer Ansatz (1980er-Jahre)

Migrationstheoretiker bzw. -soziologen, wie Hartmut Esser (geb. 1943), Hoffmann-Nowotny oder Friedrich Heckmann (geb. 1941), sind als Protagonisten der integrationszentrierten Migrationsforschung/Migrationssoziologie im deutschen Sprachraum zu nennen. Sie knüpfen an die klassischen migrationssoziologischen Ansätze, wie in Abschn. 2.1 bis 2.5 erläutert, an und definieren *Migration* daher nicht als zirkuläre Bewegung, sondern konzentrieren sich im klassischen Sinne auf die Dynamik zwischen Aufnahmegesellschaft und MigrantInnen, wogegen Motivbildungen zur Migration und Herkunftsgesellschaften vollkommen außer Acht gelassen werden. Esser bezieht sich, wie auch Heckmann, auf die Analyse der Migration und Integration in Deutschland, wohingegen sich Hoffmann-Nowotny auf die Schweiz bezieht bzw. dort die empirischen Daten zur Substantiierung seiner Theorien generiert. Esser versucht allerdings, US-amerikanische Assimilationsmodelle, wie die von Gordon oder Eisenstadt bzw. die Zyklenmodelle, in die deutschsprachige Migrationssoziologie zu übertragen. Besonders in seiner Habilitationsschrift zu *Aspekten der Wanderungssoziologie* entwickelt Esser 1980 einen handlungstheoretisch-individualistischen Ansatz der Migrationssoziologie. Die *handlungstheoretische* Anlehnung bei Esser bezieht sich auf Talcott Parsons, Alfred Schütz und Max Weber, die *individualistische* Orientierung auf soziale Prozesse, Systemerfordernisse und Funktionen, die von Esser immer auf Empfinden, von Interessen geleitetes Handeln und Lernen von Individuen zurückgeführt werden. Auf empirischer Ebene dient der handlungstheoretisch-individualistische Ansatz dazu, empirische Ergebnisse zu erzielen und zu interpretieren.

Esser definiert Integration als „die Entstehung von gleichgewichtigen Interdependenzen zwischen Personen und Gruppen" (Esser 2010, S. 9) oder als den Zusammenhang von Teilen in einem systemischen Ganzen, wobei die Grundlage jeder Integration die Interdependenz der Teile, ihre wechselseitige Abhängigkeit sei (vgl. Esser 2001, S. 73–74). Esser (2001, S. 74) unterscheidet zwischen Sozial- und Systemintegration:

> Systemintegration bezeichnet den Zusammenhalt eines sozialen Systems, wie eine Gesellschaft, als Ganzes. Die Sozialintegration bezieht sich auf die individuellen Akteure und bezeichnet deren Einbezug in ein bestehendes soziales System (Esser 2001, S. 74).

Gemäß Esser gelten MigrantInnen als sozial integriert „wenn sich aufgrund von Interaktionen mit den Einheimischen soziale Beziehungen entwickelt haben und daraus gleichgewichtige Verflechtungen hervorgehen" (Esser 1980, S. 314).

Esser unterscheidet bei der Sozialintegration vier grundlegende Dimensionen:

1. Kulturation = Erwerb von Wissen und Fertigkeiten sowie der Sprache;
2. Platzierung = Übernahme von Positionen und die Verleihung von Rechten (Arbeitsmarkt);
3. Interaktion = Interaktion und soziale Beziehungen: emotionale Zuwendung zum betreffenden sozialen System (Freundschaft oder Heirat);
4. Identifikation = Identifikation mit dem Aufnahmeland.

Diese vier Dimensionen stünden laut Esser in Abhängigkeitsverhältnissen. Identifikation könne ohne vorherige Interaktion, Platzierung und Kulturation nicht stattfinden (vgl. 2001). Auf individualistischer theoretischer Ebene unterscheidet

Tab. 2.2 Typen der (Sozial-)Integration nach Esser. (Esser 2001, S. 34, 2000, S. 287)

		Sozialintegration in Aufnahmegesellschaft = vertikale soziale Ungleichheit	
		Ja	Nein
Sozialintegration in Herkunftsgesellschaft = ethnische Gemeinde/ethnische Differenzierung	Ja	Mehrfachintegration = soziale Ungleichheit im ethnisch homogenen Milieu (Klassen/Schichten)	Segmentation = soziale Gleichheit im ethnisch homogenen Milieu Individualisierung
	Nein	Assimilation = ethnische Schichtung Ethclasses	Marginalität = ethnische Pluralisierung multikulturelle Gesellschaft

Esser (1982) außerdem Strukturen von personaler Integration und Assimilation. Hierbei geht er davon aus, dass auf kognitive Assimilation des Individuums, strukturelle und/oder soziale Assimilation folge, die zu personaler Integration führe und diese wiederum zu identifikativer Integration.

Parallelen von Essers Vier-Stufen-Modell und Gordons Sieben-Stufen-Modell (1964) der Assimilation lassen sich hier erkennen (vgl. Abschn. 2.5 und 2.10). Gordon entwickelt ähnliche aufbauende Abhängigkeitsverhältnisse in seinem Stufenmodell, in dem Stufen der Integration zur absoluten Assimilation als idealtypische Version der Integration führen. Die Stufen der strukturellen oder kulturellen Assimilation oder interethnische Beziehungen gleichen den Dimensionen Essers.

Esser (2001) argumentiert weiter, dass im interaktiven Status von Beziehungen der MigrantInnen zu ihrer eigenen Herkunftsgruppe und zu der Aufnahmegesellschaft sich weitere vier Sozialintegrationstypen unterscheiden ließen. Bezüglich Sozialintegration unterscheidet Esser vier spezifische Dimensionen[51], welche er in ähnlichen Modellen (z. B. 2000 und 2001) weiterentwickelt (Tab. 2.2).

Diese vier Dimension definiert Esser folgendermaßen:

> [E]rstens die hier so genannte *Mehrfachintegration* als die Sozialintegration eines Akteurs in beide Typen von Gesellschaften oder Milieus, zweitens die ethnische Segmentation als die Sozialintegration in ein binnenethnisches Milieu, und die gleichzeitige Exklusion aus den Sphären und den Milieus der Aufnahmegesellschaft und drittens die Assimilation als die Sozialintegration in die Aufnahmegesellschaft unter Aufgabe der Sozialintegration in die ethnischen Bezüge. Der Vierte Typ ist schließlich die Marginalität als der sozialintegrative Ausschluss aus allen Bereichen.

---

[51]Berry (2004) lehnt sein Modell der Akkulturationstypen und Dynamiken an Esser an (vgl. Abschn. 2.10 und 3.1).

> Das ist der für die Migrationssituation gerade der ersten Generation oft so typische Fall. Es ist die *nicht-*vollzogene *Sozial*integration von Akteuren in *irgend*welche gesellschaftliche Zusammenhänge: Die alte Heimat ist verlassen und eine neue gibt es (noch) nicht. Und entsprechend den genannten vier Dimensionen der Sozialintegration kann es eine solche Marginalität in Bezug auf Kulturation, Platzierung, Interaktion und Identifikation geben, beispielsweise derart, daß keine Sprache richtig beherrscht wird, nirgendwo eine akzeptable Position besetzt wird, keine sozialen Beziehungen unterhalten werden und man sich mit keiner Gesellschaft identifiziert. Der marginale Akteur ist ein ausgestoßener, einsamer und heimatloser Fremder, wohin auch immer er geht (Esser 2000, S. 287).

Esser geht damit auf die unterschiedlichen Konditionen, die das Aufnahmeland bietet, ein. Er versteht Integrationsdynamiken als interaktive Prozesse zwischen migrantischen Personen und Alteingesessenen, eine Dimension, die Eisenstadt in sein Drei-Phasen-Modell (vgl. Abschn. 2.3) ebenfalls einbezieht. Esser argumentiert jedoch, dass eine wirklich erfolgreiche Integration bzw. Sozialintegration in die Aufnahmegesellschaften nur dann stattfinden könne, wenn für MigrantInnen keine Sozialintegration in die Herkunftsgesellschaft bzw. in Ethnic Communities besteht, aber eine konsistente Sozialintegration in die Aufnahmegesellschaft, was zur absoluten Assimilation führe. Daher sei echte Sozialintegration nur als Assimilation möglich (vgl. Esser 2000, S. 287–288). Esser hält weiterhin fest, dass Marginalität oft eine spezifische Situation der ersten Generation sei (Esser 2001) und Assimilation erst in den Folgegenerationen erzielt werde.

Segmentation, bei der die Kontakte und Gruppenkohäsion zu der ethnischen Co-Gruppe aufrechterhalten wird, nicht aber Sozialintegration mit der Aufnahmegesellschaft stattfindet, führe, so Esser, zu Segmentation, was er mit einer Gettoisierung in Zusammenhang bringt. Mehrfachintegration sei schwierig und nur selten der Fall (vgl. 2001, S. 21–22). Er argumentiert, dass die *Mehrfachintegration* ein zwar oft gewünschter, theoretisch jedoch kaum realistischer und auch empirisch sehr seltener Fall sei. Sie verlange die soziale Integration in mehrere, kulturell und sozial unterschiedliche Bereiche *gleichzeitig*. Manifestationen seien Mehrsprachigkeit, die Mischung der sozialen Verkehrskreise und eine doppelte oder mehrfache Identifikation oder Identität.

Esser bezeichnet infolge die Assimilation als idealtypische Integration:

> [als] das Verschwinden der systematischen Unterschiede zwischen den verschiedenen Gruppen (etwa nach Bildung, Einkommen, Branchenverteilung oder Heiratsverhalten) unter Beibehaltung aller individuellen Ungleichheiten (etwa auch nach Bildung und Einkommen, aber auch nach politischer Orientierung, religiöser Überzeugung oder kulturellem Lebensstil). ‚Assimilation' heißt daher nicht die spurenlose Auflösung aller Unterschiede zwischen den Menschen, sondern lediglich die

2.10 Hartmut Esser: Handlungstheoretisch-individualistischer Ansatz ...

Verringerung systematischer Unterschiede zwischen den Gruppen und die Angleichung in der Verteilung der betreffenden Merkmale (Esser 2001, S. 75).

Esser, wie schon Eisenstadt, sieht die Assimilation in Abhängigkeit zu den Bedingungen (Zugang zu Arbeits-, Wohnungsmarkt und Bildung), die das Aufnahmeland stellt.[52] Er erkennt, dass Sprache der wichtigste Bestandteil einer erfolgreichen Integration darstellt, danach käme erst die strukturelle Assimilation in das Bildungssystem und den Arbeitsmarkt.

Zudem lehnt er den Begriff der *ethnischen Schichtung* – ein Bestandteil von Assimilation und definiert als „die systematische Kovariation von ethnischen Gruppen mit typischen Positionen im System der vertikalen sozialen Ungleichheit" (2001, S. 35) – an Milton Gordons *Ethclasses* an. Der multikulturellen Gesellschaft bzw. der Situation der migrantischen Marginalität steht Esser kritisch gegenüber und definiert folgendermaßen:

das gleichberechtigte und in der Teilhabe an den gesellschaftlichen Ressourcen ebenfalls gleiche Nebeneinander ethnisch, religiös und kulturell ganz unterschiedlicher und als eigene ‚Lebenswelten' etablierter Gruppen (2001, S. 35).

Esser tituliert Multikulturalität als nicht vollzogene Sozialintegration von AkteurInnen, wo er den/die MigrantIn als ausgestoßene/n beziehungslose/n Fremde/n bezeichnet (Esser 2000).

2.10.1 Kritik

Migrationstheoretiker bzw. -soziologen, wie Esser oder Heckmann, sind Protagonisten der integrationszentrierten Migrationsforschung/-soziologie. Sie knüpfen an die klassischen migrationssoziologischen Ansätze – adaptiert auf den deutschen Sprachraum – an und definieren *Migration* daher nicht als zirkuläre Bewegung, sondern konzentrieren sich im klassischen Sinne auf die Dynamik zwischen Aufnahmegesellschaft und MigrantInnen, wohingegen Motivbildungen zur Migration und Herkunftsgesellschaften vollkommen außer Acht gelassen werden.

---

[52]Mit der theoretischen Sichtweise, dass Assimilation die idealtypische Integrationsform darstelle, spricht sich Esser auch gegen kulturellen Pluralismus oder spätere Multikulturalismuspolitiken und Tendenzen aus. Ethnische Gemeinden im Aufnahmeland behindern laut Esser die Sozialintegration, ebenso wie systematisch andauernde Kontakte zum Herkunftsland (etwa über Pendelmigrationen) (vgl. Esser 2001, S. 75).

Da Esser seine Theorien beginnend mit den 1980er-Jahren formuliert, stellt diese Sichtweise Ignoranz gegenüber zeitgenössischen Entwicklungen, wie die des Multikulturalismus oder des ethnischen Pluralismus, dar. Auch kann seit den 1970er-Jahren Migration nicht mehr mit ausschließlichem Fokus auf Integrationsdynamiken bzw. Assimilationsdynamiken aufgestellt werden. Zirkuläre Migrationen, die einen beträchtlichen Anteil an Migrationsbewegungen stellen, und transnationale Arbeitsmärkte werden in diesem Fall vollständig ignoriert.

Aumüller argumentiert, dass Esser eine zu starke Verallgemeinerung seiner Aussagen vermittelt habe und daher nicht auf empirische Sachverhalte oder Praxisfelder angewendet werden könne. Blume (1988 In Aumüller 2009, S. 112) kritisiert, dass die Theorie nicht falsifizierbar sei und die Rationalitätsannahmen, die Esser dem Individuum unterstellt, nicht überprüft werden könnten. Aumüller merkt zusätzlich an, dass die Herangehensweise der handlungsorientierten Theorie an einem neoklassischen Nutzungsprinzip festhält, das gegen klassische Theorien des sozialen Handels, wie die von Max Weber (Zweck und Wertrational/charismatisch/traditional), nicht haltbar sei. Darüber hinaus lege Esser die Schwerpunkte auf die individuelle Anpassung des/der MigrantIn an die Aufnahmegesellschaften, damit thematisiere er die Barrieren, die die Aufnahmegesellschaften den MigrantInnen auferlegt, nicht aus menschenrechtlicher Perspektive (vgl. Aumüller 2009, S. 113). Auf Fragen zu der gesellschaftlichen Machtverteilung und Unterschichtung wird nicht eingegangen.

2.10.2 Zusammenfassung

Esser unterscheidet zwischen System- und Sozialintegration. Er entwickelt unterschiedliche Dimensionen der Integration: die vier grundlegenden Dimensionen (Kulturation, Platzierung, Interaktion und Identifikation), die in einem Stufenmodell zur Assimilation führen, sowie vier unterschiedliche von Interaktionen der ethnischen Minderheiten mit der eigenen Co-ethnic-group oder der Aufnahmegesellschaft abhängige Typen der Sozialintegration (Assimilation, Mehrfachintegration, Segmentation und Marginalität). Er erkennt Assimilation als die einzige idealtypische Form der Migration an, wobei er allerdings, ähnlich wie klassische Theoretiker wie Eisenstadt, sehr wohl anerkennt, dass Integrationsformen und Dynamiken mit den Gegebenheiten der Aufnahmegesellschaften interdependent sind. Esser spricht sich grundsätzlich gegen Theorien des ethnischen Pluralismus oder des Multikulturalismus aus, wenngleich er auf theoretischer Ebene diesen unter spezifischen Rahmenbedingungen als möglich erachtet und anerkennt (vgl. Esser 2001).

In allen klassischen Migrationstheorien (Abschn. 2.1 bis 2.7) wird die Definition von *Migration* und damit das Bild des Verlassens der alten Wohnumgebung, des Umziehens und des Etablierens in einer neuen Wohnumgebung nicht infrage gestellt. Besonders die in Abschn. 2.1 bis 2.5 erwähnten unterschiedlichen Assimilationstheorien oder auch pluralistischen Ansätze (Glazer) konzentrieren sich vor allem auf die Integrationsdynamik der EinwanderInnen in der Aufnahmegesellschaft, auf deren Etablierung und die Etablierten-Außenseiter-Dynamiken. Hoffmann-Nowotny (vgl. Abschn. 2.6) bildet hier die erste Ausnahme und bezieht sowohl Entsende- als auch Aufnahmegesellschaft in einem nationalstaatlichen Makrokontext und auf der Mikroebene der AkteurInnen erstmals mit ein. Allerdings findet etwa um 1960 bis 1970 ein Paradigmenwechsel statt. Mit Everett Lees (1966) *Push-Pull-Modell* wird erstmals sowohl auf die Motivation und Gründe in den Ursprungsländern, also die Push-Faktoren, die Migration auslösen, eingegangen, als auch auf die Pull-Faktoren, die sogenannten Sogfaktoren, die MigrantInnen in Aufnahmegesellschaften anziehen. Zu Push-Faktoren zählen sowohl ökonomische Faktoren als auch soziale, politische, religiöse, familiäre oder Umweltfaktoren (zum Beispiel Arbeitsmarktsituation in den Entsendegesellschaften, niedrige Löhne, politische/religiöse oder andere Formen von Verfolgung, familiäre Netzwerke, Übervölkerung, Krieg, Diskriminierungen, Armut, Gesundheitsgefährdungen, Umweltkatastrophen[53]). Zu den Pull-Faktoren zählen Sicherheit, Bildungsmöglichkeiten, gute Einkommensmöglichkeiten, Arbeitskräftemangel, politische oder religiöse Freiheit.

Bis zu den 1970er-Jahren wird *Migration* als bipolares Modell erläutert, wobei eine Migration von A (Entsendegesellschaft) nach B (Aufnahmegesellschaft) angenommen wird. Die Migrationssoziologie konzentrierte sich vor allem auf die Integration von ZuwanderInnen in der Aufnahmegesellschaft.

Seit Beginn der 1970er-/1980er-Jahre, mit wenigen Ausnahmen, werden in der Theorieentwicklung der Migrationssoziologie die Ursprungsgesellschaften ebenfalls bedacht. Migration wird zusehends als zirkuläre Bewegung verstanden. Ein Paradigmenwechsel findet insofern statt, als dass Migration nicht mehr als einmaliger Ortswechsel verstanden und zunehmend nicht aus ökonomischer Sichtweise erklärt wird, sondern als ein dauerhafter Zustand und Prozess, der zirkuläre Formen annimmt. Mit ökonomischen Modellen, die immer noch die dominanten Erklärungsmodelle stellen, wie das des dualen Arbeitsmarktes (Chiswick, Piore, Borjas) oder die neoklassische Theorie (Ravenstein), wird nicht ausreichend argumentiert, um die Komplexität von Migration zu erfassen. Es werden zusehends

---

[53]Wie beispielsweise die Atomkatastrophen in Fukushima (2011) oder Tschernobyl (1986).

migrationssoziologische Erklärungsmodelle zur Erläuterung von *Migration* herangezogen, die vor allem auch Migration als zirkuläre Bewegung ansehen und sowohl auf die Globalisierung der Arbeitsmärkte (auf Makroebene) als auch auf die einzelnen Akteure (auf Mikroebene) eingehen. Hierzu zählen die an die Systemtheorie und den Neomarxismus angelehnten Migrationssystemtheorie (vgl. Abschn. 2.7), die Weltsystemtheorie (vgl. Abschn. 2.8) und Global Cities (vgl. Abschn. 2.9). Die zeitgenössische Netzwerktheorie oder Transnationalismustheorie (vgl. Abschn. 2.12 und 2.13), die seit den 1990er-Jahren aufkommt, versteht *Migration* ebenfalls als zirkuläre Migrationsbewegungen auf Mikro- und Makroebene.

2.11 Brain Drain, Brain Gain und Brain Circulation (1990er-Jahre)

Diese Theorie, die zu den Begriffen *Brain Gain*[54] und *Brain Drain*[55] bereits nach dem Zweiten Weltkrieg erstmals erwähnt wird und in ihrer Erweiterung um *Brain Circulation*[56] in den 1990er-Jahren in Umlauf kommt, wird in der Literatur keinem/r konkreten WissenschaftlerIn zugeschrieben. Die Theorie knüpft in ihrer Herangehensweise vor allem an die ökonomischen Erklärungsmodelle zur Migration an, wobei der Ansatz dahin gehend erweitert wird, dass zirkuläre Migration ein wichtiger Bestandteil der Migration sei. Außerdem werden die Vor- und Nachteile von Migration debattiert. Auch werden andere Theorien, wie beispielsweise die von Saskia Sassen, in der Debatte zur internationalen Migration und Global Cities aufgegriffen.

Der Begriff der Theorie zu *Brain Drain, Brain Gain, Brain Circulation* selbst umschreibt die Abwanderung hoch qualifizierter Arbeitskräfte von ihrer Ursprungsgesellschaft. Die meisten Abwanderungen existieren laut dieser Theorie in den Peripherien des Weltsystems und fließen in die Zentren bzw. wandern die Migrationsströme entlang in die Global Cities, wo sich Kapital und „Multinational", also eine Nachfrage am Arbeitsmarkt für Hochqualifizierte, befinden.

---

[54]*Brain Drain:* Einseitiges Absaugen von Humankapital zum Nachteil der Herkunftsländer.
[55]*Brain Gain:* Nur „überflüssige" Arbeitskräfte wandern ab; dies wirkt sozialen Spannungen in der Entsendegesellschaft entgegen, während Aufnahmeländer von zusätzlichem Humankapital profitieren.
[56]*Brain Circulation:* Win-win-Situation für Herkunfts- und Aufnahmeländer.

2.11 Brain Drain, Brain Gain und Brain Circulation (1990er-Jahre)

Meist entstehe Abwanderung infolge von schlechten Arbeitsbedingungen, wie geringen Löhnen und fehlenden Aufstiegsmöglichkeiten. Sassen (2007) argumentiert, dass eine Form der Migration von Hochqualifizierten, die durch die Westernisierung der Bildungssysteme passiere, beeinflusse, dass Arbeitskräfte in den „entwickelten Westen" gehen. Dies wird als *Brain Drain* bezeichnet (vgl. ibid.).[57] Sassen vernetzt die *Brain-Drain-/Brain-Gain-Theorie* anschließend mit der Transnationalismustheorie, indem sie erklärt, dass die Formation von komplexen und flexiblen transnationalen Arbeitsmärkten für hoch qualifizierte „Professionals" die industrialisierten Regionen und die Entwicklungsländer vernetze, ebenso durch virtuelle Migration.[58] Dazu zählten, so Sassen, auch Migrationen im Hightech-Sektor, in dem hoch industrialisierte Länder und deren Firmen Computer- und Softwareexperten aus Entwicklungsländern wie Indien rekrutieren.

Hunger (2003, 2005) stellt fest, dass der Brain Drain als sich auf die Ursprungsgesellschaften negativ auswirkend bezeichnet werden könne. Die Entwicklung der lokalen Gesellschaft sei nur unterdurchschnittlich, da die ausgebildeten Fachkräfte das Land verlassen. Oft fehle es an Personal wie im Gesundheits- oder Bildungsbereich (vgl. Hunger 2003; Langthaler 2008). Aigner, Barou und Mbenga (2012) argumentieren, dass vor allem Krankenpflegepersonal, Lehrpersonal und Ärzte aus Zimbabwe, Ghana, Zambia oder Kenia von Großbritannien in den britischen Arbeitsmarkt rekrutiert würden, was in den Ursprungsregionen zu einem Ärzte- und Pflegepersonalmangel führe. Mit dem Verlust von Hochqualifizierten auf der einen Seite entstehe ein Brain Gain sowie ein Gewinn an Hochqualifizierten auf der anderen Seite, womit eine Aufnahmegesellschaft Innovation, Qualität und Know-how gewinne. Beispiele sind Europa, USA, Nordamerika und Australien, in denen oft Fachkräftemangel herrsche. Dort werden besondere Immigrationslegislaturen entworfen, um den Hochqualifizierten eine Einwanderung zu ermöglichen bzw. diese rekrutieren zu können.

---

[57] „Another type of link is shaped by the growing Westernization of advanced education systems (Portes and Walton 1981), which facilitates the movement of highly educated workers into the developed Western countries. This is a process that has been happening for many decades and is usually referred to as the brain drain" (Sassen 2007, S. 70).

[58] „That is, we are seeing the formation of an increasingly complex and flexible transnational labor market for high-level professionals in advanced corporate services that links a growing number of highly developed and developing countries (Sassen 2001, 2006a, chap. 6; see also Skeldon 1997), including through virtual migration (Aneesh 2006)" (Sassen 2007, S. 71).

In Großbritannien beispielsweise wird mit dem *Tier 5 Immigrations-Reglement* im Jahr 2008 ein Reglement geschaffen, dass sicherstellt, dass nur Arbeitskräfte nach Großbritannien einwandern können, die die britische Wirtschaft benötigt und rekrutieren will (vgl. Clayton 2010 In Aigner et al. 2012). Grundsätzlich ist die *Brain-Gain-/Brain-Drain-Migration* auch von Wirtschaftszyklen, also Hochkonjunkturen oder Rezessionen, abhängig.

Sogenannte Migrations-Brain-Gain-/Brain-Drain-Systeme entstünden nach dieser Theorie beispielsweise vom Ost-EU-Raum (EU 12) hin in den West-EU-Raum (EU 15), wie zum Beispiel nach den EU-Erweiterungen im Jahr 2004 (EU 10). Auch aus Asien und Afrika in die EU, nach Nordamerika oder Australien würden Brain-Drain-/Brain-Gain-Migrationsströme verfolgt werden können. Von 1961 bis 1980 emigrieren mehr als 500.000 Wissenschaftler und Fachkräfte aus den Entwicklungsländern in die USA, zum Beispiel indische IT-Kräfte. Eine Emigrationswelle der Hochqualifizierten aus Irland beginnt nach dem Kollaps des „Celtic Tigers", wohingegen vor der wirtschaftlichen Rezession 2007/2008, zu Zeiten des „Celtic Tigers", Irland ein Immigrationsland für Hochqualifizierte dargestellt habe, so Hunger (2003, 2005).

Die endgültige Erweiterung der Theorie hinsichtlich zirkulärer Migration/ „Brain Circulation" entsteht in den 1990er-Jahren. Sie beschreibt die zirkulierenden Migrationswanderungen von hoch qualifizierten Arbeitskräften, die zuerst ihre Entsendegesellschaft verlassen, um in Aufnahmegesellschaften, wie globalen Metropolen, einige Jahre im hoch qualifizierten Arbeitsbereich zu verbringen, um dann wieder in ihre Ursprungsgesellschaften zurückzukehren. In den Herkunftsgesellschaften und deren Arbeitsmärkten könnten nun die RückkehrmigrantInnen ihr durch Aufenthalte in anderen Systemen neu angeeignetes Know-how umsetzen und in die lokalen Arbeitsmärkte einfließen lassen. Hunger (2003) argumentiert, dass dies zu einem Entwicklungsschub führen könne.

Ein wichtiger Faktor zu dieser Theorie in zeitgenössischer Literatur und auch der folgenden Netzwerktheorie (vgl. Abschn. 2.13) ist das Thema Remittances. Remittances werden als *Geldrücküberweisungen* von MigrantInnen an ihre Heimatländer definiert (IOM 2014). In Summe erhalten 500 Mio. Menschen (8 % der Weltbevölkerung) Remittances, viele davon werden von Frauen an ihre in den Ursprungsgesellschaften verbleibenden Familienmitglieder überwiesen. Diese Geldtransfers führen zur Armutsreduktion und nehmen Einfluss auf das lokale Bruttonationalprodukt (BNP). Das erreicht 2007 ein Ausmaß von global 285 Mrd. US$ (vgl. World Bank 2015). Sippel (2009) behauptet, dass geschätzte 350 Mrd. US$ als Rücküberweisungen in Entwicklungsländer von MigrantInnen gesendet würden. Die World Bank (2015) argumentiert, dass bereits 2004 die

Länder, in die die höchsten Remittances anteilig am Bruttonationalprodukt gesendet wurden, die folgenden waren: Indien (21,7 Billionen US$), China (21,3 Billionen US$) oder Mexiko (18,2 Billionen US$) und Moldawien mit 27,1 % des GDP, Bosnien/Herzegowina mit 22,5 % des GDP oder Lesotho mit 25,8 %. Biffl und Aigner (2009) konstatieren außerdem, dass Netto-Remittances nach Zielregionen von Österreich nach Deutschland am höchsten waren, gefolgt von Ungarn und Afrika.

2.11.1 Kritik

Statistisch ist *Brain Drain* oder *Brain Circulation* schwer erheb- bzw. nachweisbar. Nur vereinzelt existieren bestehende Studien, wie die von Beine, Doquier und Rapaport (2001). Ob mehr Arbeitskräfte ein Land verlassen als zurückkehren und es infolge zu einem Defizit an qualifizierten Arbeitskräften in einem spezifischen Sektor kommt, ist nicht sicher feststellbar. Daher ist die Argumentation, dass Brain Circulation in jedem Fall zu einer Win-win-Situation für alle Beteiligten führe, eine Annahme. Es ist daher nicht identifizierbar, welche theoretische Annahme der folgenden beiden Gesichtspunkte zutrifft: Einerseits gilt die Perspektive, dass Brain Drain nur ein einseitiges Absaugen von Humankapital darstellt und daher ein Nachteil für die Herkunftsländer ist (Konkurrenzfähigkeit nimmt ab, Personal fehlt in strategisch wichtigen Sektoren). Andererseits könnte eine Win-win-Situation entstehen, indem Hochqualifizierte zirkulieren, somit positiven Einfluss auf Entsenderregionen haben, und nur überschüssiges Fachkräftepersonal abwandert, sodass es zu keinen Engpässen in Entsendegesellschaften kommt.

Zweifelsohne verursachen Remittances sowohl auf Mikro- als auch Makroebenen eine Win-Situation für die Entsendestaaten. Einerseits werden auf Mikro- und Netzwerkebene Familien und Kinship-Gruppen unterstützt, andererseits reichern die Remittances das GDP (Gross Domestic Product = Bruttoinlandsprodukt) an (vgl. Abschn. 3.2). Die Theorie selbst bzw. die Tatsache des *Brain Drain/Brain Gain* kann als von wirtschaftlichen und politischen Interessen der entwickelten Regionen gesteuert verstanden werden (5 Tier Programm, Quotenregelungen), wobei Niedrigqualifizierten die Einwanderung erschwert und spezifisch Hochqualifizierten die Einwanderung erleichtert wird. *Brain Circulation* ist von Konjunkturzyklen der jeweiligen Sende- und Zielregionen abhängig und daher nicht unbeschränkt anwendbar.

2.11.2 Zusammenfassung

Die Theorie wird ursprünglich als *Brain-Drain-Theorie* definiert und später als *Brain Drain/Brain Gain/Brain Circulation* weiterentwickelt: Ursprünge der ersten *Brain-Drain-Theorie* finden sich bereits in den 1960er-Jahren, jedoch nur im Brain-Drain/Gain-Ansatz. Dieser wurde in den 1980er- und 1990er-Jahren mit der Theorie zu Brain Circulation erweitert.

Brain Drain wird als Verlust von Humankapital aufgrund von Emigration von Hochqualifizierten definiert bzw. als Brain Gain in den Aufnahmeländern. Für die Aufnahmeländer bedeutet Migration von Hochqualifizierten Gewinn an Humankapital und hoch qualifizierten Arbeitskräften, während sie für Herkunftsländer einen Verlust von Investitionen in die Manpower-Ressource darstellt. Man kann auch von einem Selektionsprozess sprechen, der bezüglich Arbeitsmarkt und Gewinn von Humankapital in den diversen Einwanderungsländern generiert und gesteuert wird. Niedrigqualifizierte werden in Einwanderungsreglements der EU oft von Immigration abgehalten, wohingegen Hoch- qualifizierte aus den Ursprungsländern rekrutiert werden. Brain-Circulation-Systeme können mit den Migrationssystemen gleichgesetzt werden, wie in Abschn. 2.7 erläutert, aber auch durch folgende Systeme ergänzt werden: Vom Ost-EU-Raum in den West-EU-Raum; zirkuläre Wanderungen von der EU in die USA zählen ebenfalls zu den Brain-Circulation-Migrationsrouten sowie die Route Asien/Afrika nach Europa, Nordamerika und Australien.

2.12 Transnationalismustheorie (1990er-Jahre)

Die Theorie des Transnationalismus kann ebenso wie die vorhergehende des Brain Drain nicht einem/r einzelnen TheoretikerIn zugeschrieben werden. Im Transnationalismus können sowohl neomarxistische Ansätze von der Weltsystemtheorie als auch Ansätze der Brain Circulation und Global Cities (vgl. Sassen 1991) gefunden werden. In dieser Theorie allerdings werden AkteurInnen auch auf Mikro- und Mesoebenen in die Makrotheorien integriert und einbezogen, was bei der Weltsystemtheorie beispielsweise nicht der Fall war. Auch ist die Transnationalismustheorie eine Gegenbewegung zu bisherigen migrationssoziologischen Ansätzen, die aufgrund der Veränderung der Migrationstypologie *Migration* nicht mehr adäquat erklären können. Die migrationssoziologischen Ansätze der Klassik, die sich vornehmlich auf Integrationsdynamiken beziehen, sind schon länger nicht mehr adäquat, und Push-Pull-Modelle oder Theorien wie die von Hoffmann-Nowotny können nun ebenso nicht mehr *Migration* in ihrer Erscheinung erläutern.

2.12 Transnationalismustheorie (1990er-Jahre)

Transnationalismus erklärt daher, dass *Migration* eine Folgeerscheinung der globalen kapitalistischen Entwicklung und Herausbildung von globalen Arbeitsmärkten sei (vgl. Aumüller 2009).

Grundsätzlich dient der Ansatz dazu, zirkuläre Migrationen in allen Formen adäquat zu erklären, da die klassischen Migrationsansätze nicht mehr ausreichen, um Migration zu umschreiben. Neue Definitionen und Begriffe werden nun eingeführt, wie *transnationale soziale Räume* (vgl. Goldring 1997; vgl. Pries 1996, 1997, S. 5), *transnationale Communities* (vgl. Goldring 1996, 1997; vgl. Smith 1995, 1997) oder *TransmigrantInnen* (vgl. Pries 1998). Das Konzept erinnert in seinen Fundamenten an Benedikt Andersons (1983) *Imagined Communities*. Fassmann (2003, S. 435) beschreibt *Transmigration* folgendermaßen:

> In vielen Fällen ist transnationale Mobilität nicht mehr eine Wanderbewegung in einer Richtung von einem Ort zum anderen, sondern eine Pendelwanderung über eine internationale Grenze hinweg; sie erfolgt in unterschiedlicher Periodizität und führt zu geteilten Haushalten und zu einer Form doppelter Identität. Die Übergänge zu zirkulären Wanderungsformen sowie zu einer endgültigen Aus- und Einwanderung sind vorhanden und fließend. Bei der transnationalen Mobilität kommt es nicht mehr zu einem eindeutigen Verlassen der Herkunftsgesellschaft und zu einer definitiven Zuwanderung in eine Aufnahmegesellschaft, sondern zu einer Lebensform, die dazwischen liegt. Transnationale Mobilität geht einher mit einer realen Existenz in zwei Gesellschaften, mit dem Aufbau eines grenzüberschreitenden Aktionsraumes und einer damit verknüpften Hybridität der kulturellen Identifikation.

Auf Akteurebene bedeute dies, dass man „in zwei Welten [blickt] und [dass man] […] sowohl da als auch dort ‚zu Hause' [ist]" (ibid.). Man identifiziere sich sowohl mit der Kultur und der Gesellschaft der Herkunfts- als auch der Zielregion. TransmigrantInnen würden unterschiedliche Beziehungen und Interaktionen über Regionen und Räume hinweg aufrechterhalten (vgl. Basch et al. 1994, S. 7; vgl. Glick Schiller et al. 1992, S. 10, 1997a, b; vgl. Goldring 1996, 1997; vgl. Rouse 1989, 1992)

Andererseits konzipiert Han (2006, S. 156) transnationale Migration wie folgt:

> Transnationale Migration ist ein Prozess, in dem die Migranten durch ihre Aktivitäten des Alltagslebens und durch ihre sozialen wirtschaftlichen und politischen Beziehungen soziale Felder erschließen, die die nationalstaatlichen Grenzen überspannen.

Diese Überspannung von nationalstaatlichen Grenzen und kulturellen Gesellschaftssystemen, so Han, bringe ein Leben in zwei Welten mit sich, in der auch die Integration anders stattfinde, als bei einer endgültigen Migration in eine neue Aufnahmegesellschaft.[59]

> Within their complex web of social relations, transmigrants draw upon and create fluid and Multiple identities grounded both in their society of origin and in the host societies. While some migrants identify more with one society than the other, the majority seem to maintain several identities[60] (Glick-Schiller et al. 1992, S. 11).

Fassmann (2003) und Pries (1999) identifizieren drei wichtige Rahmenbedingungen, die Transmigration ermöglichen und die Theorieentwicklung beeinflussen soll:

1. durchlässige Grenzen, die Transmigration ermöglichen;
2. schrumpfende Distanzen. Die Überwindung großer Distanzen durch Hightech-Verkehrsmittel und Reisen, die erschwinglich sind, ermöglichen regelmäßige zirkuläre Migration und das Leben in zwei Welten. Durch neue Technologien sind Kontakterhaltung über Internet und Reisemöglichkeiten erleichtert.
3. Netzwerke am Einwanderungsort erleichtern ebenfalls Transmigration (vgl. Abschn. 2.13). Ethnic Communities, die bereits länger in den Aufnahmegesellschaften ansässig sind, unterstützen Neuankömmlinge durch Hilfsstrukturen und sozialen Zusammenhalt.

2.12.1 Kritik

Laut Haug (2000) liege der Wert des Konzeptes vor allem in einer Beschreibung empirischer Phänomene:

---

[59]Hybride Identitäten bezeichnen vor allem den In-between-Status von migrantischen Identitäten in Aufnahmegesellschaften. Besonders von Stuart Hall (Hall und DuGay 1996) oder Homi Bhaba (1996) wird diese Thematik aufgegriffen. Es gilt nach Terkessidis (2010, S. 21), diesen Ist-Zustand *„unintegrierter und unintegrierbarer migrantischer Präsenz"* als *„interkulturellen Grundzustand"* als solchen zu erkennen und dann etwas völlig Neues zu konzipieren, das eben nicht in Integration oder Assimilation oder in bloßem Nebeneinander (Multikulturalität) besteht, sondern eine neue Qualität bekommt (= Hybridität).

[60]Innerhalb eines komplexen Netzes an sozialen Beziehungen verlassen sich TransmigrantInnen auf fluide/liquide und multiple Identitäten, welche sowohl in der Ursprungsgesellschaft als auch der Aufnahmegesellschaft verwurzelt sind. Während sich manche MigrantInnen mehr mit der einen als der anderen Gesellschaft identifizieren, behalten die meisten mehrere Identitäten bei.

2.12 Transnationalismustheorie (1990er-Jahre)

Die Ersetzung des Begriffs international durch transnational scheint weniger inhaltlich begründet zu sein als durch die Demonstration der Zugehörigkeit zu einem neuen Paradigma innerhalb der Migrationsforschung (Haug 2000, S. 26).

Die Betrachtung der rechtlichen, politischen, ökonomischen und sozialen Bedingungen, die diese Entwicklung ermöglichen, könnte Vorhersagen über das Auftreten und das Verschwinden der sogenannten transnationalen sozialen Räume als Alternativen zur Assimilation oder Rückkehr in die Heimat geben, so Pries (1996, S. 469). Die neuen Phänomene der Transmigration existierten theoretisch, würden aber derzeit noch in multiplen empirischen Studien empirisch überprüft.

2.12.2 Zusammenfassung

Transnationalismus werde laut Fassmann (2003) vor allem durch Durchlässigkeit der Grenzen, Verbesserung der Verkehrstechnologien, Einbettungen in ethnische Netzwerke und Transferierbarkeit von Qualifikationen in der strukturellen Voraussetzung geleitet. Die Folgen seien, entgegen den klassischen theoretischen Annahmen, dass es zu Haushaltssplitting komme, dass der/die TransmigrantIn mindestens zwei Lebensmittelpunkte aufrechterhielte, die Interaktion mit der Herkunftsgesellschaft stark beibehalten werde, es zu Remittances komme und hybride Identitäten und Leben in zwei Welten eine Art Nichtintegration veranlassen würde, in der weder Assimilation noch Marginalisierung stattfinde. Eine Art transnationaler virtueller Lebensraum werde geschaffen.

Zusammenfassend kann festgehalten werden, dass die grenzüberschreitende Mobilität mit gleichzeitiger Aufrechterhaltung diverser Bindungen an die Entsendegesellschaft (politische, familiäre, ökonomische, soziale) als transnationale Migration bezeichnet wird. Ein Transmigrant entsteht nach dieser Theorie dadurch als neuer Typus des/der MigrantIn, der/die multilokale soziale Beziehungen aufbaut und weiterhin starke Bindungen zu seinem/ihrem Herkunftsland aufrechterhält. *TransmigrantInnen* entwickeln multiple Identitäten, die im Herkunfts- und Aufnahmeland verankert sind. *Transnationalismus* kann somit auch als Leben in zwei Welten beschrieben werden, wobei Ausgrenzungen der Aufnahmegesellschaft durch Netzwerke und Lebensweisen in beiden – Aufnahme- und Entsendegesellschaft – vermieden werden.

2.13 Migrationsnetzwerktheorie (1990er-Jahre)

Die Netzwerktheorie hängt eng mit der Migrationssystemtheorie, aber auch mit der Transnationalismustheorie und Saskia Sassens Global Cities zusammen. Im Gegensatz zu den genannten Theorien, die sich ausschließlich oder zumindest teilweise (Transnationalismus) auf Makroebenen der Migrationsaspekte beziehen, betrachtet die Netzwerktheorie Migration als Prozess, der entscheidend auf Mikro- und Mesoebene stattfinde. Faist (vgl. 1995a, S. 23 ff.) argumentiert, dass Migrationen mit dieser Theorie auf Mesoebenen beschrieben werde. Massey et al. (1993) addiert, dass soziales Kapital, das durch Netzwerke generiert wird, den Migrationsprozess steuere.

Der Begriff *Netzwerktheorie* besagt, dass ein Set von persönlichen Beziehungen und sozialen Kontakten zwischen MigrantInnen, ehemaligen MigrantInnen und NichtmigrantInnen im Heimatland und Aufnahmeland Migrations- ströme maßgeblich beeinflusst. Migrationsnetzwerke sind Familiennetzwerke, Ethnic-Community-Netzwerke, welche für Migrationsentscheidungen und auch für „Settlement" ausschlaggebend sind, diese Entscheidungen beeinflussen. Die Netzwerke sichern die Migrationsprozesse durch Etablierung eines Sicherheitsnetzwerks ab und führen zu Kostenreduktion, Risikosenkung und sozialer wie beruflicher Integration. Massey et al. (1993, S. 448) definiert:

> Migrant networks are sets of interpersonal ties that connect migrants, former migrants, and nonmigrants in origin and destination areas through ties of kinship, friendship, and shared community origin.[61]

Massey et al. (1993) argumentiert weiterhin, dass die Konditionen, die internationale Migration durch kumulative Faktoren im Migrationsprozess aufrechterhalten, die nicht die Ausgangsmotive, wie niedrige Löhne oder Rekrutierung von Hochqualifizierten, darstellen, ersetzt würden.

---

[61]MigrantInnennetzwerke sind ein Set von zwischenmenschlichen Beziehungen, die MigrantInnen, ehemalige MigrantInnen und NichtmigrantInnen in Herkunfts- und Zielgebieten durch Bande der Verwandtschaft, Freundschaft und gemeinsame Gemeinschaftsursprünge verbinden.

2.13 Migrationsnetzwerktheorie (1990er-Jahre)

[…] new conditions that arise in the course of migration come to function as independent causes themselves: migrant networks spread, institutions supporting transnational movement develop, and the social meaning of work changes in receiving societies[62] (Massey 1993, S. 449).

Der Migrationsprozess werde erleichtert, eine Risikodiversifikation finde statt.

Thus, the self-sustaining growth of networks that occurs through the progressive reduction of costs may also be explained theoretically by the progressive reduction of risks[63] (ibid.).

Massey (vgl. 1993, S. 450 In Haug 2000, S. 21) gliedert die Migrationsnetzwerktheorie in sechs unterschiedliche Charakteristika:

1. Internationale Migration findet in einer Auswanderungsregion so lange statt, bis innerhalb von Migrationsnetzwerken Verbindungen zu allen migrationsbereiten Personen bestehen, die diese Möglichkeit auch wahrnehmen.
2. Migrationsströme zwischen zwei Ländern korrelieren nicht stark mit Lohnunterschieden oder Arbeitslosenraten. Die Auswirkungen dieser Faktoren auf Migrationsentscheidungen werden von den durch Migrationsnetzwerken sinkenden Kosten und Risiken übertroffen.
3. Sobald internationale Migration durch die Bildung von Migrationsnetzwerken institutionalisiert ist, wird sie unabhängig von den ursprünglichen strukturellen oder individuellen Ursachen.
4. Mit dem Sinken der Kosten und Risiken der Migration durch soziale Netzwerke werden die Migrationsströme weniger selektiv und repräsentativer für die Auswanderungsgesellschaft.
5. Einmal entstandene Migrationsströme sind durch politische Instrumente kaum kontrollierbar, da sich Netzwerkbildung jeglicher Regulierung entzieht.
6. Bestimmte Verfahrensweisen, wie die Familienzusammenführung, wirken der Regulierung weiter entgegen, da sie die Formierung von Migrantennetzwerken fördern.

---

[62][…] neue Bedingungen, die im Zuge der Migration entstehen, werden zu unabhängigen Ursachen: MigrantInnennetzwerke verbreiten sich, Institutionen, die transnationale Bewegung unterstützen, entwickeln sich und die soziale Bedeutung der Arbeit verändert sich in den Aufnahmegesellschaften.

[63]Somit ist das selbsttragende Wachstum von Netzwerken, das durch die schrittweise Senkung der Kosten eintritt, auch theoretisch durch die fortschreitende Verringerung der Risiken erläutert.

Granovetter (1995 In Düvell 2006, S. 103) argumentiert weiterhin, dass zwischen sozialen und Marktnetzwerken unterschieden werden müsse, und unterstreicht, dass jegliches ökonomisches Verhalten in ein Netzwerk sozialer Beziehungen eingebettet sei. Hier könne man auch von sozioökonomischen Netzwerken ausgehen, in denen MigrantInnen agieren (vgl. ibid.). Netzwerke würden bereits vor der Immigration bestehen oder aber erst nach Ankunft der MigrantInnen entstehen, so Granovetter. Daher gebe es verschiedene Netzwerke, die unterschiedliche Funktionen für MigrantInnen erfüllen, die dann entweder der Migrations selbst oder der Integrationsbestrebungen der MigrantInnen dienen (ibid.).

Ein Forschungsfeld, in dem Netzwerktheorie sichtbar wird, sind die sogenannten *Ethnic Entrepreneurs* (vgl. Abschn. 3.2.4) Internationale Forschung zu Ethnic Entrepreneurship greift auch deren sozialintegrative Elemente auf, wie beispielsweise durch Analyse der *Networks of Trust/Economies of Trust* der Arbeitsstrukturen und Arbeitsprozesse, die etwa von Wahlbeck (2007) am Beispiel Finnlands behandelt werden (vgl. Aigner 2012b). Innerbetriebliche Strukturen von Ethnischen Entrepreneurships, traditionell meist auf sogenannte *Networks of Trust* (u. a. Cook und Hardin 2001; Wahlbeck 2007) aufgebaut, beeinflussen Integrationsmechanismen: Die Anstellungsbasis für Arbeitnehmer in diesen spezifischen Betrieben sei, so Wahlbeck, beispielsweise häufig eine familiäre Bindung, die gleiche nationalstaatliche Herkunft oder zumindest eine gleiche Minderheitsgruppenzugehörigkeit, also würden über Netzwerke sogenannte Co-ethnics angestellt. So könne das soziale Netzwerk sowie die Kohäsion und das *soziale Kapital* der jeweiligen Gruppierungen gestärkt werden (vgl. Light 2003 In Aigner 2012b)

2.13.1 Kritik

Die Netzwerktheorie konzentriert sich vornehmlich auf die Mikroebene. Light et al. (vgl. 1989, S. 2) argumentiert, dass die Migrationsnetzwerktheorie Limitationen in folgenden Bereichen aufzeige:

> Most notably, it concentrates upon facilitation and efficiency, slighting structural changes caused by immigration networks in the destination economy. That is, in existing network theory, networks make it easier for immigrants to find housing, jobs, protection, and companionship. This facilitation is their raison d'etre. But, as they grow, networks increase their efficiency. Efficient networks expose every job and apartment that exist in some immigrant-receiving locality or region, thus maximally facilitating the introduction of new immigrant newcomers into them.

2.13 Migrationsnetzwerktheorie (1990er-Jahre)

Without increasing the supply of jobs, networks facilitate participants' access to that supply. Economic saturation poses the obvious limit to existing network.[64]

Weiterhin argumentiert Düvell (2006), dass die Migrationsnetzwerktheorie unzureichend sei, da Forschungsarbeiten mittlerweile angeführt hätten, dass migrationsinteressierte und migrationswillige Individuen auch dann migrieren, wenn sie über keine Netzwerke oder soziales Kapital verfügen. Netzwerke würden auch negativen Einfluss auf Migration ausüben können, indem die MigrantInnen in bestehende Gemeinschaften eingegliedert würden. Konkurrenzdruck innerhalb der Netzwerke entstehe und es könne zu Segregation durch die Ethnic Community kommen (vgl. ibid.). Netzwerke sind oft auch Träger von Schleppertum und illegaler Einwanderung, was letztlich den MigrantInnen nicht zugutekommt (vgl. Abschn. 3.5).

2.13.2 Zusammenfassung

Die Netzwerktheorie besagt, dass Migrationsentscheidungen und individuelle Migration durch Netzwerke, die zwischen Entsende- und Aufnahmegesellschaft existieren, beeinflusst werden. Netzwerke sind insofern eine Form von sozialem Kapital. Sie minimieren die Risiken und maximieren den Nutzen von Migration (Zugang zu Wohnungsmarkt, Arbeitsmarkt, Hilfsorganisationen).

Die Netzwerktheorie wird als zu minimalistisch kritisiert. Es ist empirisch erwiesen, dass individuelle Migration auch ohne Netzwerke stattfindet. Außerdem sind Netzwerke im Aufnahmeland nicht unbedingt von Nutzen für MigrantInnen, da diese auch Segregation herbeiführen können, zu Konkurrenzverhalten führen, SchmugglerInnen und Schleppertum beinhalten und so sehr wohl auch für MigrantInnen problematisch verlaufen können.

---

[64]Vor allem konzentriert sich die Netzwerktheorie auf die Effizienz, die strukturellen Veränderungen, die durch Einwanderungsnetzwerke in der Aufnahmeökonomie verursacht wurden. Daher besagt die Netzwerktheorie, dass Netzwerke es einfacher für EinwanderInnen machen, Wohnraum, Arbeitsplätze, Schutz und soziale Kontakte zu finden. Diese Erleichterung ist ihre Raison d'etre. Aber wenn diese Verbindungen wachsen, erhöhen Netzwerke ihre Effizienz. Effiziente Netzwerke zeigen jeden Job und jede freie Wohnung in der Einwanderungsregion auf, also minimalisiert die Einführung der Neuankömmlinge in die neue Region und erleichtert ihnen dadurch das Ankommen in der Zielregion. Ohne die Versorgung durch Arbeitsplätze zu erhöhen, erleichtern Netzwerke den MigrantInnen Zugang zum Arbeitsmarkt. Wirtschaftliche Sättigung stellt die Grenze von existierenden Netzwerken dar.

2.14 Gesamtresümee Theorien zur Migrationssoziologie

Fassmann (2003) argumentiert, dass in den klassischen Theorien zu Migration strukturelle Voraussetzungen für Migration als Barrieren existierten und dass Migration aus ökonomischem Ungleichgewicht heraus entstand. Wanderungen fanden auch ohne Einbettung in ethnische Gemeinschaften und Netzwerke statt, also von individuellen AkteurInnen. Die Folgeerscheinungen dieser klassischen Einwanderung waren Migrationen, die endgültig und bipolar vonstattengingen: Der/die, der/die heute kommt und morgen bleibt. Familienwanderungen fanden statt und die Integration und Interaktion mit der Mehrheitsgesellschaft in den Zielländern war durch Assimilationsbemühungen geprägt, wobei oft auch ein geringer Kontakt von MigrantInnen mit Mitgliedern der Mehrheitsgesellschaften vorhanden war, also eine Marginalisierung stattfand.

Klassische theoretische integrationszentrierte Migrationsansätze (Park, Glazer, Esser) gehen darauf ein, während sich Klassiker, wie Schütz, Simmel und auch Park (Marginal Man), mit der Rolle und Situierung des/der *Fremden* in Aufnahmegesellschaften beschäftigten. Lee oder Hoffmann-Nowotny erkennen zwar bereits die Bipolarität der Migrationen an, fokussieren allerdings auf endgültige und bipolare Migration eher als auf zirkulierende Migrationsbewegungen. Auch die Weltsystemtheorie (Wallerstein) oder Migrationssystemtheorie (Magobunje, Sassen) in ihren ursprünglichen Ansätzen stützen sich auf endgültige durch ökonomische Ungleichgewichte entstandene Migrationen auf Makroebene. Erst in den 1990er-Jahren werden zirkuläre Migrationsbewegungen, die Brain Circulation Theory durch ökonomische Ungleichgewichte oder der Transnationalismus, und Netzwerktheorien, die auch auf einzelne AkteurInnen eingehen, in den Mittelpunkt der Betrachtungen gestellt. Abschn. 2.1 bis 2.13 sind detailliert darauf eingegangen.

Neueste theoretische Beleuchtungen der Migrationssoziologie und gleichzeitig die Zukunft der migrationssoziologischen Theorie fokussieren vor allem auf die Fluidität und Liquidität von Migrationsbewegungen, welche sich in zirkulären Migrationen, Rückkehrmigrationen oder multilokalen Migrationen widerspiegeln. Die Komplexität von Migrationsbewegungen wird zeitgenössisch in den Vordergrund gestellt. Transnationalismus, Transmigration, multilokale Settlements oder Konzepte zu Superdiversität (Vertovec 2007) im Kontext einer globalen Weltgesellschaft werden daher als theoretische Rahmenstrukturen bevorzugt in der Wissenschaftswelt wahrgenommen, um eindimensional wahrgenommene Phänomene und Aspekte von Migrationen in multidimensionaler Weise betrachten zu können.

2.14 Gesamtresümee Theorien zur Migrationssoziologie

Wenngleich handlungstheoretische und makroökonomische Schulen der Migrationsforschung beziehungsweise auch die unterschiedlichen Disziplinen, die sich mit Migrationsforschung beschäftigen, im Konflikt miteinander liegen, ist es doch unumgänglich, die Kooperation der unterschiedlichen wissenschaftlichen Disziplinen zur Migrationsforschung zu fördern. Ausschließlich durch eine interdisziplinäre Auffassung von Migrationsphänomenen kann eine ganzheitliche Betrachtung von Migration erzielt werden. Dazu muss Migration als dauerhaftes und nicht neugeschichtliches Phänomen verstanden werden.

Migrationsforscher, wie Massey (1998), appellieren an unterschiedliche Disziplinen und Migrationsforscher allgemein, um eine gemeinsame Migrationstheorie zu entwerfen. Massey argumentiert, dass vier wichtige Elemente zu dieser Theorie beisteuern sollten: strukturelle Kräfte, die Abwanderung aus Entwicklungsländern begünstigen (1); strukturelle Kräfte, die entwickelte Länder für MigrantInnen attraktiv machen (2); die Berücksichtigung von Motiven, Zielen, und Erwartungen von MigrantInnen (3) und soziale und ökonomische Strukturen, die Ab- und Zuwanderungsgebiete miteinander verbinden (4). Diese von Massay vorgeschlagene interdisziplinäre holistische Migrationstheorie wurde aber als mangelhaft unterbewertet und konnte sich nicht durchsetzen.

Eine weitere relativ neu entworfene Theorie, um Migration zu erläutern, ist die *Migration Transition Theory* (Castles et al. 2014), die sich an Zelinsky (1971) orientiert, aber neu entworfen wurde. Die Gefahr von migrationssoziologischen Perspektiven, besonders der Netzwerktheorie und dem Fokus auf Mikro- und Mesoebenen, wird durch diese Theorie Einhalt geboten. Castles (2014) argumentiert, dass politische und ökonomische Komponenten im Erklärungsprozess zu Migration zu sehr ignoriert werden. Zelinsky (1971) hebt hervor, dass Migration grundsätzlich durch Transitionen/Übergänge der Gesellschaften entstehen aufgrund von Populationswachstum und der Abnahme von landwirtschaftlichen Arbeiten in rasche ökonomische und technologische Entwicklungsprozesse (China 1980er-Jahre, UK Anfang 1900). Mit der Industrialisierung in den späten Transitionsgesellschaftssystemen wird die internationale Emigration wieder abgeschwächt, weniger Land-Stadt-Migration und weniger Populationswachstum findet statt. Die Arbeitskraft wird weniger und das Einkommen steigt, somit wechselt eine Emigrations- in eine Immigrationsgesellschaft. Irlands Wandel von einem europäischen Land mit nahezu Entwicklungsstatus und Rezession in den 1970er- und 1980er-Jahren zu einer Boom-Gesellschaft mit dem ‚Celtic Tiger' ist ein Beispiel dieser Theorie zu Migration. Irland war traditionell ein Emigrationsland, Millionen von Iren emigrierten nach Australien, die USA oder Großbritannien. Mit dem ‚Celtic Tiger' und dem Wirtschaftsaufschwung wurde Irland in den späten 1980er-Jahren bis zur globalen Rezession 2008 und dem Kollaps des Celtic Tigers ein Immigrationsland für ImmigrantInnen aus Asien oder 2004 den neuen EU10-Mitgliedsstaaten, allen voran Polen.

Massey (2000) argumentiert, dass aus historischem Blickwinkel tatsächlich Emigrationsgesellschaften zu Immigrationsgesellschaften werden, sofern sie Industrialisierungsprozesse und Wirtschaftsentwicklungsperioden implementieren.

Castles et al. (2014) erweitern diese Theorie, indem sie herausarbeiten, dass dies nicht so einfach gesehen werden kann und weitere Faktoren in Betracht gezogen werden müssen, um aus Emigrations- Immigrationsgesellschaften werden zu lassen. Nur Wirtschaftsaufschwünge und Industrialisierungsprozesse zu berücksichtigen, halten Castles, Haas und Miller für zu simplizistisch. Weitere Faktoren sind Migrationsregime sowie politische Faktoren, die Emigrations- und Immigrationsreglements beeinflussen. Darüber hinaus nennen Castles, Haas und Miller die Notwendigkeit in der Transitionstheorie, globale Zusammenhänge nicht außer Acht zu lassen, wie Handelsübereinkommen oder etablierte Migrationssysteme. Besonders Haas argumentiert, dass auch individuelle Faktoren zu Migration, wie Fähigkeiten, Möglichkeiten und Aspiration zu Migration beitragen. Möglichkeiten und Fähigkeiten beinhalten Bildung, Zugang zu Kommunikation, Transport, Technologien und auch Netzwerke. Faktoren, wie Bildung oder Zugang zu Technologien, können wiederum Migrationsaspiration und Interesse sowie Motivation beeinflussen. Strukturelle Bedingungen und Einschränkungen prägen Migration ebenso. Haas (2009) argumentiert weiter, dass mit dieser Theorie und deren Erweiterung auch die Unterschiede von freiwilliger und unfreiwilliger Migration erklärbarer werden. Er beschreibt dies nun als Kontinuum zwischen Freiwilligkeit und Unfreiwilligkeit, ohne die beiden Kategorien in schwarz-weiße Dichotomie zu teilen, und führt dies auf ein Kontinuum von strukturellen Einschränkungen oder Möglichkeiten zurück. Hiermit wird beispielsweise auch erklärt, warum die ärmere Bevölkerung bei Naturkatastrophen oder ethnischen Konflikten, Bürgerkriegen usw. dazu gezwungen ist, immobil zu bleiben, wogegen die Bevölkerung, die die Ressourcen vorweisen kann, zu unfreiwilligen Flüchtlingen werden.

Diese erweiterte Transitionstheorie ist somit die am ehesten interdisziplinär agierende Theorie, die die zeitgenössische Migration vollumfänglich fassen und erläutern kann.

Nichtsdestotrotz und besonders deshalb ist Interdisziplinarität vor allem in den Forschungsfeldern der Migrationssoziologie und Migrationsforschung wichtig. Praxisfelder der Migrationsforschung und Migrationssoziologie umfassen freiwillige und unfreiwillige Migrationen, wie Arbeitsmarktmigration,

Familienzusammenführung oder Flucht, Asyl und Irregularität. Um Migrationsphänomene daher zu verstehen und zu erläutern, sind sowohl die in diesem Teil des Buchs vorgestellten migrationssoziologischen Theorieansätze als auch das Verständnis der Praxisfelder von Bedeutung, welche nun im Teil 2 vorgestellt werden.

Felder der Migrationssoziologie 3

Globalisierungsprozesse, demografische Veränderungen, Konflikte, Bürgerkriege, globale Einkommensunterschiede sowie der globale Klimawandel nehmen Einfluss auf internationale und globale Migrationsbewegungen. Dabei können Migrationen auf freiwilliger Basis erfolgen, um zum Beispiel Arbeitsmarkt- oder Bildungschancen wahrzunehmen. Ein Großteil der zeitgenössischen Migrationsbewegungen findet jedoch unfreiwillig statt, beispielsweise in Form von Flucht und Vertreibung, wobei diese hauptsächlich von Naturkatastrophen, Bürgerkriegen oder politischer wie religiöser Verfolgung verursacht werden. Migrationen können zudem individuell (Migration von Einzelpersonen) oder kollektiv (Migration von Gruppen) stattfinden. Letztlich können Migrationen aber auch unfreiwillig und irregulär erfolgen, wie es zum Beispiel beim Menschenhandel oder Menschenschmuggel *(Human trafficking)* der Fall ist.

Die Einwanderung (aus unterschiedlichen Gründen) in die EU-Mitgliedsstaaten steigt kontinuierlich an. Laut des Statistischen Amtes der Europäischen Union (kurz Eurostat, 2016) lebten 2015 508,2 Mio. Menschen in der EU (28 Staaten[1]). Davon wiesen etwa 35,1 Mio. Menschen (ca. 14,5 %) einen Migrationshintergrund auf und besaßen entweder eine Drittstaatenangehörigkeit oder stammten aus einem anderen EU-Mitgliedstaat (vgl. ibid.).

In Großbritannien beispielsweise stieg die Zahl der MigrantInnen von knapp 3 Mio. Menschen in 2004 auf etwa 5,5 Mio. in 2015 an. In Österreich waren im

---

[1]Die Bezeichnung EU 28 bezieht sich auf die 28 EU-Mitgliedsstaaten bis zum 23. Juni 2016. Im Brexit-Referendum wurde von den WählerInnen in Großbritannien beschlossen, dass Großbritannien aus der EU austreten wird. Derzeit ist es jedoch weiterhin Mitglied der Europäischen Union.

© Springer Fachmedien Wiesbaden GmbH 2017
P. Aigner, *Migrationssoziologie,* Studienskripten zur Soziologie,
DOI 10.1007/978-3-531-18999-4_3

Jahr 2004 754.000 Menschen ohne österreichische Staatsbürgerschaft ansässig; im Jahr 2015 waren es bereits 1,1 Mio. Auch in Deutschland stieg die Zahl der MigrantInnen von 7,3 Mio. in 2004 auf 7,5 Mio. in 2015 an. So betrug der Anteil der Migrantenpopulation[2] im Jahr 2014 in Deutschland etwa 8,7 % und in Österreich 12,4 % der Gesamtbevölkerung (vgl. Eurostat 2016).

Die beschriebenen Einwanderungsströme können in Einwanderungen aus Drittstaaten sowie Wanderungen innerhalb der EU-Mitgliedsstaaten unterteilt werden. Die Gesamteinwanderung in die EU-28-Mitgliedsstaaten betraf im Jahr 2013 etwa 2,56 Mio. Menschen, wobei die Einwanderung von Personen aus Drittstaaten mit ca. 1,38 Mio. höher ausfiel als die Zahl der Wanderungen innerhalb der EU 28 in Höhe von nicht ganz 1,18 Mio. Menschen (vgl. ibid.).

Migrationsdynamiken und deren sozioökonomische wie soziokulturelle Wirkungsweisen sind aus den zeitgenössischen, wissenschaftlichen, medialen, politischen und öffentlichen Diskursen nicht mehr wegzudenken. Zum Beispiel betrug der Anteil der Personen mit Migrationshintergrund[3] an der Bevölkerung Österreichs im Jahr 2014 etwa 20,4 % (vgl. Statistik Austria 2015). Die Erwerbstätigenquote der 15- bis 64-jährigen Personen mit Migrationshintergrund lag 2014 bei 63,6 % (vgl. ibid.) – damit prägen die migrantischen Erwerbstätigen unter anderem auch Entwicklungsprozesse am Arbeitsmarkt und in der Öffentlichkeit mit.

Arbeitsmigrationen, die innerhalb der Europäischen Union oder aus Drittstaaten in die EU-28-Mitgliedsstaaten stattfinden, tragen ebenfalls einerseits zum Wirtschaftswachstum in den Zielregionen bei, beeinflussen aber auch andererseits die wirtschaftliche Lage der Entsendestaaten und -gesellschaften. Zudem verstärken Konflikte, wie die Auseinandersetzungen in Syrien, im Irak oder in Afghanistan, Fluchtmigrationen, die wiederum zu Asylantragsverfahren in den Aufnahmeländern führen, was in Gesamteuropa zu beobachten ist. Die Flüchtlingswelle nimmt damit auf öffentliche wie politische Reaktionen und Diskurse Einfluss. Sie verändert Gesellschaftsstrukturen und das Wahlverhalten der Bevölkerung der EU-28-Mitgliedsstaaten. In Deutschland wurden im Jahr 2015 476.649 Asylanträge gestellt – der Höchststand seit der statistischen Erfassung

---

[2]Gesamtheit der Personen ohne Staatsbürgerschaft des jeweiligen Aufnahmelandes.

[3]Als Personen mit Migrationshintergrund werden in Österreich Menschen bezeichnet, deren Eltern im Ausland geboren wurden (vgl. Statistik Austria 2011b, S. 20). Diese Gruppe lässt sich weiter in *Zuwanderer der ersten Generation* (Personen, die selbst im Ausland geboren wurden) und *der zweiten Generation* (in Österreich geborene Kinder zugewanderter Personen) untergliedern (vgl. Statistik Austria 2011a, S. 81). Personen mit Migrationshintergrund werden statisch unabhängig von ihrer Staatsbürgerschaft erfasst.

3 Felder der Migrationssoziologie

von Asylanträgen (vgl. BAMF 2016). Im Februar 2016 berichtete das Bundesamt für Migration und Flüchtlinge (BAMF), dass der Großteil der in Deutschland gestellten Asylanträge von AsylbewerberInnen aus Syrien gestellt werden, ihr Anteil liegt bei 51,7 %. Auf den Plätzen zwei und drei folgen Anträge von AsylbewerberInnen, die aus dem Irak (14,2 %) und aus Afghanistan (10,6 %) stammen. Damit entfallen mehr als drei Viertel (76,5 %) aller seit Januar 2016 gestellten Erstanträge auf diese drei Herkunftsländer.

In Österreich verhält sich die Situation ähnlich. 2015 kamen 88.340 Menschen (vgl. BMI 2016b) nach Österreich, um Asyl zu beantragen, wobei 25.563 aus Afghanistan (29 %), 24.547 aus Syrien (28 %) und 13.633 Personen aus dem Irak (13 %) stammten.

Migrationsbewegungen stellen daher eine Herausforderung für die Aufnahme- und Entsendegesellschaften, insbesondere für die Öffentlichkeit, die Regierungen, internationale Organisationen (darunter Hilfsorganisationen) sowie globale Entscheidungsträger, dar. Migration prägt maßgeblich die Gesellschaftsstrukturen und gesamtgesellschaftlichen Entwicklungsprozesse der Aufnahmegesellschaften – in diesem Beispiel der Europäischen Union und der Mitgliedsstaaten – auf praxisrelevanten Ebenen (Bildung, Alltag, Arbeitsmarkt und Integrationsdynamiken) mit.

In den Abschn. 2.1 bis 2.14 wurden klassische und zeitgenössische Theoriezugänge der Migrationssoziologie vorgestellt und resümiert. Dabei zeigte sich, dass Forschungsfelder der Migrationssoziologie unterschiedliche, unter anderem auch interdisziplinäre Untersuchungs- und Praxisfelder umfassen. In den folgenden Kapiteln sollen nun spezifische Punkte erörtert werden: (Abschn. 3.1) Migration, Alltag und Integration; (Abschn. 3.2) Migration, Arbeit und Arbeitsmarkt; (Abschn. 3.3) Migration und Bildung; (Abschn. 3.4) Migration, Flucht und Asyl; (Abschn. 3.5) Migration und Irregularität; (Abschn. 3.6) Migration und Identität sowie (Abschn. 3.7) die Feminisierung von Migrationen. All diese Themenbereiche gewannen in den letzten Jahrzehnten an Bedeutung und werden sozialwissenschaftlich-theoretisch und empirisch-analytisch, aber auch auf (gesellschafts-)politischer Ebene erforscht, diskutiert und kritisch betrachtet.

In vielen Fällen stehen migrationssoziologische Dimensionen zur Integration in unterschiedlichen praxisrelevanten Feldern (Arbeitsmarkt oder Bildungssystem) im Mittelpunkt. Ein wesentlicher Bestandteil der Migrationsforschung ist auch die Praxisrelevanz von Migration und Flucht sowie Migration und Irregularität. Aufgrund der steigenden Migrationsbewegungen, die zumeist auf Flucht zurückzuführen sind, gewinnt der Forschungszweig zunehmend an Bedeutung.

Das Themengebiet *Migration, Alltag und Integration* (Abschn. 3.1) umfasst sowohl Diskussionspunkte zu Interaktionen zwischen Fremden und Alteingesessenen im Alltag als auch allgemeine Integrationsdebatten. Darüber hinaus setzt es sich mit der seit Jahrzehnten im Raum stehenden, wissenschaftlichen Diskussion zur besten/richtigen Art und Weise der Integration von MigrantInnen auseinander, wie beispielsweise Assimilation, Multikulturalismus, Pluralismus, Interkulturalität sowie Transkulturalität, die bereits im Theorieteil (Teil 2) vorgestellt wurden (vgl. Berry 2004; vgl. Atac 2012; vgl. Kien 2004; vgl. Hein 2006; vgl. Terkessidis 2010; vgl. Ariëns 2013; vgl. Welsch 2010). Hierbei werden vor allem soziale Bereiche (Wohnen, Soziales) und deren Unterkategorien (Bildungs-, Arbeitsmarktintegration und betriebliche Integration) betrachtet.

Der Themenbereich *Migration, Arbeit und Arbeitsmarkt* (Abschn. 3.2) umfasst vor allem sozioökonomische Diskussionen sowie Forschung zu den Bereichen Arbeit und Arbeitsmarkt sowie Migration in Bezug auf die unterschiedlichen Modi der Integration in Arbeitsfelder von Betrieben und am Arbeitsmarkt (vgl. Harris und Todaro 1970; vgl. Piore 1979/2006; vgl. Sassen 2007; vgl. Castles und Miller 2009, 2014; vgl. Düvell 2006). Auch die volkswirtschaftliche Bedeutung von *Remittances* (Geldrücküberweisungen von MigrantInnen in ihre Ursprungsländer) wird erörtert (vgl. World Bank 2015). Hierzu zählen unter anderem auch Debatten zum Diversity Management und zu einem adäquaten Zugang der MigrantInnen zum Arbeitsmarkt. Unterschiedliche Forschungsprojekte werden hier umrissen (vgl. Aigner 2012a, 2014b; Hanappi-Egger 2006; vgl. Hanappi-Egger 2007; vgl. Bendl et al. 2004, 2012).

Das Themengebiet *Migration und Bildung* (Abschn. 3.3) beschäftigt sich mit Bildungspolitik und mit dem wissenschaftlichen Stand der Eingliederung von migrantischen Kindern erster und zweiter Generation in die nationalen Schulsysteme. Thematisiert werden Sprache, Bilingualität und Schulleistungen sowie Benachteiligungen und Diskriminierungen im Schulbereich. Europäische Vergleichsstudien werden vorgestellt (vgl. Bacher 2010, 2013; vgl. Herzog-Punzenberger 2009, 2011; vgl. Schwandtner und Schreiner 2010).

Der Themenschwerpunkt *Migration, Flucht und Asyl* (Abschn. 3.4) greift sowohl Push-Faktoren der Migration, also Gegebenheiten, die zu Fluchtverhalten führen, als auch die Situation, die Flüchtlinge während ihrer Flucht und in den jeweiligen Aufnahmeländern vorfinden, auf (vgl. BMI 2016b; vgl. BAMF 2016; vgl. UNHCR 2015; vgl. Düvell 2006).

Das Themengebiet *Migration und Irregularität* (Abschn. 3.5) umfasst *Clandestine Work* (Schattenökonomien), irreguläre Einwanderungen (Migration ohne Aufenthaltsgenehmigung) und Migration im Zusammenhang mit Schleppertum, also auch unfreiwillige Migrationsbewegungen. Hierbei werden Menschenhandel und Menschenschmuggel thematisiert und es wird ein Überblick über die irregulären Wanderungsbewegungen vor allem in Europa gegeben (vgl. Biffl 2009, 2012, 2014; vgl. D'Amato 2007; vgl. Castles und Miller 2009).

Der Themenbereich *Migration und Identität* (Abschn. 3.6) beschäftigt sich vor allem mit der Identitätsformation der zweiten Generation von MigrantInnen und deren multikulturellen sowie bikulturellen bzw. hybriden Identitäten. Wie die Zugehörigkeit zu zwei oder mehreren kulturellen und sprachlichen Hintergründen soziokulturell verarbeitet und gelebt wird, steht im Zentrum dieses Kapitels (vgl. Kien 2004; vgl. Hein 2006; vgl. Terkessidis 2010; vgl. Ariëns 2013; vgl. Bhaba 1996; vgl. Hall und DuGay 1996).

Abschn. 3.7 beleuchtet anschließend die *Feminisierung von Migration* und erörtert, ob und inwiefern diese tatsächlich stattfindet. Hierzu werden vor allem Ursachen für eine mögliche Feminisierung beleuchtet. Zudem wird auf die Situation der Frauen mit Migrationshintergrund in den Aufnahmegesellschaften eingegangen, auch mit Bezug auf den Arbeitsmarkt und die Tätigkeitsfelder der Frauen. Hintergründe, die zur Migration von Frauen führen, werden beleuchtet (vgl. Han 2003; vgl. Lutz 2009; vgl. Apitsch 2009; vgl. Morokvasic 2009).

Im Themengebiet *Internationalität, globale Migrationsströme und -trends* (Abschn. 4.1) werden Migrationsströme der Gegenwart und bedeutende Forschungsfelder der Zukunft erörtert. Zeitgenössische Migrationsströme liegen im Fokus und werden vor allem auf statistischer Ebene betrachtet. Besonders die sogenannte Süd-Süd-Migration, die stetig steigende Migrationsströme aufweist, gilt es, zu betrachten. Auf globale Migrationsbewegungen und Migrationsdynamiken wird dementsprechend eingegangen. Auch der prognostizierte Klimawandel und die klimatischen Bedingungen, die zu gesellschaftlichen Veränderungen führen, werden diesbezüglich aufgegriffen.

Das Abschn. 4.2 stellt die *Interdisziplinarität der Migrationsforschung* und Migrationssoziologie dar. Es beleuchtet Zugänge zur Migrationsforschung über die Fächer Pädagogik, Geschichte, Juristik, Betriebswirtschaft und andere Disziplinen.

3.1 Migration, Alltag und Integration

Migration, Alltag und Integration sind grundlegende Untersuchungsfelder der Migrationssoziologie, die sich auf Integrationsdynamiken und Interaktionen zwischen Fremden und Einheimischen sowie Außenseitern und Etablierten beziehen. Solche Integrations- und Interaktionsprozesse innerhalb der Aufnahmegesellschaften werden durch Migrationsbewegungen und Migrantenpopulationen hervorgerufen und beeinflusst.

Im Folgenden werden Migration und Integration sowie Analysen im theoretischen und empirisch praktischen Bereich von Interaktionen zwischen Fremden und Alteingesessenen näher betrachtet.

3.1.1 Daten zu Migration

Die Migrantenpopulationen in den EU-28-Mitgliedsstaaten sowie die Immigration in die EU 28 und auch auf globaler Ebene steigen stetig an. Von geschätzten 7,35 Mrd. Menschen leben heute mehr als 244 Mio. (etwa 3 % der Weltbevölkerung) weltweit außerhalb ihrer Herkunftsregionen (vgl. UN 2016a). Während die Zahl der MigrantInnen im Jahr 1990 noch bei 154 Mio. Menschen lag, stand sie bereits 2000 bei 175 Mio. (vgl. ibid.).

Entgegen dieser Daten stellen die Wissenschaftler Abel und Sander (2014) die These auf, dass die globalen Migrationsströme zwischen 1990 und 2010 relativ stabil geblieben sind. Lediglich rund 0,61 % der Weltbevölkerung verlegten innerhalb der gemessenen 5-Jahresintervalle den Wohnsitz in ein anderes Land. Genauer, die Zahl der weltweiten MigrantInnen zwischen 1990 und 1995 sowie 2005 und 2010 lag mit jeweils rund 41,5 Mio. Menschen am höchsten. Außerhalb dieser Beobachtungszeiträume sank sie auf 34,2 Mio. Menschen im Zeitraum von 1995 bis 2000 und stieg dann zwischen 2000 und 2005 wieder etwas auf 39,9 Mio. an. Gemessen an der Weltbevölkerung sank der Anteil der MigrantInnen somit von 0,75 % in den Jahren zwischen 1990 und 1995 auf 0,61 % im Zeitraum von 2005 bis 2010 (vgl. ibid).

Betrachtet man also die Migrationsströme und deren Volumina in Relation zur wachsenden Weltbevölkerung, wird ersichtlich, dass zwar die Anzahl der MigrantInnen kontinuierlich ansteigt, das Migrationsvolumen jedoch im Verhältnis gesehen unverändert bleibt.

Obwohl 2015 besonders die Länder im Norden, sogenannte Industrieländer, von Immigration betroffen waren, wanderten auch 96 Mio. Menschen in südliche Länder und Entwicklungsländer aus. Dabei war die Süd-Süd-Migration gleichbedeutend der Migration von Süden nach Norden. AsiatInnen (104 Mio.) und LateinamerikanerInnen (37 Mio.) bildeten hier die größten globalen Diasporagruppen (vgl. UN 2016a).

Wie bereits angedeutet, war und ist die Migration in die EU 28 von interner EU-Migration und Migration aus Drittländern geprägt. Die Population der EU 28 im Jahr 2015 wird von Eurostat (2016) auf 508,2 Mio. Menschen geschätzt. Darüber hinaus wird dokumentiert, dass davon 6,9 % (35,1 Mio. Menschen) der in der EU 28 ansässigen Menschen entweder eine Drittstaatenangehörigkeit aufwiesen oder aus einem anderen EU-Mitgliedstaat stammten. Tab. 3.1 veranschaulicht

Tab. 3.1 Bevölkerung nach Staatsangehörigkeit EU 28, Stand 01.01.2015 (vgl. Eurostat 2016)

EU (28 Länder)	2004	2010	2011	2012	2013	2014	2015
Belgien	860.287	1.052.844	1.162.608	1.224.904	1.253.902	1.264.427	1.300.493
Bulgarien	–	38.002	38.815	39.432	45.201	54.422	65.622
Tschechische Republik	195.394	424.419	416.737	422.966	42.280	434.581	457.323
Dänemark	271.211	329.797	345.884	358.714	374.569	397.221	422.492
Deutschland	7.341.820	7.130.919	7.198.946	7.409.754	7.696.413	7.015.236	7.539.774
Estland	–	212.659	208.038	206.558	197.141	194.917	191.317
Irland	348.797	570.190	560.478	548.915	543.636	545.512	550.555
Griechenland	891.197	931.424	934.395	921.447	886.450	854.998	821.969
Spanien	2.771.962	5.402.578	5.312.444	5.236.030	5.072.680	4.677.059	4.454.354
Frankreich	–	3.824.590	3.875.096	3.944.725	4.092.106	4.160.704	4.355.707
Kroatien	–	–	–	–	27.854	31.704	36.679
Italien	1.990.159	3.648.128	3.879.224	4.052.081	4.387.721	4.922.085	5.014.437
Zypern	83.500	163.102	167.783	172.427	170.076	159.336	144.599
Lettland	514.966	362.378	342.799	324.288	315.414	304.835	298.433
Litauen	33.708	27.318	24.031	22.865	22.224	21.577	22.470
Luxemburg	177.600	215.699	220.705	229.870	238.844	248.914	258.679
Ungarn	13.109	200.005	209.202	143.125	141.122	140.301	145.727

(Fortsetzung)

Tab. 3.1 (Fortsetzung)

EU (28 Länder)	2004	2010	2011	2012	2013	2014	2015
Malta	11.000	18.952	19.139	20.302	22.466	24.980	27.476
Niederlande	702.185	652.188	673.235	697.741	714.552	735.354	773.288
Österreich	754.216	876.068	905.435	945.176	997.038	1.056.782	1.131.164
Polen	41.950	75.210	79.338	85.829	93.265	101.204	108.279
Portugal	–	454.191	445.262	436.822	417.042	401.320	395.195
Rumänien	25.645	–	–	36.536	70.666	73.434	88.771
Slowenien	45.294	82.176	82.746	85.555	91.385	96.608	101.532
Slowakei	29.855	62.882	67.976	70.727	72.925	59.151	61.766
Finnland	107.003	154.623	166.627	181.697	194.250	206.651	218.803
Schweden	476.076	590.475	622.275	646.095	659.374	687.192	731.215
Vereinigtes Königreich	2.941.400	4.435.587	4.546.862	4.884.378	4.978.470	5.047.653	5.422.094

3.1 Migration, Alltag und Integration

die Entwicklung der Migrantenpopulation in Bezug auf die Staatsangehörigkeit der Bevölkerung eines Landes (EU-Mitgliedsstaaten) bis 2015[4].

In Großbritannien beispielsweise erhöhte sich im Zeitraum von 2004 bis 2015 die Zahl der MigrantInnen beinahe um das Doppelte von ursprünglich knapp 3 Mio. auf etwa 5,5 Mio. Menschen. In Österreich waren 2004 754.000 Personen ohne österreichische Staatsbürgerschaft ansässig; zu Beginn von 2015 waren es schon 1,1 Mio. und mit dem 01.01.2016 sind es fast 1,27 Mio. Zuwanderer. In Deutschland stieg die Zahl der MigrantInnen nur geringfügig von 7,3 Mio. in 2004 auf 7,5 Mio. in 2015 (vgl. Eurostat 2016) und 9,1 Mio. zu Anfang 2016 (vgl. Destatis 2016). Der Anteil der Migrantenpopulation[5] in Deutschland belief sich im Jahr 2015 somit auf 11,21 % der Gesamtbevölkerung, in Österreich auf 14,5 % (vgl. Destatis 2016; vgl. Statistik Austria 2016).

Die Gesamteinwanderung aus dem Ausland in die EU-28-Zone[6] lag im Jahr 2013 bei ca. 2,56 Mio. Menschen, wobei die Einwanderung von Personen aus Drittstaaten mit etwas mehr als 1,37 Mio. geringfügig höher ausfiel als Migrationen innerhalb der EU-28-Staaten (ca. 1,18 Mio.). Die Einwanderung aus Drittstaaten der Nicht-EU-Zone kann dabei auf nationaler Ebene manchmal die Einwanderung aus anderen EU-28-Mitgliedsstaaten (zum Beispiel Spanien, Kroatien, Frankreich und Großbritannien) übersteigen. In EU-Mitgliedsstaaten wie Belgien, Deutschland, Zypern, der Niederlande und Österreich ist die Einwanderungsrate aus den EU-28-Staaten höher als die Migration aus Drittstaaten. Tab. 3.2 veranschaulicht die Einwanderungen in die EU 28 im Jahr 2013.

Ersichtlich wird, dass die Bevölkerungszusammensetzung in Österreich und Deutschland von einem hohen EU-Migrationsanteil, aber auch von Zuwanderungen und Migrantenpopulationen aus Drittstaaten geprägt ist. So zeigt Tab. 3.3 die ausländische Bevölkerung in Deutschland nach Geburtsort und ausgewählten Staatsangehörigkeiten.

In Deutschland lebten zum 31.12.2015 16,4 Mio. Menschen mit Migrationshintergrund, etwa 20,2 % der Gesamtbevölkerung (vgl. Statistik Deutschland 2016). Davon besaßen etwa 9,1 Mio. Zuwanderer keine deutsche Staatsbürgerschaft. Den größten Anteil der ausländischen Bevölkerung in Deutschland stellten mit 6,8 Mio. Menschen Europäer dar, wovon 4 Mio. (43 %) aus den EU-28-Staaten stammen. Knapp 2,3 Mio. Menschen (25 %) der gesamten Migrantenpopulation stammen

---

[4]Anzahl aller Ausländer, einschließlich Bürger anderer EU-Mitgliedsstaaten und Nicht-EU-Bürger, mit üblichem Aufenthaltsort im Berichtsland (vgl. Eurostat 2016).
[5]Personen ohne Staatsbürgerschaft des jeweiligen Aufnahmelandes.
[6]In der EU 28 lebten 2015 508,2 Mio. Personen (vgl. Eurostat 2016).

Tab. 3.2 Einwanderungen in die EU 28 nach Kategorie 2013 (vgl. Eurostat 2016)

EU (28 Länder)	Gesamt	RückkehrerInnen	Ausland gesamt	EU (28 Länder)	Drittstaaten
Belgien	118.256	17.531	100.460	62.023	38.431
Bulgarien	18.570	4682	13.794	1626	11.984
Tschechische Republik	30.124	5326	24.798	14.018	10.780
Dänemark	60.312	18.970	41.342	21.301	19.624
Deutschland	692.713	83.229	606.799	354.003	252.122
Estland	4109	2472	1637	147	1490
Irland	59.294	12.695	46.599	23.345	23.188
Griechenland	57.946	26.644	31.302	14.986	16.313
Spanien	280.772	32.422	248.350	90.421	157.823
Frankreich	332.640	115.402	217.238	90.600	126.638
Kroatien	10.378	5085	5286	1843	3440
Italien	307.454	28.433	279.021	77.483	201.536
Zypern	13.149	1534	11.507	6.665	4842
Lettland	8299	4774	3524	909	2604
Litauen	22.011	18.975	3036	671	2357
Luxemburg	21.098	1301	19.735	15.499	4234
Ungarn	38.968	17.718	21.250	10.448	10.802
Malta	8428	1824	6604	3145	3459
Niederlande	129.428	36.319	93.055	52.161	40.837
Österreich	101.866	9237	92.585	60.219	32.241
Polen	220.311	131.431	88.724	29.631	59.035
Portugal	17.554	12.156	5398	1661	3737
Rumänien	153.646	138.923	14.712	1024	13.656
Slowenien	13.871	2250	11.621	3279	8342
Slowakei	5149	2674	2475	1968	507
Finnland	31.941	8068	23.396	10.161	13.183
Schweden	115.845	20.484	94.922	26.436	64.186
Vereinigtes Königreich	526.046	76.136	449.910	201.446	248.464

3.1 Migration, Alltag und Integration

Tab. 3.3 Ausländische Bevölkerung in Deutschland nach Geburtsort und ausgewählten Staatsangehörigkeiten, Stand 31.12.2015 (vgl. Ausländerzentralregister In Destatis 2016)

Staatsangehörigkeit	insgesamt	in Deutschland geboren	im Ausland geboren
insgesamt	9.107.893	1.245.855	7.862.038
Europa	6.831.428	1.094.367	5.737.061
EU 28	4.013.179	486.111	3.527.068
Polen	740.962	29.782	711.180
Italien	596.127	157.011	439.116
Rumänien	452.718	15.751	436.967
Griechenland	339.931	74.717	265.214
Kroatien	297.895	48.272	249.623
Bulgarien	226.926	9190	217.736
EWR-Staaten/Schweiz	48.070	6155	41.915
Türkei	1.506.113	440.469	1.065.644
sonstiges Europa	782.478	81.568	700.910
Russische Föderation	230.994	9372	221.622
Kosovo	208.613	39.531	169.082
Bosnien und Herzegowina	167.975	25.357	142.618
Afrika	429.048	39.302	389.746
Amerika	251.829	8324	243.505
Asien	1.499.178	86.140	1.413.038
Australien und Ozeanien	15.812	490	15.322
staatenlos/Staatsangehörigkeit ungeklärt	80.598	17.232	63.366

aus Drittstaaten. Den größten Anteil daran besitzen AsiatInnen mit einer Bevölkerungsstärke von 1,5 Mio. Menschen.

Tab. 3.4 stellt die Bevölkerungszahlen zum 01.01.2016 in Österreich dar. Differenziert wird auch hier nach der Staatsangehörigkeit.

Ende 2015 lebten in Österreich 1,3 Mio. Menschen (14,56 %), die keine österreichische Staatsbürgerschaft besaßen. 616.000 stammten aus EU-28-Staaten, 253.000 aus Drittstaaten. Die Migrantenpopulationen aus der EU 28 sind am stärksten durch RumänInnen, UngarInnen, KroatInnen und PolInnen vertreten.

Tab. 3.4 Bevölkerung in Österreich nach Staatsangehörigkeit differenziert, Stand 01.01.2016. (Statistik Austria 2016)

Staatsangehörigkeit	Österreich
insgesamt	8.699.730
Österreich	7.432.272
Nicht-Österreich	1.267.458
EU-Staaten, Europäischer Wirtschaftsraum (EWR), Schweiz	625.730
EU-Staaten (27 Länder)	616.643
EU-Staaten vor 2004 (14 Länder)	253.128
Deutschland	176.517
Italien	25.324
EU-Beitrittsstaaten ab 2004 (13 Länder)	363.515
Bulgarien	22.436
Kroatien	70.255
Polen	57.604
Rumänien	82.971
Slowakei	35.355
Ungarn	63.608
Zypern	169
Drittstaatenangehörigkeit	641.728
Europa (inkl. Türkei)	419.186
Bosnien und Herzegowina	93.966
Kosovo	23.388
Mazedonien	21.745
Serbien	116.739
Türkei	116.053
Afrika	32.586
Ägypten	5806
Nigeria	7421
Somalia	4851
Amerika	20.443
Nordamerika	9555
Lateinamerika	10.888

(Fortsetzung)

3.1 Migration, Alltag und Integration

Tab. 3.4 (Fortsetzung)

Staatsangehörigkeit	Österreich
Brasilien	2908
Asien	156.383
Afghanistan	35.108
China	12.182
Irak	13.912
Iran	11.751
Syrien	33.061
Ozeanien	1480
staatenlos/Staatsangehörigkeit ungeklärt oder unbekannt	11.650

Die am stärksten verbreiteten Drittstaatenpopulationen stammen aus der Türkei, Bosnien/Herzegowina und dem asiatischen Raum, zum Beispiel Afghanistan und Syrien. Seit 2016 befinden sich etwa 1,8 Mio. Personen mit Migrationshintergrund in Österreich, etwa 21,3 % der Gesamtbevölkerung Österreichs, davon 1,3 Mio. erster Generation und 478.000 zweiter Generation (vgl. Statistik Austria 2016).

Vor diesem Hintergrund der steigenden globalen und EU-internen Migrationsvolumina gewinnt der Themenbereich Migration und Integration zunehmend an Bedeutung. Er wird sozialwissenschaftlich theoretisch und empirisch-analytisch, aber auch auf (gesellschafts-)politischer Ebene erforscht, diskutiert und kritisch analysiert. Besonders im deutschsprachigen Raum wird aufgrund der migrationspolitischen Rahmenbedingungen, die unter die Kategorie der temporären und Arbeitsmarktmigrationsmodelle fallen, das Thema Migration mit dem Schwerpunkt Integration und erfolgreiche Integrationspolitik intensiv diskutiert.

Überhaupt beeinflussen *Migrationsregime*[7] globale und nationalstaatliche Migrationsdynamiken, da diese darauf einwirken, wie rasch und wie viele MigrantInnen im Gastland aufgenommen und eingebürgert werden. Nachfolgend soll

---

[7]Migrationsregime stellen die Bedingungen für MigrantInnen in jeweiligen nationalstaatlichen Konstrukten dar. Dies umfasst Kontroll-, Steuerungs- oder Regulierungsmechanismen, die nationalstaatliche oder supranationale Regierungen gegenüber MigrantInnen anwenden. Die wechselseitige Wirkungsweise zwischen Einflussnahme von nationalen oder supranationalen Regimen auf Migration und die Reaktion der MigrantInnen zählen hierzu. Migrationsregime beeinflussen Entscheidungen für und gegen Migration von Individuen und Kollektiven.

auf Migrationsregime und Migrationsmodelle, zum Beispiel auf das *temporäre Arbeitsmarktmigrationsmodell,* genauer eingegangen werden.

Das *temporäre Arbeitsmarktmigrationsmodell* ist in Deutschland, Österreich und der Schweiz vorherrschend. Es bezieht sich auf Arbeitsmarktmigration mit der Erwartung nur temporärer Ansässigkeit. Darüber hinaus finden sich hier restriktive Migrations- und Staatsbürgerschaftspolitiken in Anlehnung an das Staatsbürgerschaftsrecht *Ius Sanguinis,* welches in Zusammenhang mit dem konservativen Wohlfahrtstaatsmodell steht. Multikulturelle Praktiken werden tendenziell abgelehnt und eine sogenannte *Assimilierungsintegration* wird erwartet. In den genannten neuen Einwanderungsländern wird irreguläre Migration darüber hinaus weitgehend toleriert. (vgl. Castles und Miller 2009; vgl. Aigner 2008; vgl. Ataç 2012). Diese Herangehensweise steht jedoch im Gegensatz zu *Modellen und Migrationsregimen in traditionellen Einwanderungsländern,* wie den USA, Australien und Kanada. Dort wird Integration über rasche Staatsbürgerschaftsverleihung *(Ius Solis)* definiert. Eine offene Einwanderungspolitik im Kontext liberal-ökonomischer Modelle und schwacher Wohlfahrtsstaatsmodelle prädominiert, ebenso Multikulturalismus (vgl. Aigner 2008; vgl. Ataç 2012).

Migrationsmodelle ehemaliger Kolonialmächte, wie Großbritannien, Frankreich und den Niederlanden, charakterisieren sich durch eine mäßig offene Einwanderungs- und Staatsbürgerschaftspolitik *(Ius Domicilii)* im Kontext einer koordinierten Marktwirtschaft und eines sozialdemokratischen Wohlfahrtsstaatsmodells. Ansätze von Multikulturalismus sind auch hier erkennbar (vgl. ibid.).

In aktuellen Debatten zur Migration wird auch über die Globalisierung der Migrationsregime diskutiert (vgl. Düvell 2008). Konzepte, wie *Fortress Europe,* handeln Europa als restriktives Migrationsregime (vgl. Abschn. 3.4 und 3.5).

Wissenschaft und Politik beschäftigen sich daher, unter anderem, unter Bezugnahme auf die unterschiedlichen Migrationsmodelle und Migrationsregime, schwerpunktmäßig mit theoretischen Aspekten der Integration von Personen mit Migrationshintergrund der ersten und zweiten Generation sowie mit praxisrelevanten integrationsfördernden Maßnahmen, beispielsweise im Bereich Arbeit/Arbeitsmarkt, Bildung/Bildungsinstitutionen oder Politik/Recht (vgl. Abschn. 4.2). Fragestellungen zu Mitspracherechten der MigrantInnen werden dabei auch adressiert, zum Beispiel welche Voraussetzungen erfüllt werden müssen, damit MigrantInnen eine gleichberechtigte Teilhabe an gesellschaftlichen Prozessen (Bildung, Politik, etc.) haben können. Es wird debattiert, welche Form und Intensität der Mitsprache MigrantInnen haben bzw. haben sollten.

Wie der Begriff *Integration* als Teilbestand der Alltagsinteraktionen von Fremden und Einheimischen definiert wird bzw. zu definieren ist, wird kontrovers diskutiert. Ein Sammelsurium an theoretischen Begriffsdefinitionen und empirischen Forschungsarbeiten, die sich mit *Integration* allgemein befassen, existiert.

3.1.2 Integration und Integrationsdynamiken: das klassische Konzept

In der Wissenschaft wird beim Begriff *Integration* häufig auf *Sozialintegration* und *Systemintegration*, auf *Assimilation* oder *Multikulturalismus*, auf Integrationsformen und -ebenen (wie die der *identifikativen Integration* auf personaler Ebene oder die der *kulturellen, sozialen und strukturellen Integration* auf gesellschaftlicher Ebene) verwiesen (vgl. Aigner 2012b, 2013a, b). Diese beziehen sich jedoch alle auf unterschiedliche Interaktionsdynamiken im Alltagsbereich.

Die Abschn. 2.1 bis 2.3 und insbesondere die theoretischen Analysen von Esser und Hoffmann-Nowotny (vgl. Abschn. 2.6 und 2.10) sowie im weiteren Sinne Glazers Ansatz (vgl. Abschn. 2.4) beschäftigen sich mit Theorien zur Integration. Grundsätzliche Ansatzpunkte zu Alltagsinteraktionen und zur Integration des „Fremden" in eine bestehende Kultur, wie in Abschn. 2.1 bereits auf theoretischer Ebene aufgegriffen, stammen in ihren Ursprüngen von *Alfred Schütz* (1972) und *Georg Simmel* (1908/1992). Sie gehen aber auch auf *Norbert Elias* (Elias und Scotson 1965/1990) zurück und konzentrieren sich alle wiederum auf die eine oder andere Weise auf das *Fremdsein* und die Prozesse zwischen Alteingesessenen und Fremden, *Etablierten und AußenseiterInnen* (vgl. Aigner 2013a, b).

Kern solch klassischer Theorien ist die Frage, ob und wie MigrantInnen als (nach wie vor) AußenseiterInnen in lokalen oder regionalen Gesellschaften sichtbar werden und ob bzw. wie sie ihre integrativen oder segregierenden Funktionen differenziert ausfüllen oder entwickeln können.

Auf internationaler Ebene gelten die *Chicago School* (vgl. Park et al. 1921/1969; 1922/1971; vgl. Abschn. 2.2) und *Milton Gordon* mit seiner *Assimilationstheorie* (vgl. Gordon 1978; vgl. Abschn. 2.5) als Pioniere der Integrationsforschung und -theorie, beide entwickelt anhand des städtischen *Melting Pots* in den USA. Dazu zählt auch *Shmuel Eisenstadt* mit seinem Drei-Phasen-Modell (vgl. Eisenstadt 1954/1975, entwickelt für Immigration nach Israel), das schon in der Herkunftsgesellschaft der MigrantInnen ansetzt (vgl. Abschn. 2.3).

Wie schon im theoretischen Teil des vorliegenden Buches erläutert, gehen klassische Theorien vor allem auf die Assimilation der/des Fremden im Alltag ein, wohingegen in späteren Theorien Pluralismusdebatten auf die Erhaltung der eigenen Herkunftskultur der migrantischen Bevölkerung verweisen (vgl. Abschn. 2.4). Sowohl die Studien der Chicago School als auch die Ansätze von Gordon und

Eisenstadt weisen darauf hin, dass *Zyklenmodelle* zur Erfassung von migrantischen Eingliederungsprozessen[8] und Interaktionen verwendet werden, die auf eine *Akkommodation* von migrantischen Minderheiten an die Mehrheitskulturen, auf die *Entstehung von Hybridkulturen* und derart auf eine subsequente Verschmelzung[9] auf neuem Niveau mit der Gast- bzw. Einwanderungskultur schließen lassen. Wenngleich Hoffmann-Nowotny und Esser bereits Integrationsmodelle entwarfen, wird heute dennoch die kulturelle Integration bzw. der *Prozess der Eingliederung und Interaktionen von MigrantInnen und ethnischen Minderheiten in Mehrheitskulturen* auf wissenschaftlicher Ebene differenzierter gesehen.

3.1.3 Zeitgenössische Ansätze zu Integrationsdynamiken

Besondere theoretische Relevanz hat *John Berrys* Modell der *Akkulturation* (erstveröffentlicht 1980, vgl. Berry 1997/2004), das an Essers Modell erinnert (vgl. Abschn. 2.10). Berrys Modell besagt, dass bei Eingliederung und Interaktion von bzw. zwischen kulturell-ethnischen Minderheits- und Mehrheitsgruppen in einem Aufnahmeland vier grundlegende Typen der Interaktion stattfinden können (vgl. Berry 1980, S. 11 f.; 1997/2004; vgl. Aigner 2012b):

1. *Integration,*
2. *Assimilation,*

---

[8]Vgl. Oswald 2007, S. 95–97; hier sind bei Einwanderung in offenen Gesellschaften die Zyklen 1) Kontakt – 2) Wettbewerb/Konflikt – 3) Akkommodation – 4) Assimilation zu durchlaufen (vgl. Park und Miller 1921/1969). Solche quasi zwangsläufig verlaufenden Zyklen- bzw. Stufenmodelle wurden jedoch stark kritisiert und auch empirisch widerlegt (vgl. Oswald 2007, S. 96). *Akkommodation* bedeutet hier, dass *Lern- und Anpassungsprozesse durchlaufen werden* (ohne völlige Assimilation), die nur partielle Anpassung, aber keine Assimilierung an die Mehrheitsgesellschaft bedeuten (vgl. Heckmann 1992; Langenfeld 2001, S. 283–287).

[9]*Hybridkultur* als *Austausch unterschiedlicher Quellkulturen* wurde als Konzept zuerst im *Medienbereich* entwickelt (vgl. zum ursprünglichen *Hybridkonzept* im Kulturbereich Thompson 1994) und in der Folge dann nach und nach auf allgemeine Phänomene multikultureller Grundlagen und interkultureller Verschmelzung ausgeweitet (vgl. für Kulturphänomene Spielmann 2010; für kulturelle Identitätsfragen Kien 2004; Hein 2006 und Karasu 2009). *Migrantische Hybridkultur(en)* können demgemäß als jene Kulturräume und -inhalte begriffen werden, die Elemente der Zielkultur mit Elementen der Quellkultur derart verbinden, dass Neues hinsichtlich Identität, sozialer Verkehrsformen oder auch des Umgangs mit beiderseitigen Traditionen entsteht (vgl. Aigner 2013b).

3. *Separation/Segregation* und
4. *Marginalisierung.*

Tab. 3.5 veranschaulicht Berrys Ansatz.

Ad (1): Integration
Die eigene kulturelle Identität wird beibehalten, ebenso die Beziehung zu anderen ethnischen Gruppen (insbesondere zur Mehrheitskultur). *Integration* bedeutet aufrechte *kulturelle Identität* bei gleichzeitiger Partizipation in der Mehrheitsgesellschaft.

Ad (2): Assimilation
Eine Einwanderungsgruppe ist bereit, ihre eigene Identität abzulegen, aber gleichzeitig Beziehungen zur Mehrheitsgesellschaft und zu anderen Minderheiten zu pflegen. *Assimilation* bedeutet in diesem Kontext *Preisgabe kultureller Identität und Vereinnahmung durch die Mehrheitsgesellschaft.*

Ad (3): Separation/Segregation
Die eigene kulturelle Identität wird aufrechterhalten, es wird aber keine Interaktion mit anderen Gruppen, insbesondere mit der Mehrheitsgesellschaft, gepflegt. Es kommt zur *Isolation von Minderheiten (Parallelgesellschaften),* da durch den Prozess des Rückzugs kaum Kontakte mit anderen Gruppen entstehen. Dies kann von der Mehrheitsgesellschaft *(ethnische Separation: Exklusion* von Minderheiten aus bestimmten *sozialen oder räumlichen Feldern)* oder durch Eigenverhalten der Minderheiten herbeigeführt werden *(ethnische Segregation: Rückzug* auf räumliche oder soziale *Segmente innerhalb der Mehrheitsgesellschaft).*

Ad (4): Marginalisierung
Marginalisierung findet statt, wenn sich Minderheiten sowohl von der Mehrheitsgesellschaft als auch den *eigenen Communities isolieren,* Entfremdung und Identitätsverlust sind die Folgen.

Tab. 3.5 Modell migrantischer Integration nach John Berry. (Berry 1980; Berry und Sam 2004, 1997; dargestellt nach Aigner 2012b, S. 399)

Werden Beziehungen zu anderen ethn. Gruppen aufrechterhalten?	Wird die eigene kulturelle Identität beibehalten?	
	JA	NEIN
JA	Integration	Assimilation
NEIN	Separation/Segregation	Marginalisierung

Eine Erweiterung der Debatte zu Migration und Alltag bzw. Migration und Integration stellen die MigrationstheoretikerInnen und -soziologInnen als aktuelle ProtagonistInnen der integrationszentrierten Migrationsforschung im deutschen Sprachraum dar, wie Esser (vgl. Abschn. 2.10) oder Heckmann.

Für Friedrich Heckmann ist Integration vor allem eine *wechselseitige Beziehung zwischen MigrantInnen und der Mehrheitsgesellschaft*. Integration ist daher seiner Ansicht nach immer ein beiderseitiger Prozess. Soziale, kulturelle, strukturelle und identifikative Integration sind Hauptbestandteile seines Modells. 1) *Soziale Integration* ist nach Heckmann Bestandteil von interethnischen Kontakten, 2) *kulturelle Integration* bezieht sich beispielsweise auf den Spracherwerb, 3) *strukturelle Integration* auf Einbürgerungsverfahren oder Aufenthaltsrechte und 4) *identifikative Integration* auf ein Zugehörigkeitsgefühl (vgl. Heckmann 2005; vgl. Heckmann und Lutz 2010).

Sowohl Esser als auch Heckmann sehen ein *Gefahrenpotenzial* darin, dass es bei Interaktion nur mit der Herkunftskultur und ohne Interaktion mit der Aufnahmekultur (Separation) zu räumlicher Segregation bzw. genereller Marginalisierung ethnischer Minderheiten kommen kann (vgl. Aigner 2012b).

3.1.4 Multikulturalismus/Multikulturalität als Interaktion und Integrationskonzept; Interkulturalität und Transkulturalität

Die Frage, die sich sowohl in den theoretischen Schriften zu Integration (mit der Debatte über Assimilation oder pluralistische Konzepte) ergibt, setzt sich in den praxisrelevanten und zeitgenössischen theoretischen Diskursen fort. Hinzu kommen fortdauernde Diskussionen zum Begriff *Multikulturalität* als gesellschaftspolitisches Konzept (vgl. Neubert et al. 2008/2013), das mehr und mehr wegen seiner Unschärfen und Schwierigkeiten kritisiert wird (vgl. Majcherek 2010; vgl. Terkessidis 2010, S. 19–52) und im Interaktionsbereich Separation und Ungleichgewichte zwischen MigrantInnen und Einheimischen auslöst (vgl. Aigner 2013b). Der Begriff *Parallelgesellschaften* ist in diesem Zusammenhang mit der Vorstellung ethnisch homogener Bevölkerungsgruppen verbunden, die sich (räumlich, sozial, religiös und kulturell) von der Mehrheitsgesellschaft abschotten. Dieser Ansatz bedeutet aber auch eine implizite Kritik an der Lebensweise von MigrantInnen und enthält gesellschaftspolitische Forderungen nach weitgehender kultureller Assimilation. Als Gründe für einen solchen empirisch durchaus feststellbaren Rückzug aus der Mehrheitsgesellschaft werden in der Migrationsforschung mangelhafte oder verfehlte Integrationspolitiken angeführt (vgl. Nowak 2006; Bukow et al. 2007; Yildiz 2009).

3.1 Migration, Alltag und Integration

Multikulturalismus (vgl. Ariëns 2013) kann derzeit auch als Parallelexistenz, als tolerantes Nebeneinander und Miteinander von ethnischen bzw. kulturellen Gruppen (ohne Marginalisierung) verstanden werden, die alle gleichgestellt sind und die aus dieser Sicht nicht marginalisiert sind, sondern sich als multikulturell gleichberechtigt darstellen. Alltagsinteraktion tritt daher weniger auf. MigrantInnen und Mitglieder der Mehrheitsgesellschaft interagieren seltener. In den *USA* sind New York, Chicago, San Francisco oder New Orleans *Hot Spots* und Beispiele für außeramerikanische Einwanderungsstädte; Los Angeles, San Diego, Miami oder Houston sind dagegen für aktuelle *Hispanic Immigration* aus inneramerikanischen Ländern typisch. In *Kanada* haben sich Zentren, wie Toronto, Montreal und Vancouver, als *Kondensationspunkte* für eine aus beiden Quellregionen gesteuerte Einwanderung etabliert. In *Großbritannien* gilt dies vor allem für Menschen aus der ehemaligen Kolonie Indien, aber auch aus ehemaligen afrikanischen Kolonien, wie Kenia, Nigeria und Südafrika, sowie für britische Afro-Kariben[10].

Der Begriff *Multikulturalismus* (vgl. Ariëns 2013) kann aber auch als Parallelexistenz, als marginalisiertes Nebeneinander von ethnischen bzw. kulturellen Gruppen verstanden werden, entsprechend der Kategorie Marginalisierung (vgl. Berry 2004). In Belgien und anderen EU-Mitgliedsstaaten wurde in den letzten Jahren häufiger von einem Aufkommen von Parallelgesellschaften berichtet, wobei die migrantischen Gruppen marginalisiert werden und in einer Separation leben. Molenbeek wird als einer dieser „sozialen Brennpunkte" genannt. Dort bildete sich über Jahrzehnte hinweg ein hoher Anteil migrantischer Bevölkerung aus. Hohe Arbeitslosigkeit herrscht, was wiederum Radikalisierungsaktivitäten des IS hervorruft (vgl. Büscheler und Kogler 2015). Auch Pariser Vororte, wie Aubervilliers, zählen zu diesen marginalisierten Bezirken, in denen 2005 Unruhen migrantischer Jugendlicher ausbrachen. Saint-Denis in Paris und Molenbeek in Brüssel zählen zu den marginalisierten Vierteln, in denen Radikalisierungsaktivitäten stattfinden und einen Nährboden haben (vgl. ibid. 2015). Solche Phänomene werden oft mit dem Attribut einer *städtischen multikulturellen Immigrationsgesellschaft* betitelt (vgl. Ataç 2012), in der Alltagsinteraktionen bzw. Interaktionen zwischen Mehrheits- und Minderheitsgesellschaft sehr distanziert erfolgen (vgl. Aigner 2013b).

---

[10]*Afro-Carribeans* sind Personen schwarzafrikanischen Ursprungs, die heutzutage aus Karibikstaaten mit entsprechenden Bevölkerungsanteilen und britischer oder holländischer Kolonialgeschichte stammen (wie Jamaika, niederländische Antillen u. a.). Die exakte Definition gemäß Oxford English Dictionary: „A person of African descent living in or coming from the Caribbean" (vgl. Aigner 2012b).

Aufgrund der zunehmend starken Kritik am Multikulturalismus als gescheitertes Konzept sind zusehends solche Debatten von wissenschaftlichen Diskussionen über Inter- und Transkulturalität geprägt (vgl. Ates 2007). Begriffe wie *Interkultur* oder *Interkulturalität* treten neuerdings in den Vordergrund. Solche Konzepte der *Interkultur* (vgl. Terkessidis 2010), aber auch der *Interkulturalität* (vgl. Gemeinde et al. 1999) verweisen auf die Mehrdimensionalität des Verhältnisses von Mehrheits(-gast-)gesellschaft und migrantischer Minderheiten jenseits von Integration in die Gastgesellschaft oder Beibehaltung der Herkunftsidentität. Die Debatte über interkulturelle, hybride oder multikulturelle Identitäten wird oftmals mit Bezug auf Migration und Identität (vgl. Abschn. 3.6) geführt. Der Begriff *Transkulturalität* gewinnt hierbei ebenfalls zusehends an Bedeutung.

> ,Transkulturalität' will, dem Doppelsinn des lateinischen trans- entsprechend, darauf hinweisen, dass die heutige Verfassung der Kulturen jenseits der alten (der vermeintlich kugelhaften) Verfassung liegt und dass dies eben insofern der Fall ist, als die kulturellen Determinanten heute quer durch die Kulturen hindurchgehen, so dass diese nicht mehr durch klare Abgrenzung, sondern durch Verflechtungen und Gemeinsamkeiten gekennzeichnet sind. […] Das neue Leitbild sollte nicht das von Kugeln, sondern das von Geflechten sein (Welsch 2010, S. 3).

Welsch (2010), der für die Definition von *Transkulturalität* ebenso heftig kritisiert wie gelobt wird, definiert, dass transkulturelle Gesellschaften ein Gesellschaftskonzept bzw. eine Kultur umschreiben, woran alle teilhaben, unabhängig von Herkunft und Herkunftskultur. Er definiert Transkulturalität auf Makro- und Mikroebene. Auf Makroebene sieht Welsch Transkulturalität als eine Art externe Vernetzung mit einem internen Hybridcharakter der Kulturen.

> Zeitgenössische Kulturen sind extern denkbar stark miteinander verbunden und verflochten. Die Lebensformen enden nicht mehr an den Grenzen der Einzelkulturen von einst (der vorgeblichen Nationalkulturen), sondern überschreiten diese, finden sich ebenso in anderen Kulturen. Die Lebensform eines Ökonomen, eines Wissenschaftlers oder eines Journalisten ist nicht mehr einfach deutsch oder französisch, sondern – wenn schon – europäisch oder global geprägt.
> Und intern sind zeitgenössische Kulturen weithin durch Hybridisierung gekennzeichnet. Für jedes Land sind die kulturellen Gehalte anderer Länder tendenziell zu Binnengehalten geworden. Das gilt auf der Ebene der Bevölkerung, der Waren und der Information: Weltweit leben in der Mehrzahl der Länder auch Angehörige aller anderen Länder dieser Erde, […] (ibid., S. 3–4).

Auf Mikroebene beschreibt *Transkulturalität* nach Welsch die transkulturelle Ausprägung von Individuen.

> Die meisten unter uns sind in ihrer kulturellen Formation durch mehrere kulturelle Herkünfte und Verbindungen bestimmt. [...] Die kulturelle Identität der heutigen Individuen ist eine Patchwork-Identität (ibid., S. 5).

Welsch erläutert, dass heutige Jugendliche mit unterschiedlichen kulturellen Mustern heranwachsen und somit die kulturelle Identitätsbildung durch die Verbindung von vielen kulturellen Elementen bestimmt wird. Die Beziehung der Transkulturalität zu Interkulturalität und Multikulturalität sieht er darin liegend, dass die Konzepte der Multi- und der Interkulturalität am alten Kugelmodell festhalten, wobei die Multikulturalisten dies im Blick auf Verhältnisse innerhalb von Gesellschaften, die Interkulturalität hingegen im Blick auf die Verhältnisse zwischen Gesellschaften tun. Dadurch fördert Multikulturalismus Gettoisierung, wohingegen Interkulturkonzepte gegenseitige Dialoge zwischen den Kulturen fördern wollen, was aber meist zum Scheitern verurteilt scheint (vgl. ibid.). Ates (2007), den Multikulturalismus kritisierend, fordert beispielsweise eine europäische Leitkultur.

Einen besonderen Aspekt der Diskussion umfasst Debatten zur Integration der sogenannten zweiten Generation, indem die Interaktionen, Integrationspotenziale, Chancen und auch Schwierigkeiten der Integration für die zweite Generation der Personen mit Migrationshintergrund diskutiert und erörtert werden. In vielen Fällen wird auf die problematischen Gesichtspunkte von Integration verwiesen, wie die mangelhafte Integration und die Rolle sowohl der Mehrheits-/Aufnahmegesellschaft als auch der Minderheits-/ImmigrantInnengruppen.

Migration und Alltag als migrationssoziologisches Forschungsfeld bezieht sich daher vor allem auf unterschiedliche Integrationsdynamiken unter dem Aspekt der unterschiedlichen Zuwanderungsmodelle und Migrationsregime. Dieses Praxisfeld erforscht und fokussiert im Rahmen von Integrationsdebatten Interaktionen zwischen Fremden und Einheimischen im Alltagsbereich. Demnach werden in den folgenden Kapiteln die Praxisfelder von Migration unter anderem auch im Bezug auf Integrationsmodi und -debatten dazu in den Bereichen Bildung, Identität und Arbeitsmarkt/Arbeit wieder aufgegriffen.

3.2 Migration, Arbeit und Arbeitsmarkt

Das vorliegende Kapitel umfasst Debatten und wissenschaftliche Untersuchungen zum Thema Migration, deren Ursachen und Motivation. Arbeitsmigration und die damit einhergehende Suche nach besseren Lebensbedingungen und einer gesteigerten Lebensqualität sowohl für das Individuum als auch dessen hinterbliebene

Familie sind zwei der Hauptbeweggründe für Migration. Diese Form der Migration ist eine freiwillige Migrationsentscheidung. Sie kann als globales Phänomen beschrieben werden und wird auch von ökonomischen sowie soziologischen Theorien auf wissenschaftlicher Ebene betrachtet und erläutert.

Die International Labour Organisation (ILO) bestätigt, dass es 2016 auf globaler Ebene 150 Mio. migrantische Erwerbstätige gibt. Mehr als die Hälfte der weltweit 244 Mio. internationalen MigrantInnen sind demzufolge erwerbstätig (vgl. ILO 2016). Aus sozial- und wirtschaftswissenschaftlicher Perspektive liegt der Fokus vor allem auf Kosten-Nutzen-Überlegungen von Arbeitsmigration in den Aufnahmegesellschaften und Entsendegesellschaftsgefügen sowie auf den Motiven für die Arbeitsmigration.

Arbeitsmigration kann beispielsweise durch Arbeitskräftemangel in anderen Gesellschaften bzw. Staaten motiviert werden. Diese Arbeitskräftenachfragen wirken als Pull- bzw. Sogfaktoren. Auch entsteht Abwanderung häufig infolge schlechter Arbeitsbedingungen, wie geringer Löhne und fehlender Aufstiegsmöglichkeiten.

Sassens (1991, 1994, 2007; vgl. Abschn. 2.9) These zu *Global Cities* und auch Piores (1979/2006) Theorien zum dualen Arbeitsmarkt bzw. segmentierten Arbeitsmarkt (vgl. Abschn. 2.9, 2.10 und 2.11) besagen, dass internationale Migration auch ein Resultat von strukturellem Bedarf an Hochqualifizierten und Facharbeitskräften zur Produktionserhöhung ist, woraus sich ein dualer Arbeitsmarkt herauskristallisiere. Da einheimische Arbeitskräfte vom sekundären Sektor, also von höheren Lohngruppen angezogen würden, entstehe in den unteren Arbeitsmarktsegmenten eine Nachfrage nach migrantischen Arbeitskräften[11]. Spezifisch Sassen (1991, 1994, 2007) argumentiert, dass *Global Cities* durch ökonomische Polarisierung charakterisiert seien. Die einheimischen Arbeitskräfte konzentrierten sich auf die höheren Lohngruppen im Finanzwesen, beispielsweise in der Forschung und im Management, wohingegen die schlechter bezahlten Arbeitskräfte die unteren Segmente des Arbeitsmarktes bedienten. Dadurch entstehe Nachfrage nach migrantischen Arbeitskräften.

Harris und Todaro (1970) vertreten den Standpunkt, dass Migration in der neoklassischen Theorie auf der Differenz von Löhnen im Abwanderungs- bzw. Zuwanderungsgebiet beruht; Arbeit in Niedriglohnsegmenten erscheine demzufolge für MigrantInnen attraktiv und werde vermehrt von ihnen ausgeführt, beispielsweise in den Branchen Gebäudereinigung, Transport oder Pflege.

---

[11]Hoffmann-Nowotnys (vgl. Abschn. 2.6) Konzept der Unterschichtung kann diesbezüglich ebenfalls angewandt werden.

3.2 Migration, Arbeit und Arbeitsmarkt

In den Sozial- und Wirtschaftswissenschaften wird auf der einen Seite über die negativen Erscheinungen der Arbeitsmarktmigration, wie zum Beispiel Belastung der Sozialsysteme, Lohndumping, Wettbewerb um knappe Ressourcen oder Gefährdung heimischer Arbeitskräfte, diskutiert. Auf der anderen Seite stehen aber auch die Probleme der Zuwanderer, wie die Diskriminierung von migrantischen Arbeitskräften am Arbeitsmarkt und die häufig prekären sowie schlechten Arbeitsbedingungen, im Mittelpunkt der Betrachtungen.

Erörtert wird zudem, ob Arbeitskräftemigration am Arbeitsmarkt der Entsendegesellschaft als eine Art *Absaugen* von hoch qualifizierten Arbeitskräften zu verstehen und damit als *Brain Drain* zu definieren ist (vgl. Abschn. 2.11). In diesem Fall wandern MigrantInnen aus den Peripherien in die Zentren des Weltsystems. Das bedeutet, dass Arbeitsmigration eine Wanderung von Migrationsströmen in die *Global Cities* ist mit der negativen Wirkung, dass in den Entsendegesellschaften Arbeitskräftemangel ausgelöst wird und dieser zu volkswirtschaftlichem Schaden führen kann.

Viele Experten, wie Castles und Miller (2009, 2014) oder Düvell (2006), widerlegen aber auch diese negative Perspektive. Sie beschreiben, dass Arbeitsmigration zu positiven Effekten sowohl in den Aufnahme- als auch den Entsendestaaten bzw. -gesellschaften führen kann. Zu den genannten Positivwirkungen von Arbeitsmigration in der Aufnahmegesellschaften zählen, laut Düvell (2006), die Steigerung des Bruttosozialproduktes, die Erhöhung der Steuerleistung, ein allgemeines Wachstum der Märkte, eine Diversifizierung von Angebot und Nachfrage sowie sinkende Preise für Produkte und Dienstleistungen. Im Gegensatz dazu können in den Entsendegesellschaften positive Wirkungen insofern festgestellt werden, dass *Remittances* (Geldrücküberweisungen; vgl. Abschn. 2.11) oder Diversifikation von Import und Export (Ethnic Trade) stattfinden.

3.2.1 Remittances

Remittances bzw. finanzielle Geldrückflüsse in die Herkunftsstaaten der MigrantInnen spielen im Speziellen eine große Rolle und beeinflussen die Volkswirtschaften und Gesellschaften der migrantischen Herkunftsländer maßgeblich. Besonders in der transnationalen Pendelmigration bleiben Familienmitglieder in den Herkunftsländern zurück und stehen oft in Abhängigkeitsverhältnissen zu den Familienmitgliedern, die emigrieren. Die EmigrantInnen senden Teile ihres Gehalts an die Familie, um diese zu finanzieren. Die in den Aufnahmeländern verdienten Löhne fließen so in den Konsum anderer Volkswirtschaften ein. Zum

Beispiel werden Frauen für spezifische Facharbeiten, zum Beispiel im Pflegebereich, angeworben. Sie lassen ihre Ehemänner und Kinder in den Entsendegesellschaften zurück, aber finanzieren sie oder steigern die Lebensqualität mit Geldrücksendungen. Ein Beispiel hierfür sind Krankenschwestern, die ursprünglich aus Afrika stammen, aber in Großbritannien arbeiten (vgl. Abschn. 3.7).

Den Berechnungen der Weltbank zufolge überwiesen MigrantInnen im Jahr 2014 weltweit 580 Mrd. US$ in ihre jeweiligen Heimatländer (vgl. World Bank 2015). In Tab. 3.6 wird das jährlich geflossene Kapital bzw. die Rücküberweisungen der MigrantInnen an ihre jeweiligen Heimatländer und der Anteil am Bruttonationalprodukt der jeweilig die Geldüberweisungen annehmenden Staaten ersichtlich.

Den größten Anteil am BIP machten die Geldüberweisungen nach Tadschikistan aus. Sie haben hier einen Anteil von 41,7 % am BIP, gefolgt von Kirgisistan (30,3 %) und Nepal (29,9 %) (vgl. ibid.).

Beispielsweise werden maßgebliche Transaktionen vorgenommen, die Migrationssysteme unterliegen. 2014 wurden in der Summe 3,9 Mrd. US$ aus Österreich in die unterschiedlichen Herkunftsstaaten der MigrantInnen überwiesen. Die meisten Transaktionen wurden an die Nationen übermittelt, aus denen die Mehrzahl der in Österreich ansässigen migrantischen Bevölkerung stammt: Bosnien-Herzegowina (198 Mio.), Bulgarien (22 Mio.), Tschechische Republik (162 Mio.), Ungarn (353 Mio.), Deutschland (871 Mio.), Polen (117 Mio.), Serbien (389 Mio.), Nigeria (177 Mio.), Rumänien (76 Mio.), Slowakei (125 Mio.), Türkei (58 Mio.) und Slowenien (80 Mio.). (vgl. Weltbank 2016) Aus Deutschland wurden 2014 in der Summe 23,4 Mrd. US$ beispielsweise in die folgenden Länder entsendet: Österreich (1,2 Mrd.), China (631 Mio.), Tschechische Republik (581 Mio.), Frankreich (2,1 Mrd.), Italien (1 Mrd.), Polen (2,2 Mrd.) und Vietnam (653 Mio.). Zum Vergleich: Aus den USA wurden 2014 130 Mrd. US$ an die unterschiedlichen Heimatländer der in den USA ansässigen MigrantInnen überwiesen. Die Transaktionen gingen vor allem nach China (15,8 Mrd.), Guatemala (5,2 Mrd.), Indien (11,2 Mrd.), Mexiko (24 Mrd.), Nigeria (5,7 Mrd.), Philippinen (9,6 Mrd.) und Vietnam (6,8 Mrd.). In der Summe haben 2014 Indien (70 Mrd. US$) und China (62 Mrd. US$) die meisten Geldüberweisungen erhalten (vgl. ibid.).

3.2.2 Arbeitsmigration in der EU mit Fokus auf Deutschland und Österreich

Die Europäische Union ist verstärkt Ziel von Arbeitsmigration. Hierbei wird interne EU-Arbeitsmigration (innerhalb der EU 28) und Migration in die EU

Tab. 3.6 Rücküberweisungen an ausgewählte Überweisungszielländer in US$ in Millionen (vgl. World Bank 2015)

Überweisungszielland	2013	2014	Anteil am BIP 2014
Armenien	2192	2079	19,1 %
Bermudas	1225	1305	23,8 %
Bosnien und Herzegowina	1929	2062	11,2 %
Bulgarien	1667	1684	3,0 %
El Salvador	3971	4235	16,8 %
Gambia	181	181	22,4 %
Georgien	1945	1986	12,0 %
Haiti	1781	1954	22,4 %
Honduras	3136	3370	17,8 %
Jamaika	2161	2259	15,7 %
Kosovo	1122	1158	15,9 %
Kirgisistan	2278	2243	30,3 %
Libanon	7864	7446	16,3 %
Lesotho	462	399	19,1 %
Liberia	383	466	26,1 %
Moldawien	1985	2075	26,1 %
Nepal	5589	5878	29,9 %
Philippinen	26.717	28.403	10,0 %
Senegal	1614	1614	10,4 %
Serbien	4023	3692	8,4 %
Tadschikistan	4219	3854	41,7 %
Tonga	114	114	26,3 %
Usbekistan	6633	6206	9,9 %
West Bank und Gaza	1748	1990	15,6 %
Jemen	3343	3343	9,3 %
Weltweit	559.945	580.365	

aus Drittstaaten unterschieden. Für Österreich und andere EU-Staaten kann diese Mobilität als ein wichtiger volkswirtschaftlicher Faktor anerkannt werden. Seit 2008 geht der Zuzug von ArbeitsmigrantInnen aus Drittstaaten zurück, der Anteil an EU-MigrantInnen dagegen steigt, wobei dieser von 2008 bis 2010 von der Wirtschaftskrise gebremst wurde. Innerhalb der EU sind Ost-West- und Süd-Nord-Wanderungen der Arbeitssuchenden zu verzeichnen. Deutschland und das Vereinigte Königreich stellen dabei die wichtigsten Zielländer für ArbeitsmigrantInnen dar, die beispielsweise aus angeschlagenen Volkswirtschaften in Südeuropa kommen, oder generell aus den neuen EU Mitgliedstaaten Osteuropas (EU 13). Von Griechenland und Spanien wanderten zwischen 2007 und 2011 beispielsweise mehr als doppelt so viele MigrantInnen ab als von anderen EU-Mitgliedsstaaten. Dennoch sind diese Zahlen verglichen zu den Wanderungszahlen osteuropäischer ArbeitsmigrantInnen im Westen Europas gering (vgl. Eurofound 2014).

Beachtlich sind auch die Arbeitsmigrationen bzw. die Migrationssysteme der Arbeitsmigration auf anderen Kontinenten, wie beispielsweise Arbeitsmigration in Asien, Migration von Südamerika nach Nordamerika oder auch Süd-Süd-Migrationssysteme zwischen Asien und Afrika (vgl. Abschn. 2.7 und 4.1) Im internationalen Vergleich, insbesondere mit den Vereinigten Staaten, ist die Mobilität innerhalb der EU gering. Grund dafür sind, laut der EU-Studie, in erster Linie sprachliche und kulturelle Barrieren. Doch auch andere Faktoren können ausschlaggebend sein, wie beispielsweise die (Nicht-)Anerkennung von im Ausland erworbenen Qualifikationen (vgl. Eurofound 2014).

In der EU stellt sich Arbeitsmigration als besonders nachfrageorientiert im Bezug auf Drittländer dar und kann somit als stark reglementiert beschrieben werden. Seit 2012 wird mithilfe der *Blauen Karte EU* ein zentraler Aufenthaltstitel geschaffen, mit dem akademische Fachkräfte aus Drittstaaten, aus Staaten außerhalb der EU, unkompliziert und unbürokratisch Zugang zum europäischen Arbeitsmarkt (Deutschland, Österreich) haben. In Großbritannien kam das *Tier-5-Programm*[12] zur Anwendung, welches Beispielsweise auch sehr selektiv gegen EU-Migration agiert (vgl. Aigner et al. 2012).

In Deutschland oder Österreich werden zeitgenössisch die folgenden Kategorien der Arbeitsmarktzuwanderung geführt:

1. Zuwanderung von un- und geringqualifizierten Arbeitskräften,
2. Zuwanderung von qualifizierten Fachkräften,
3. Familiennachzug bzw. Nachzug von Ehegatten und Kindern ausländischer Fachkräfte,
4. Zuwanderung von Unternehmern.

---

[12]*Tier 5 Temporary Worker* – Government Authorised Exchange Visa: Das Tier-5-Programm beinhaltet Restriktionen, die Großbritannien den Drittstaatenbürgern bei längerem Aufenthalt in Großbritannien auferlegt. Nur unter speziellen Voraussetzungen werden längere Aufenthalte und besonders Arbeitsvisa in Großbritannien ausgestellt.

Ad (1): Zuwanderung von un- und geringqualifizierten Arbeitskräften

Diese Art der Zuwanderung wird nur befristet zugelassen. Den umfangreichsten Bereich bilden Beschäftigungen von Saisonkräften in der Landwirtschaft und in der Gastronomie (max. sechs Monate im Jahr). Des Weiteren zählen Au Pairs sowie Haushaltshilfen in Haushalten mit Pflegebedürftigen zu dieser Zuwanderungsgruppe (vgl. BMI 2016a).

Ad (2): Zuwanderung qualifizierter Fachkräfte

Fachkräfte können ohne Weiteres eine Aufenthalts- und Arbeitserlaubnis in Deutschland erhalten, wenn in der entsprechenden Branche ein Fachkräftemangel besteht. Neben einem Arbeitsvertrag ist erforderlich, dass die Gleichwertigkeit mit einer inländischen, qualifizierten Ausbildung festgestellt wird und das Gehalt dem von deutschen Arbeitskräften für diese Stelle entspricht. Vorrangig werden Gastwissenschaftler, wissenschaftliches Personal an Hochschulen, leitende Angestellte, Lehrkräfte an öffentlichen Schulen und Ersatzschulen, Berufssportler/-trainer, Künstler und Spezialitätenköche aufgenommen (vgl. ibid.).

Ad (3): Familiennachzug bzw. Nachzug von Ehegatten/Kindern ausländischer Fachkräfte

Ausländische Fachkräfte, die einen Aufenthaltstitel zum Zweck der Erwerbstätigkeit besitzen, können ihren Ehepartner und/oder ihre Kinder aus dem Ausland mitnehmen, sofern sie länger als ein Jahr zu bleiben beabsichtigen. Hierbei gilt grundsätzlich ein Sprachnachweiserfordernis. Ausnahmen vom Sprachnachweiserfordernis gelten im Wesentlichen zugunsten von Ehepartnern mit akademischer Bildung, von Hochqualifizierten und Inhabern der Blauen Karte EU sowie für Ehepartner bestimmter Staatsangehörigkeiten, zum Beispiel USA, Kanada, Australien und Japan (vgl. BMI 2016a).

Ad (4): Zuwanderung von Unternehmern

Menschen aus dem Ausland mit innovativen Ideen sollen unter erleichterten Bedingungen Unternehmen in Deutschland gründen können und dazu beitragen, dass neue Arbeitsplätze geschaffen werden. Daher wird ihnen die Zuwanderung nicht erschwert (vgl. ibid.).

Historisch betrachtet begann die Arbeitsmigration nach Deutschland, Österreich und in die Schweiz mit der *Gastarbeitermigration*. Über Jahrzehnte bildeten sich in der Folge Migrationssysteme am Arbeitsmarkt heraus, woran sich ein Migrationssystem des Familiennachzugs anschloss. Hierbei wurden ausländische Arbeitskräfte aus Südeuropa (vor allem aus der Türkei, aus Italien, Spanien und Griechenland) beginnend ab Mitte der 1950iger-Jahre angeworben (vgl. Fassmann und Münz 1984). Zu einem Anwerbestopp kam es erst aufgrund der Ölkrise 1973. Des Weiteren beeinflusste der

EU-Beitritt Österreichs im Jahr 1995 die Entwicklungen der Arbeitsmigration nach Österreich – beginnend mit dem Zuzug aus den alten *EU-14-Ländern*[13], vor allem aus Deutschland. Die *EU-Osterweiterungen*[14] *2004, 2007 und 2013* wiederum *führten zu* neuem Zuzug der Menschen aus den neuen EU-Ländern, der so zur Arbeitsmigration auch nach Österreich und Deutschland beitrug.

Heute ist die Erwerbstätigenquote der Personen mit Migrationshintergrund in Europa tendenziell geringer als die der Personen ohne Migrationshintergrund. Dies variiert jedoch je nach EU-Mitgliedsstaat. So betrug die Erwerbstätigenquote der 15- bis 64-jährigen, in Österreich lebenden Personen mit Migrationshintergrund im Jahr 2014 64 %, wohingegen die Erwerbstätigenquote der Personen ohne Migrationshintergrund bei 73 % lag. Auffällig ist, dass die Erwerbsbeteiligung von Frauen mit türkischem Migrationshintergrund mit 42 % besonders gering ausfiel, während Frauen aus den EU-15-Staaten mit 70 % eine ähnlich hohe Erwerbsquote wie Personen ohne Migrationshintergrund aufwiesen (vgl. Statistik Austria 2015).

In Deutschland lag die Erwerbstätigenquote der 15- bis 64-jährigen Personen mit Migrationshintergrund 2011 bei 69,2 % und bei Personen ohne Migrationshintergrund bei 77,9 %. Unter den Männern mit Migrationshintergrund liegt die Erwerbstätigenquote bei 78,3 %, bei den Männern ohne Migrationshintergrund sind es 82,9 %. Signifikante Unterschiede zeigen sich bei den Frauen. Dort fällt die Erwerbsquote der Frauen mit Migrationshintergrund mit 60,0 % deutlich geringer aus als bei Frauen ohne Migrationshintergrund, von denen 72,8 % erwerbstätig sind (vgl. Seebass und Siegert 2011, S. 21).

3.2.3 Benachteiligungen am Arbeitsmarkt für MigrantInnen

Aufgrund häufig stattfindender Diskriminierungen am Arbeitsmarkt gegen Personen mit Migrationshintergrund, wie zum Beispiel das Nicht-Anerkennung von in

---

[13]*EU 14 vor 2004* (ohne Österreich): Belgien, Dänemark, Deutschland, Finnland, Frankreich, Griechenland, Holland, Italien, Irland, Luxemburg, Portugal, Schweden, Spanien, Großbritannien; *EU 15:* EU-14-Mitgliedsstaaten und Österreich.

[14]*EU*-Osterweiterungen = EU-13 Erweiterung: 2004 traten zu den EU-15-Mitgliedsstaaten zehn weitere Staaten bei: Estland, Lettland, Litauen, Malta, Polen, Slowakei, Slowenien, Tschechien, Ungarn, Zypern; 2007 kamen zwei weitere Staaten hinzu: Bulgarien, Rumänien; und 2013 folgte Kroatien.
Einige der *EU 15-*Staaten (darunter Österreich) baten sich eine zusätzliche Übergangsfrist der *Arbeitnehmerfreizügigkeit* für die zwei neuen EU-Staaten Rumänien und Bulgarien aus, die in Österreich bis Ende 2013 andauerte (vgl. BMASK 2013).

3.2 Migration, Arbeit und Arbeitsmarkt

Heimatländern erworbenen Qualifikationen, kann auch selbstständige Erwerbstätigkeit als alternative Beschäftigungssituation von Interesse für Personen mit Migrationshintergrund sein. MigrantInnen befinden sich häufig in prekären Arbeits- und Lebensverhältnissen. So argumentiert beispielsweise Dörre (2009), dass es aufgrund der Erosion des Normalarbeitsverhältnisses neben dem „Abbau kollektiver Schutzrechte und Sicherungssysteme" (Dörre 2009, S. 45) zu Benachteiligung besonders bei vertretungsschwachen Gruppen kommt. Beispiele lassen sich in *Leiharbeiterbranchen,* im Niedriglohn- oder Non-Profit-Sektor und in Klein- oder Mittelstandsbetrieben ohne Betriebsrat finden. Der Frauenanteil der Arbeitskräfte ist häufig hoch.

Huber (2011) argumentiert, dass die Ursachen für Benachteiligungen von MigrantInnen am Arbeitsmarkt häufig in mangelnden Sprachkenntnissen sowie mangelndem institutionellem Wissen lägen. Zudem seien MigrantInnen häufig für die Berufe nicht ausreichend qualifiziert (aufgrund fehlender oder nicht entsprechender Ausbildung) oder sie seien sogar überqualifiziert, was auch von Huber als grundsätzliche Ursache für Benachteiligung von MigrantInnen angesehen wird.

So ist Qualifikation anhand des *Qualifikations-Mismatches*[15] zu messen. MigrantInnen sind häufiger nicht in dem ihrer Qualifikation entsprechenden Beruf tätig (in der ersten Generation rund 29 %, in der zweiten Generation rund 15 %). Je höher das Ausbildungsniveau desto höher ist auch das Risiko des Qualifikations-Mismatches – das heißt, je höher die Ausbildung desto höher das Risiko, in einem nicht angemessenen Beruf tätig zu sein. Ein wichtiger Faktor ist beim Ausmaß des Qualifikations-Mismatches die Aufenthaltsdauer und die formale Anerkennung der Qualifikation. Darüber hinaus wird der Qualifikations-Mismatch durch das Herkunftsland beeinflusst. Am häufigsten sind Frauen aus den EU-12-Staaten davon betroffen, nicht ihrer Qualifikation entsprechend eingesetzt zu werden.

Die Auswirkung der Benachteiligung von MigrantInnen am Arbeitsmarkt wird vor allem im Bereich der Löhne ersichtlich. Laut des Medianeinkommens verdienten ausländisch Beschäftigte 2008 durchschnittlich 17,3 % pro Monat

---

[15]*Qualifikations-Mismatch* bedeutet, dass MigrantInnen nicht entsprechend ihrer in ihren Heimatländern erworbenen Qualifikationen am Arbeitsmarkt des Gastlandes eingesetzt werden, sondern meist an unqualifizierten Arbeitsstellen. Ein Migrant aus Bulgarien beispielsweise, der in Bulgarien Medizin studierte und praktizierender Arzt war, wird in Österreich nicht seinem Fach spezifisch am Arbeitsmarkt eingesetzt, denn seine im Ausland erworbene Qualifikation wird nicht anerkannt. Vielmehr findet er sich als Kellner oder Altenpfleger wieder.

weniger als Österreicher (vgl. Huber 2011). Ebenfalls wurde festgestellt, dass MigrantInnen häufig als Hilfsarbeiter und in Berufen mit mittlerem Qualifikationsniveau tätig sind. Des Weiteren sind MigrantInnen im Vergleich zu den Österreichern häufiger in atypischen Beschäftigungsformen tätig. Dazu zählen beispielsweise befristete Beschäftigungen, Schichtarbeit, Teilzeitarbeit und auch Leiharbeit (vgl. Huber 2011).

Die Ergebnisse der Bestandserhebung zur Arbeits- und Lebenssituation von MigrantInnen in Österreich zeigt deutliche Unterschiede zwischen der ersten und der zweiten Generation bzw. zwischen den im Inland und im Ausland Geborenen. Bei der zweiten Generation ist die Arbeitslosenquote höher als bei der ersten Generation, die Beschäftigungsquote ist hier gleichzeitig niedriger. Schließlich werden MigrantInnen der ersten Generation häufiger mit atypischen Beschäftigungsformen konfrontiert. Ebenso ist die erste Generation in ihren Tätigkeiten häufiger überqualifiziert (vgl. Huber 2011). Besonders die Problematik der nicht anerkannten Qualifikationen wird in nationaler wie internationaler Literatur aufgegriffen, und betrifft alle Mitgliedsstaaten der Europäischen Union. (vgl. Aigner et al. 2011; vgl. Fassmann 2007; vgl. Bauböck und Volf 2001; vgl. Aigner und Waite 2012).

3.2.4 Selbstständigkeit

Selbstständige Erwerbstätigkeit von MigrantInnen wird häufig als Fluchtverhalten vor den Benachteiligungen in den lokalen Arbeitsmärkten verstanden – eine Flucht vor Arbeitslosigkeit, aber auch als Antwort auf die Dequalifizierungsproblematik. So sind Personen mit Migrationshintergrund statistisch gesehen häufiger von Arbeitslosigkeit betroffen als Personen ohne Migrationshintergrund (vgl. ILO 2016). In Deutschland sind in den vergangenen Jahren besonders junge Männer und ältere Beschäftigte sowie Männer und Frauen mit russischem, türkischem oder serbischem Migrationshintergrund davon betroffen (vgl. Seebaß & Siegert 2011). Für sie stellt die berufliche Selbstständigkeit daher eine wichtige Alternative dar.

In Österreich betrug der Anteil an selbstständig erwerbstätigen Personen mit Migrationshintergrund (erster und zweiter Generation) 2015 8,6 % (vgl. Statistik Austria 2015, S. 55). 2001 waren es nur 5,3 % (vgl. Statistik Austria 2007). Der Anteil an selbstständigen Erwerbstätigen ohne Migrationshintergrund betrug 2001 7,3 % (ohne Landwirtschaft) und erhöhte sich bis 2014 auf 9,8 % (vgl. WKO, 2016), mit Landwirtschaft sogar auf 14,4 % (vgl. Statistik Austria 2015, S. 55). Daraus wird ersichtlich, dass im Segment der Personen mit Migrationshintergrund der Anteil an Erwerbstätigen im selbstständigen Bereich stetig ansteigt.

Tab. 3.7 Erwerbstätigkeit von Personen mit Migrationshintergrund nach beruflicher Stellung und Generation in %; Stand 2014. (Statistik Austria 2015, S. 55)

Berufliche Stellung	Erste Generation (%)	Zweite Generation (%)
ArbeiterInnen	45,6	29,6
Angestellte/r, Beamte/r; freie DienstnehmerInnen	45,2	64,7
Selbstständige und Mithelfende	9,1	5,8

Tab. 3.7 zeigt, dass der Anteil an selbstständig erwerbstätigen Personen mit Migrationshintergrund der ersten Generation höher ist als derer in der zweiten Generation.

Im Jahr 2014 wiesen Personen aus den EU-15-Staaten (vor 2004) sowie der Schweiz höhere Selbstständigenquoten (13,7 %) auf als Personen ohne Migrationshintergrund (9,8 %)[16] (vgl. ibid.). Ebenso waren Personen aus dem ehemaligen Jugoslawien (4 %) und der Türkei (6 %) im Vergleich zu Zuwanderern aus anderen Herkunftsländern deutlich seltener selbstständig, insbesondere bei den Frauen (1 % bzw. 3 %) wird dies ersichtlich (vgl. ibid.).

Aigner (2017) führt aus, dass bezogen auf 2015 die ethnischen Ökonomien in Österreich, vor allem in den Branchenbereichen Lebensmittelhandel, Gastronomie, Reinigung, Personenbetreuung bzw. selbstständige Pflegekräfte und Unternehmensberatung angesiedelt sind.

In Deutschland sind laut Mikrozensus 2009 rund 655.000 Personen mit Migrationshintergrund selbstständig tätig; anteilig sind es fast genauso viele wie bei den Erwerbstätigen ohne Migrationshintergrund (3,5 Mio. Selbstständige). Insbesondere Männer mit polnischem, griechischem und italienischem Hintergrund haben häufig ein eigenes Unternehmen (vgl. Seebass und Siegert 2011).

---

[16]Ohne Landwirtschaftssektor.

3.2.5 Diversität und Betriebe

Angesichts des allgemein steigenden Anteils an Personen mit Migrationshintergrund in der Bevölkerung insgesamt und der Prognose für einen steigenden Anteil an Beschäftigten und deren migrantischer Diversität sowohl bei unselbstständig als auch selbstständig migrantischen Beschäftigten in Europa wird häufig die Frage erörtert, wie das (migrantische) Potenzial als *Diversitätspotenzial* auch theoretisch ernst genommen werden kann. Hierbei steht besonders die sozioökonomische bzw. betriebliche Perspektive im Fokus – insbesondere die Sicht der ArbeitnehmerInnen. Dies führt auch zu Debatten über *Diversity Management* und innerbetriebliche Integration von Personen mit Migrationshintergrund.

Die Fragestellungen zur richtigen und sinnvollen Integration und zum angemessenen Management von Personen mit Migrationshintergrund, nicht nur am Arbeitsmarkt selbst, sondern innerbetrieblich, wird migrationssoziologisch und betriebswirtschaftlich erörtert. Das Konzept des *Diversity Managements,* besonders des *Ethnischen Diversitätsmanagements* (EDM), ist hier bedeutsam (vgl. Aigner 2012a, 2014). EDM sollte idealtypischerweise ArbeitgeberInnen und ArbeitnehmerInnen zugutekommen (vgl. Torrington et al. 1987/2011) und die betriebliche Leistung verbessern (vgl. Bridgstock et al. 2010; vgl. Hanappi-Egger 2006, 2007; vgl. Bendl et al. 2004, 2012). In Österreich ist EDM und seine Umsetzung in Unternehmen jedoch ein noch neuartiges Phänomen (vgl. Sandner et al. 2007; vgl. Dahlvik et al. 2011; vgl. Hanappi-Egger 2006, 2007; vgl. Bendl et al. 2004, 2012).

Aigner (2013b, 2014) argumentiert, dass aus betrieblicher Sicht bzw. aus Perspektive der UnternehmerInnen die Vorteile des EDM sichtbar werden, beispielsweise eine Verringerung von ArbeitnehmerInnen-Fluktuationen oder gesteigerte Produktinnovation. Derart zeigt sich auch der Erfolg der eingesetzten EDM-Maßnahmen, aber auch deutliche Probleme werden so sichtbar, wie externe Kosten der Maßnahmen, mögliche Diskrepanzen innerhalb der Arbeitsbeziehungen zwischen einheimischer und migrantischer Belegschaft in multikulturellen Teams. Zusätzlich kann es zu einer möglichen „kulturell-ethnischen Cliquenwirtschaft" bei ArbeitnehmerInnen kommen, die als generell problematisch angesehen wird, weil diese Separation statt Integration bedeuten kann (vgl. ibid.). Darüber hinaus zeichnet sich ab, dass zwar jede Maßnahme zur Verbesserung bzw. Verwirklichung kultureller Diversität grundlegend begrüßt wird, jedoch die *Qualität der Kommunikation zwischen migrantischen und einheimischen Beschäftigten* als zentral für gelingende Diversität bzw. Integration angesehen wird. In der Folge droht den migrantischen ArbeitnehmerInnen die Ausgrenzung durch Einheimische mittels Kommunikationsverweigerung. Die Berücksichtigung von migrantischer Identität und Diversität durch ArbeitnehmerInnen und deren Interessensvertretungen können darauf zurückzuführen sein, dass in Österreich die gewerkschaftliche Präsenz bzw. Relevanz von MigrantInnen mit großer Zurückhaltung gesehen wird, da Zuwanderer vor allem als Konkurrenz am Arbeitsmarkt wahrgenommen und daher aus gewerkschaftlicher Sicht nach wie vor eher grundsätzlich abgelehnt oder kritisch gesehen werden (vgl. Biffl et al. 2011, S. 26–35; vgl. Aigner 2013b, 2012a, 2014).

Insgesamt muss natürlich die Wichtigkeit des Praxisfeldes Arbeit und Arbeitsmarkt hervorgehoben werden. Eines der traditionellen Hauptmotive, eine Migrationsentscheidung zu treffen, ist ökonomischer Natur: die Suche nach beruflicher Selbstverwirklichung, einem höheren Einkommen und einem besseren Lebenstandard. Die traditionelle Suche und Nachfrage nach Facharbeitskräften und die folgende Anwerbung migrantischer Arbeitskräfte sind allerdings abhängig von der wirtschaftlichen Lage der Aufnahmeländer. Auch die Migrationsregime, Typologien der Migrationsmodelle und die Politik der Aufnahmeländer beeinflussen die Arbeitsmigration. Ein wichtiger, auf die Arbeitsmigration Einfluss nehmender Faktor ist das boomende Wirtschaftswachstum Asiens, besonders Chinas, in den letzten Jahrzehnten, wohingegen die Arbeitskräftenachfrage und Anwerbung in Europa eher reduziert wurde. Allerdings können auch weitere Trends abgelesen werden, beispielsweise dass sich dies bei Migration von Frauen antizyklisch verhält – die Frauenmigration nach Asien demnach abnimmt, da vor allem der Ölboom im Mittleren Osten und in Asien zu Süd-Süd-Arbeitsmigration von Männern führt. In Europa steigt die Feminisierung der Migration dagegen an, da eine Überalterung der Bevölkerung zunimmt, Pflegekräfte angeworben, Hausarbeitskräfte verstärkt gesucht sowie die traditionellen Geschlechterverhältnisse neu geordnet werden (vgl. Abschn. 3.7 und 4.1).

3.3 Migration und Bildung

Ein ausgesprochen wichtiges Praxis- bzw. Forschungsfeld der Migrationssoziologie stellt der Bildungsbereich dar. Das Bildungssystem nimmt eine Schlüsselposition für erfolgreiche Integration von MigrantInnen in eine Aufnahmegesellschaft ein. Es hilft den MigrantInnen, die Sprache der Aufnahmegesellschaft zu erlernen, und bietet die Möglichkeit eines erfolgreichen beruflichen Werdegangs und damit die Eingliederung in den Arbeitsmarkt. Bildung trägt auch zur aktiven Teilhabe von MigrantInnen an der Gesellschaft bei, indem Kultur und Werte der Aufnahmegesellschaft nähergebracht werden (vgl. Eurostat 2015). Darüber hinaus werden Grundkompetenzen vermittelt, die eine erfolgreiche Integration ermöglichen. In diesem Sinne wird in vielen europäischen Mitgliedsstaaten Assimilation im Bereich der Sprache erwartet; das Schul- und Bildungssystem steht hier in der Verantwortung (vgl. Abschn. 2.2, 2.3, 2.5 und 2.10). Gerade auch mit der Veröffentlichung der PISA-Studien[17] sind Bildungsprozesse von jungen Menschen mit Migrationshintergrund in den Fokus des öffentlichen Interesses gerückt.

Debatten zu Bildung und Ausbildung von MigrantInnen beinhalten vor allem das Thema *Diskriminierung* von MigrantInnen im Bildungssystem. Sie legen aber auch den Fokus auf die Wichtigkeit der schulischen Ausbildung für die allgemeine und spezifische Integration von MigrantInnen in die Gesellschaft. Wie in den Abschn. 2.2, 2.3, 2.5 und 2.10 bereits beschrieben, erachten viele der migrationssoziologischen Theoretiker Sprache und das Durchlaufen des aufnahmegesellschaftlichen Bildungssystems als eine der wichtigsten, wenn nicht sogar als die wichtigste Komponente einer erfolgreichen Integration. Vor allem Assimilationstheoretiker, wie Esser, Eisenstadt oder Park, verweisen besonders auf die Erlangung der Sprachkenntnisse als einen der wichtigsten Gründe für eine erfolgreiche Integration von MigrantInnen in die Aufnahmegesellschaft. Klassische Theoretiker betrachten das Erlernen der Sprache als Assimilationsnotwendigkeit, als besten Integrationsmodus.

Andererseits wäre durchaus denkbar, sich von der Assimilationsperspektive wegzubewegen und stattdessen Überlegungen über das Potenzial von Bi- oder Multilingualität anzustellen. Im Bildungssystem könnten zusätzliche Sprachen gefördert und in der Folge am Arbeitsmarkt als Ressource genutzt werden (vgl. Abschn. 3.2.5). Doch im Gegenteil: Eine stark ausgeprägte Bildungsbenachteiligung von Kindern mit Migrationshintergrund lässt sich feststellen. Diese und mitunter stattfindende Diskriminierung von MigrantInnen führt in der Folge häufig zu schulischen und beruflichen Misserfolgen, die in Ausgrenzung und in eine nicht erfolgreiche Integration münden. Die Gründe, die zu der Ausgrenzung und Diskriminierung bzw. Benachteiligung von Kindern mit Migrationshintergrund in europäischen Bildungssystemen führen, werden unterschiedlich benannt und betrachtet. Diese Situation wird auf die europäischen Schulsysteme zurückgeführt, aber auch auf die mangelnden Sprachfähigkeiten der Kinder, die in der Schule nicht kompensiert werden können, und auf die sozioökonomischen Herkunftssituationen bzw. den familiären Hintergrund.

---

[17]PISA-Studien: *PISA* steht für „Programme for International Student Assessment" – die bisher umfassendste Schulleistungsstudie, die international durchgeführt wird. Die Studie ist Teil des Indikatorenprogramms INES der Organisation für wirtschaftliche Zusammenarbeit und Entwicklung (OECD 2016). INES dient dazu, den OECD-Mitgliedsstaaten vergleichende Daten über ihre Bildungssysteme zur Verfügung zu stellen. Im Rahmen dieses Programms ist es das Ziel von PISA, die Erträge von Schulen in den Teilnehmerstaaten zu untersuchen (vgl. Stanat et al. 2002; vgl. OECD 2012, 2016).

3.3 Migration und Bildung

Die Situation der MigrantInnen in der EU sieht folgendermaßen aus: Eurostat (2015) berichtet, dass bei den EU-BürgerInnen grundsätzlich ein höherer Bildungsstandard vorherrsche als bei Nicht-EU-BürgerInnen:

> Im Jahr 2014 betrug der Anteil der Nicht-EU-Bürger in der Altersgruppe der 30- bis 34-Jährigen in der EU, die über einen tertiären Bildungsabschluss verfügen, 30,2 %. Demgegenüber kamen sowohl die Staatsbürger mit einem Anteil von 38,5 % als auch die Bürger anderer EU-Mitgliedstaaten mit einem Anteil von 39,3 % näher an das Europa-2020-Ziel heran. In diesen drei Gruppen lag der Anteil der tertiären Bildungsabschlüsse bei den Frauen deutlich höher als bei den Männern, wobei dies in der Gruppe der Nicht-EU-Bürger in geringerem Ausmaß der Fall war.
>
> Im Jahr 2014 wiesen in der EU mehr als 40 % (43,9 %) der Nicht-EU-Bürger im Alter zwischen 18 und 64 Jahren ein niedriges Bildungsniveau auf, während sich dieser Anteil sowohl für Bürger des Meldelandes (Staatsbürger) als auch für die Bürger eines anderen EU-Mitgliedstaats auf rund 25 % (23,4 % bzw. 25,9 %) belief. Beim Anteil der Bevölkerung mit hohem Bildungsstand fielen die Abweichungen jedoch geringer aus: Er lag bei den Nicht-EU-Bürgern bei 23,0 % gegenüber 27,3 % bei den Staatsbürgern der jeweiligen Länder und 31,0 % bei den Bürgern aus anderen EU-Mitgliedstaaten (Eurostat 2015, S. 2).

Zusätzlich war im Jahr 2014 der Anteil junger Nicht-EU-BürgerInnen, die frühzeitig aus der Schule oder aus einer Ausbildung ausschieden, mehr als doppelt so hoch wie der der einheimischen Bevölkerung (vgl. ibid.). 25,5 % der Nicht-EU-BürgerInnen im Alter von 18 bis 24 Jahren verließen den Bereich der allgemeinen und beruflichen Bildung der EU vorzeitig (= *Drop Out*). Dahingegen beliefen sich Drop Outs bei Staatsbürgern auf 10,2 % und bei Bürgern eines anderen EU-Mitgliedstaats auf 19,2 % (vgl. Eurostat 2015).

In Deutschland lassen sich ebenso beträchtliche Unterschiede zwischen den Schul- und Bildungsabschlüssen innerhalb der Gruppe der Personen mit Migrationshintergrund in Bezug auf das Herkunftsland finden. Von den Personen mit türkischem Migrationshintergrund (rund 2,2 Mio., die größte Gruppe in Deutschland) haben nur gut 14 % das Abitur oder die Fachhochschulreife. Bei der zweitgrößten Gruppe, den PolInnen (1,3 Mio.), sind es rund 36 %, bei den SpanierInnen 43 %, bei Menschen mit Wurzeln in der Ukraine fast 51 %. Von den 67.000 syrischen und 112.000 afghanischen MigrantInnen hat etwa jede/r Dritte das Abitur oder die Fachhochschulreife. Aus Frankreich und Großbritannien stammende MigrantInnen besitzen zu 62,4 % und 53,9 % die Hochschulreife. Auch BürgerInnen aus Bulgarien (45,9 %), Ungarn (42,9 %) und Österreich (40,6 %) bringen zu einem Großteil das Abitur mit (vgl. Destatis in FAZ 2015). Insgesamt gehen ausländische SchülerInnen in Deutschland seltener auf Realschulen oder Gymnasien. Häufiger werden Hauptschulen und Förderschulen besucht (Siegert 2008).

Am Beispiel Österreichs zeigt sich, wie auch von Eurostat im EU-Schnitt ermittelt, dass die in Österreich lebenden Personen mit Migrationshintergrund ein deutlich anderes Bildungsprofil aufweisen als die Bevölkerung ohne Migrationshintergrund. Zugewanderte Menschen sind in den höchsten und niedrigsten Bildungsschichten überproportional vertreten, während die inländische Bevölkerung überdurchschnittlich oft die mittlere Bildungsebene der Lehr- und Fachschulausbildungen abgeschlossen hat. (vgl. Statistik Austria 2015, S. 48) Historisch gesehen zeigt sich ein konstantes Bild, wobei es in beiden Segmenten, sowohl dem österreichischen als auch dem migrantischen, zu einem Bildungsniveauanstieg kommt.

Im Schuljahr 2013/2014 besaßen 980.000 SchülerInnen in Österreich die österreichische Staatsbürgerschaft (vgl. Österreichischer Integrationsfond 2015, S. 5). 11 % aller SchülerInnen mit Migrationshintergrund zählten zu der ersten Migrationsgeneration (vgl. ibid.). Die größte Gruppe stellten türkische Kinder und Jugendliche dar, gefolgt von Kindern aus Serbien und Montenegro (vgl. ibid.). 13.579 SchülerInnen besaßen die deutsche Staatsbürgerschaft (ibid.). Mit einem Plus von 558 SchülerInnen verzeichneten deutsche Kinder und Jugendliche den stärksten Zuwachs im Vergleich zum Vorjahr (vgl. ibid.). Am häufigsten vertreten waren ausländische Kinder und Jugendliche an Polytechnischen Schulen (25,8 %), Sonderschulen (18,2 %) und Hauptschulen (14,5 %) (vgl. ibid.). Türkische Jugendliche besuchten dabei häufiger Polytechnische Schulen (11,2 %) als SchülerInnen mit anderer Staatsangehörigkeit. Im Vergleich dazu waren ausländische SchülerInnen etwas seltener an maturaführenden Schulen vertreten (vgl. ibid.). Wie bereits erwähnt, sind SchülerInnen mit Migrationshintergrund im Bildungssystem oft nicht so erfolgreich wie einheimische SchülerInnen. Beispielsweise besuchen weniger Schüler der Altersstufe der 15- bis 19-Jährigen mit Migrationshintergrund weiterführende Schulen nach der Pflichtschule. So sind es 2012 zum Beispiel nur 65 % der Jugendlichen aus dem ehemaligen Jugoslawien und 63,3 % derer aus der Türkei; deutlich weniger im Vergleich zu 79 % der SchülerInnen mit österreichischer Abstammung (vgl. Statistik Austria 2015, S. 44).

Auch der Anteil ausländischer Studierender an Österreichs Hochschulen nimmt stetig zu (vgl. Österreichischer Integrationsfond 2015, S. 6). Studierten im Jahr 1990 noch etwa 20.000 AusländerInnen in Österreich, waren es im Wintersemester 2014/2015 bereits 88.827 ausländische Studierende, die für ein ordentliches Studium oder ein Lehrgangsstudium eingeschrieben waren (vgl. ibid.). Dies entspricht knapp einem Viertel (rund 24 %) aller Studierender. Den höchsten Anteil ausländischer Studierenden verzeichneten Privatuniversitäten mit etwa 40 % und theologische Lehranstalten, bei denen sogar zwei Drittel aller ImmatrikulantInnen eine ausländische Staatsangehörigkeit besaßen (vgl. ibid.). An Fachhochschulen (16 %) und Pädagogischen Hochschulen (7 %) war der Ausländeranteil hingegen am geringsten (vgl. ibid.).

3.3 Migration und Bildung

Von den knapp 89.000 ausländischen Studierenden waren 72 % aus einem EU-Mitgliedsstaat (vgl. ibid.). Der Großteil davon mit einer Anzahl von 34.565 waren deutsche StaatsbürgerInnen. Sie machten 39 % aller ausländischen Studierenden aus (vgl. ibid.). Auf dem zweiten Platz lagen mit einer Anzahl von 9185 Studierende aus Italien, wobei diese vorwiegend aus Südtirol stammten. Die Türkei folgte knapp vor Bosnien und Herzegowina auf dem dritten Platz. Insgesamt stieg die Zahl der ausländischen Studierenden aus fast allen Herkunftsländern in den vergangenen Jahren an, am deutlichsten fiel der Zuwachs jedoch bei deutschen StaatsbürgerInnen auf: Im Wintersemester 2004/2005 waren noch 7711 Deutsche an öffentlichen Universitäten eingeschrieben (vgl. ibid.). Diese Zahl ist mittlerweile um 348 % angestiegen (vgl. ibid.).

Ein Universitätsabschluss (Universität, Fachhochschule oder Akademie) wird 2014 von 16,4 % der Österreicher ohne Migrationshintergrund angegeben, wohingegen nur etwa 5,5 % türkischstämmige Personen einen universitären Abschluss erlangen (vgl. Statistik Austria 2015, S. 49). Im Jahr 2014 haben 32 % der 25- bis 64-Jährigen ohne Migrationshintergrund eine Matura oder einen akademischen Abschluss erworben, aber 37 % aller Personen gleichen Alters mit Migrationshintergrund (vgl. ibid.). Bei den niedrigeren Bildungsabschlüssen zeigten sich bei der Bevölkerung mit Migrationshintergrund höhere Anteile. 2014 hatten nur 11 % der Personen ohne Migrationshintergrund im Alter von 25 bis 64 Jahren maximal einen Pflichtschulabschluss. Bei der Bevölkerung mit Migrationshintergrund lag dieser mit 27 % mehr als doppelt so hoch, besonders bei TürkInnen (60 %) (vgl. ibid.).

Im Gegensatz dazu kann festgestellt werden, dass sich das Bildungsniveau der zweiten Generation mit Migrationshintergrund dem der Österreicher annähert.

So war bei den Angehörigen der zweiten Generation der Anteil der 25- bis 64-Jährigen, die nur über einen Pflichtschulabschluss verfügten, mit 19 % deutlich niedriger als bei ihrer Elterngeneration (28 %). Hingegen war der Anteil der Berufsschul- und Fachschulabsolventinnen und -absolventen bei den in Österreich geborenen Migrantinnen und Migranten mit 52 % markant höher als bei den im Ausland geborenen (34 %) und näherte sich damit dem Wert der Bevölkerung ohne Migrationshintergrund (57 %) an. Der Maturanten- und Akademikeranteil der Angehörigen der zweiten Generation unterschied sich in Summe nur wenig von jenem der Bevölkerung ohne Migrationshintergrund (32 %); er war mit 29 % aber wesentlich niedriger als bei den Migrantinnen und Migranten der ersten Generation (38 %), ganz besonders der Akademikeranteil (Statistik Austria 2015, S. 48).

Benachteiligungen von Migrantenkindern werden häufig im Kontext des sozioökonomischen Status der Elterngeneration, und des Sprachförderungsbedarfs zwecks Integrationsmöglichkeiten an Schulen, national und international, diskutiert. Darüber hinaus werden aber auch Diskriminierungen vor allem der MigrantInnen der ersten Generation im Schulsystem kritisiert. Steiner (2011, S. 275) hält fest, dass es sich beim österreichischen und anderen EU Bildungssystemen um selektive Systeme handelt. Bildungslaufbahn, Leistungen und Kompetenzen, frühzeitiges Ausscheiden aus dem Bildungssystem und der Übergang vom Ausbildungs- in das Beschäftigungssystem zeigen, in welchem Ausmaß das österreichische Schulsystem Personen mit Migrationshintergrund benachteiligt. Besonders die zuvor dargelegte und statistisch erfasste Unterrepräsentation von Personen mit Migrationshintergrund in Schulformen, die über das Pflichtschulniveau hinausreichen, deutet auf Benachteiligungen hin. Frühe BildungsabbrecherInnen *(Early School Leavers)* sowie der oft lange Zeitraum zwischen Abschluss einer Ausbildung und Aufnahme einer ersten Beschäftigung können als weitere Indikatoren für Benachteiligungen im Bildungssystem identifiziert werden.

Das Leistung und Kompetenzniveau wird, wie bereits dargelegt, beispielsweise mithilfe der PISA-Studie erfasst, und korreliert mit dem sozioökonomischen Status der Eltern. In der PISA-Studie von 2006 wurde unter anderem die Leseleistung der 15-Jährigen in Abhängigkeit zur sozialen Herkunft der SchülerInnen gestellt. Bezogen auf Österreich gilt, dass der sozioökonomische Status der Eltern eine bedeutende Rolle dabei einnimmt. Jugendliche mit einer besseren sozialen Stellung haben im Lesen bei der PISA-Studie 2006 100 Kompetenzpunkte mehr erreicht als jene mit einer schlechteren sozialen Stellung. Auch insgesamt konnte in der PISA-Studie 2006 festgestellt werden, dass die sozioökonomische Lage der Familie einen relativ großen Einfluss auf das Leistungsniveau der SchülerInnen in Österreich hatte (vgl. Schreiner und Schwandtner 2009; vgl. Lueger 2012).

Auch die Wahl der Schulform korreliert oft stark mit der sozio-ökonomischen Lage der Jugendlichen und deren Eltern. Bei der PISA-Studie 2006 wurde der soziale Status in Zusammenhang mit der Schulwahl (Übergang in die Sekundärstufe II) betrachtet (vgl. Lueger 2012). Resultat ist, dass Eltern von SchülerInnen der Allgemeinbildenden Höheren Schulen (AHS) einen höheren sozioökonomischen Status aufweisen (vgl. Schreiner und Schwandtner 2009; vgl. Lueger 2012). Die Benachteiligung von MigrantInnen im österreichischen Bildungssystem ist allerdings nicht nur auf den schlechteren sozioökonomischen Status der Eltern zurückzuführen, sondern auch auf den Migrationshintergrund selbst. Im Bereich Leseleistungen zum Beispiel erreichten österreichische Jugendliche bei dem PISA-Test 2009 482 Punkte, Jugendliche mit Migrationshintergrund 414 Punkte (vgl. Steiner 2011, S. 287). Verantwortlich für die Leistungsunterschiede können verschiedene Gründe sein, wie kulturelle und institutionelle Ursachen, Sprachdefizite, ethnische Diskriminierung und Ursachen im Zusammenhang mit dem Schulkontext. Bacher (2013, S. 36) thematisiert in diesem Kontext, dass kulturelle Gründe, zum Beispiel traditionelle geschlechtsspezifische Rollenbilder, institutionelle Ursachen, beispielsweise die frühe Erstselektion, und Ursachen im Zusammenhang mit dem Schulkontext, wie die Klassenzusammensetzung, ausfindig gemacht werden können. Besonders ein hoher Migrations-

3.3 Migration und Bildung

anteil in der Klassenzusammensetzung sieht Bacher problematisch. Er argumentiert weiter, dass 30 % bis 50 % der schlechteren Testleistungen bei PISA durch den familiären Hintergrund erklärt werden können, vor allem durch geringe Bildung, eine niedrige berufliche Position und ein geringes Einkommen der Eltern von Kindern mit Migrationshintergrund. Außerdem bestehen laut Bacher (2013) Sprachdefizite, welche das Schulsystem bis dato nicht kompensieren kann. Nur 10 % der deutschsprachigen Kindergartenkinder benötigten 2008 zusätzliche Sprachförderung, während es bei Kindern mit nicht-deutscher Muttersprache 58 % waren (vgl. Österreichischer Integrationsfond 2015). So war das Sprachdefizit mit 82 % insbesondere bei Kindern aus türkischen Familien hoch (vgl. ibid.). Zum Vergleich: Bei Kindern aus Bosnien, Kroatien und Serbien waren es nur 49 % (vgl. ibid). Auch heute noch steigt die Zahl der Kinder mit Bedarf einer sprachlichen Frühförderung an. Die meist nicht deutsche Familiensprache der MigrantInnenfamilien trägt somit maßgeblich zu Sprachdefiziten bei Kinder der ersten Generation Einwanderer bei.

Gegenmaßnahmen wurden insofern gesetzt, dass ein Kindergartenjahr in Österreich als verpflichtend eingeführt wurde, um sprachliche Kompetenzbereiche von Kindern mit Migrationshintergrund zu fördern. Dies entspricht auch den assimilationstheoretischen Zugängen, wie dem von Esser, Park, Eisenstadt oder Gordon, die Sprachkompetenz als einen grundlegenden Baustein für erfolgreiche Integration im Rahmen von Assimilation ansehen. Zudem wurde die Neue Mittelschule eingeführt, welche die Hauptschule ablösen soll. Nusche et al. (2009) argumentieren, dass es das Hauptziel dabei ist, den SchülerInnen bis zum Alter von 14 Jahren alle Bildungsoptionen offenzuhalten. Weitere Initiativen waren die Beschränkung der Schülerhöchstzahl von 25 pro Klasse und der Ausbau der Nachmittagsbetreuung, die vor allem jenen SchülerInnen helfen soll, die mangelnde schulische Unterstützung durch das Elternhaus erfahren.

Die OECD empfiehlt zur weiteren Verbesserung der Chancengerechtigkeit zudem, die Teilnahmequote von unter 5-jährigen Kindern am Kindergarten zu erhöhen, da verschiedene internationale Studien belegen, dass vor allem Kinder mit schlechtem sozioökonomischen Hintergrund von einer Elementarbildung profitieren, die in ausreichend jungen Jahren begonnen wurde. Es wird auch ein weiterer Ausbau der Ganztagsschulen empfohlen, vor allem an Schulen mit einem hohen Anteil an SchülerInnen aus sozioökonomisch benachteiligten Familien (vgl. Nusche et al. 2009).

Ziel der Initiative *Strategie Europa 2020* ist es andererseits, bis 2020 den Anteil der frühzeitigen SchulabgängerInnen in der EU auf unter 10 % zu senken (vgl. Eurostat 2015). Bacher (2013) empfiehlt für die Erreichung dieses Ziels individuelle Förderprogramme, mehr schulische Autonomie im Lehrplan und Personalbereich sowie eine Ganztagesstruktur, ansonsten bleiben aus seiner Sicht Potenziale liegen, die für das wirtschaftliche Wachstum und damit für die Beschäftigung der zukünftigen Arbeitskräfte wichtig sind. Denn individuell entstehe Frustrationen, wenn ökonomische Unabhängigkeit nicht erreicht werde, so Bacher; und aus Frustration könne infolge Aggression und Gewalt hervortreten.

Der hohe Anteil an SchülerInnen mit Migrationshintergrund und die höchstwahrscheinlich weitere Zunahme der Anzahl dieser Personen zeigen, dass dem Thema Bildung und Migration hohe Aufmerksamkeit geschenkt werden muss. Vor allem da diese Kinder und Jugendlichen durch das österreichische und auch durch das gesamteuropäische Bildungssystem stark benachteiligt werden. In Schulformen, die in der Regel bessere Entwicklungs- und Karrierechancen bieten, sind SchülerInnen mit Migrationshintergrund stark unterrepräsentiert. Des Weiteren sind ihre schulischen Leistungen, auch im internationalen Vergleich, sehr schwach. Außerdem gibt es verhältnismäßig viele BildungsabbrecherInnen unter ihnen und beim Wechsel vom Ausbildungs- ins Beschäftigungssystem dauert der Übergang fast doppelt so lange wie bei Personen ohne Migrationshintergrund.

Als ein Grund für diese Benachteiligungen, kann der in der Regel niedrigere sozialökonomische Status von Familien mit nicht deutscher Umgangssprache gesehen werden, wie bereits erwähnt. Unabhängig von der Herkunft hat eine schlechte soziale Lage einen negativen Einfluss auf das Leistungsniveau der SchülerInnen. Des Weiteren wirkt sich diese auch auf die Schulwahl aus, wobei Jugendliche aus Familien mit einem höheren sozialökonomischen Status meist Schulen wählen, deren Bildungsabschlüsse später bessere Chancen im Beruf bieten. Dadurch wird der Statusunterschied aufrechterhalten.

Studien belegen, dass der sozioökonomische Status der Eltern zum Großteil für die schlechteren schulischen Leistungen von SchülerInnen mit Migrationshintergrund gegenüber jenen ohne Migrationshintergrund verantwortlich ist. Jedoch bleiben auch nach Berücksichtigung dieses Faktors signifikante Leistungsunterschiede bestehen, die auf den Migrationshintergrund zurückzuführen sind. Maßnahmen für mehr Chancengleichheit der verschiedenen sozialen Schichten könnten diese Unterschiede verringern. In den letzten Jahren wurden in Österreich einige Maßnahmen eingeführt, welche dieses Ziel verfolgen, wobei die OECD anmerkt, dass weitere Verbesserungen notwendig sind, um die Benachteiligung von Kindern aus Familien mit schlechterer sozioökonomischer Lage zu verringern. Zudem sind weitere zielgerichtete Maßnahmen für SchülerInnen mit Migrationshintergrund vonnöten, um Benachteiligungen von MigrantInnen durch das österreichische Bildungssystem annähernd auszumerzen, wie beispielsweise zusätzlich verpflichtende Kindergartenjahre.

Angesichts des allgemein steigenden Anteils an Personen mit Migrationshintergrund in der Bevölkerung insgesamt und der Prognose für einen steigenden Anteil an den Beschäftigten und deren migrantischer Diversität sowohl bei

3.3 Migration und Bildung

unselbstständig als auch bei selbstständig Tätigen in Österreich sollte das (migrantische) Potenzial als *Diversitätspotenzial* jedoch auch theoretisch (national und international) ernst genommen werden, anstelle es in einer allumfassenden klassischen Assimilationspraxis zu unterdrücken.

Bei der Diskussion um Interkulturalität und Entfaltung von Diversität für Menschen mit Migrationshintergrund und die daraus erwachsenden sozio-kulturellen wie sozioökonomischen Potenziale ist auch auf den Bildungsbereich und auf Themen der sprachlichen und kulturellen Vielfalt hinzuweisen. Denn der bisher in Österreich vorherrschende Zugang einer eher *assimilativen Integration auch im Bildungssystem* ergibt, dass 1) weder die allgemeinen Potenziale von MigrantInnen ausreichend gefördert werden noch 2) die besonderen Chancen kultureller und sprachlicher Diversität zur Geltung kommen können (vgl. Aigner 2013b).

Als Fazit kann demnach vorweggenommen werden, dass Österreich (im Gegensatz zu anderen europäischen bzw. OECD-Ländern) jene Potenziale, die in der migrantischen Diversität seiner Bevölkerung liegen, durch Defizite im Bildungsbereich viel zu wenig nutzt und daher nicht nur soziokulturell, sondern auch sozioökonomisch ins Hintertreffen zu geraten droht.

Der Ansatz und die Ergebnisse des europäischen TIES-Projekts[18] (vgl. Crul et al. 2009) besagt, dass Immigration und damit die einhergehende Integration von MigrantInnen (vor allem für die zunehmend heterogenen städtischen Räume Europas) eine große Herausforderung darstellen. Hierbei kommt der *Integration der zweiten Generation* – also den im Einwanderungsland geborenen Nachkommen der Einwanderer – eine entscheidende Rolle zu, die im Wesentlichen über das Bildungssystem erfolgt und große Defizite aufweisen kann (vgl. Langenfeld 2001).

---

[18]TIES = The Integration (of the) European Second (Generation): „Im Mittelpunkt [...] steht das Thema ‚Integration' [...] der 2. Generation. [...] Das Projekt (besteht) [...] in der Erstellung eines [...] europäischen Datensatzes mit mehr als 10.000 RespondentInnen in fünfzehn europäischen Städten. [...] Diese Daten (ermöglichen) nicht nur ein besseres Verständnis von Integrationsprozessen in Europa, sondern (tragen) auch zur Entwicklung zielgerichteter politischer Maßnahmen [...] (bei)" (vgl. TIES online).

Dazu gibt es (auch) österreichische Untersuchungen[19], die zeigen, dass das Bildungssystem vor allem strukturell (wegen der *zu frühen Bildungswegentscheidung nach der Grundschule*) und auch sonst nicht in der Lage ist, für MigrantInnen der zweiten (oder auch dritten) Generation Chancengleichheit herzustellen. Schon deswegen kann es die Potenziale der ethnischen Diversität nicht nutzen. (vgl. Aigner 2013b) Diesbezüglich existiert eine inzwischen intensive (sprach-) pädagogische[20] Diskussion, die die bisher eher *eindimensionale (assimilative) Ausrichtung auf den Erwerb von deutscher Sprachkompetenz* infrage stellt und Förderung von Mehrsprachigkeit betont (vgl. Meisel 2003, 2007; vgl. Krumm 2011, 2012; vgl. Frketić 2013). Statt eindimensionaler Betonung der Assimilation dienenden Sprachkompetenzen wird inzwischen sehr stark darauf hingewiesen, dass nicht-deutsche Muttersprachen ab dem Kindergartenalter gefördert, wahrgenommen und entwickelt werden sollten. Dies kann nach bisherigen Ergebnissen sowohl den deutschen Spracherwerb deutlich verbessern als auch jene europäischen oder globalisierten Sprachkompetenzen fördern, die für ArbeitnehmerInnen mit transnationalen, sprachraumübergreifenden Kontakten notwendig sind.

Bilingualität (vgl. Sciacca 2009) oder *Multilingualität* (vgl. Kuhley 2009) auf entsprechend breiter Basis ist hier insgesamt und eindeutig als *Wettbewerbsvorteil* in einem regional-europäischen, aber auch globalen Wirtschaftsraum zu sehen (vgl. Aigner 2013b). Sprachliche Diversität von MigrantInnen und deren Kindern erscheint daher als Vorteil, der nicht zuletzt aus diesem Grund beachtet und gefördert werden sollte.

Das Kapitel Migration und Bildung wies auf die Rolle des Bildungssystems im Migrationsprozess hin und erörterte diesbezüglich die derzeitige Situation von

---

[19]Vgl. u. a. Bacher (2005a, b, 2010), der nach Re-Analyse von Ergebnissen der österreichischen PISA-Studien eine *deutliche Benachteiligung von Kindern mit Migrationshintergrund* hinsichtlich Chancengleichheit herausarbeitete. Dies ergibt sich auch aus Ergebnissen von Biffl et al. (2011c), von Herzog-Punzenberger (2009, 2011) und auch aus der letzten OECD-Studie zu Bildungsfragen (Bildung auf einen Blick, OECD 2012, S. 15 ff., 112 ff., 150 ff., 459 ff.).

[20]Deutsch, aber auch andere Sprachen betreffend. Neben der ursprünglichen und nach wie vor wesentlichen Pädagogik des Deutschunterrichts innerhalb der Germanistik, die hier bedeutsam ist, wird inzwischen auch in sonstigen universitären Sprachausbildungen und -forschungen (Englisch, slawische Sprachen, romanische Sprachen) eine notwendige sprachliche Frühförderung auf migrantischer Grundlage reflektiert (vgl. u. a. Roos 2007 für Anglistik, Meisel 2007 für Romanistik oder Grahl 2006 für Slawistik).

MigrantInnen in europäischen Mitgliedsstaaten. Eine zweischneidige Situation existiert dahin gehend, dass einerseits weiterhin im Bildungssystem eine mehr oder weniger stark ausgeprägte (abhängig von den jeweiligen Migrationsregimen) klassische Assimilationsperspektive eingenommen wird, wo auf die Förderung des Erwerbs der mehrheitsgesellschaftlichen Sprache hingearbeitet wird, aber andererseits das Potenzial, das in Bilingualität, Multilingualität und trans- oder interkultureller Identifikation auf der Strecke bleibt. Dieses Potenzial könnte weiterführend im Bereich des Arbeitsmarktes von großem Nutzen sein. Darauf sollte in Zukunft hingearbeitet werden.

3.4 Migration, Flucht und Asyl

Migrationsbewegungen und Ströme, die durch Fluchtbewegungen ausgelöst werden, prägen Migration allgemein und werden in Zukunft auf globale Migrationen noch stärker einwirken. Jährlich steigen die Anzahl der Flüchtlinge und damit die der Asylsuchenden weltweit drastisch an.

Flucht und die folgende Asylsuche finden aus unterschiedlichen Gründen statt. Sie werden vor allem durch 1) Kriege, 2) ethnische Konflikte oder Bürgerkriege und 3) politische oder religiöse Verfolgung, aber auch durch 4) Naturkatastrophen und den Klimawandel hervorgerufen.

Der Begriff *Flüchtling* ist dabei folgendermaßen definiert:

> Der Ausdruck ‚Flüchtling' findet auf jede Person Anwendung, die aus begründeter Furcht vor Verfolgung wegen ihrer Rasse, Religion, Nationalität, Zugehörigkeit zu einer bestimmten sozialen Gruppe oder wegen ihrer politischen Überzeugung sich außerhalb des Landes befindet, dessen Staatsangehörigkeit sie besitzt, und den Schutz jenes Landes nicht in Anspruch nehmen kann, oder wegen dieser Befürchtung nicht in Anspruch nehmen will. Oder die sich als staatenlose infolge solcher Ereignisse außerhalb des Landes befindet, in welchem sie ihren gewöhnlichen Aufenthalt hatte, und nicht dorthin zurückkehren kann oder wegen der erwähnten Befürchtung nicht dorthin zurückkehren will[21] (Genfer Flüchtlingskonvention 1951, Art. 1 Kapitel A Nr. 2).

---

[21] A refugee is a person who „owing to a well-founded fear of being persecuted for reasons of race, religion, nationality, membership of a particular social group, or political opinion, is outside the country of his nationality, and is unable to or, owing to such fear, is unwilling to avail himself of the protection of that country [...]" (Convention Relating to the Status of Refugees 1951, Article 1).

Laut United Nations High Commissioner for Refugee (UNHCR, Flüchtlingshilfswerk der Vereinten Nationen, 2016) ist eine Person nur dann ein Flüchtling, wenn folgende Charakteristiken erfüllt sind:[22]

1. Flüchtlinge müssen sich außerhalb ihres Herkunftslandes befinden;
2. Fluchtgrund muss eine Verfolgung sein, die tatsächlich stattfindet;
3. diese Verfolgung muss das Resultat von mindestens einer der fünf möglichen Ursachen sein: […] Rasse, Religion, Nationalität, Mitgliedschaft einer verfolgten sozialen Gruppe, politische Meinung;
4. es muss unmöglich sein, den Schutz des eigenen Landes in Anspruch zu nehmen.

Zu unterscheiden ist außerdem zwischen Binnenflüchtlingen (IDP = *internally displaced Persons*) und allgemeinen Flüchtlingen. Die Definition des Begriffs *Flüchtling* nach UNHCR besagt, dass sich die betreffende Person außerhalb des Staates aufhält, dessen Staatsangehörigkeit sie besitzt. Binnenflüchtlinge hingegen sind zwar ebenso Flüchtlinge aus denselben oben genannten Gründen, jedoch gezwungen, sich nach einer Flucht in einer anderen Gegend ihres eigenen Heimatlandes niederzulassen; sie flüchten demnach nicht über die nationalstaatlichen Grenzen hinaus (vgl. ibid.).

Ein *Asylansuchen* gestaltet sich rechtlich sehr kompliziert. Zunächst erfolgt die Kategorisierung der Flüchtlinge nach Status. Als AsylbewerberIn gilt eine Personen, deren Asylverfahren noch nicht abgeschlossen ist. Als Asylberechtigte/r oder anerkannter Flüchtling gilt jene Personen, die im Sinne der Genfer Konvention bereits als solche/r anerkannt wurde. Als subsidiäre/r Schutzberechtigte/r gilt eine Person, die einem Flüchtling im Sinne der Genfer Konvention nicht entspricht, aber trotzdem eine befristete Aufenthaltsbewilligung erhalten hat (vgl. ibid.).

Ein Flüchtling hat nach der Genfer Konvention das Recht, in einem Aufnahmeland um Asyl anzusuchen. Während des Asylverfahrens darf sich die Person im Aufnahmeland aufhalten. Je nach Rechts- und Sachlage wird dem Asylantrag stattgegeben oder abgelehnt. Viele der Flüchtlinge, die um Asyl bitten, werden

---

[22] „Refugees have to be outside their country of origin; The reason for their flight has to be a fear of persecution; The fear of persecution has to be well-founded; The persecution has to result from one or more of the 5 grounds […] race, religion, nationality, membership of a […] social group, or political opinion; They have to be unwilling or unable to seek the protection of their country" (UNHCR 2016).

daher wieder abgeschoben. Wird eine Person als Flüchtling anerkannt, erhält sie die Aufenthaltsbewilligung und damit die uneingeschränkte Erlaubnis zur Erwerbstätigkeit. In den Nationalstaaten der EU gilt die Regel in verschiedenen abgewandelten Formen. Allen gemein ist jedoch, dass ein/e Asylsuchende/r ausreisepflichtig wird, wenn der Asylantrag abgelehnt wird; das Aufnahmeland muss demnach wieder verlassen werden bzw. die/der Asylsuchende kann dann abgeschoben werden (vgl. BMI 2016b; vgl. UNHCR 2016).

Die für den/die AsylbewerberIn anfallenden Kosten während des laufenden Verfahrens werden als bedarfsorientierte Mindestsicherung klassifiziert und von den jeweiligen Aufnahmeländern getragen, wobei jeder EU-Mitgliedsstaat hier über ein eigenes Reglement verfügt. In Österreich beispielsweise werden Grundversorgungsquartiere geführt. Dazu zählen von Privatpersonen oder Nichtregierungsorganisation betriebene Häuser bzw. Wohnungen, von der Gastronomie zur Verfügung gestellte Beherbergungseinrichtungen, ehemalige Pensionen oder Gasthäuser, aber auch Kasernen, Studentenwohnheime, Schulungszentren der Polizei, Klöster und andere kirchliche Einrichtungen (vgl. Walterkirchen 2015).

AsylbewerberInnen haben grundsätzlich keinen Zugang zum österreichischen Arbeitsmarkt. Ein Asylverfahren dauert hier im Regelfall durchschnittlich vier Monate. Nach positivem Bescheid zu einem Asylantrag erhalten anerkannte Flüchtlinge dann uneingeschränkt Zugang zum Arbeitsmarkt. Nach sechs Jahren können sie die österreichische Staatsbürgerschaft (Einbürgerung) erwerben (vgl. Brocza 2016). Es werden längst nicht alle Asylanträge bewilligt. In Österreich wurden 2015 beispielsweise 81 % der Asylanträge von syrischen, jedoch nur 30 % der Anträge von afghanischen Asylbewerbern positiv entschieden (vgl. BMI 2016b; vgl. BMI 2016c).

Bis Mitte der 1970er-Jahre stieg der Anteil der Flüchtlinge weltweit auf ca. 2,5 Mio. Menschen an; 1990 waren es bereits etwa 17,2 Mio. und 2008 schon 42 Mio. (vgl. UNHCR 2011). Ende 2013 wurden 51,2 Mio. Menschen weltweit zwangsweise und unfreiwillig als Folge von Vertreibung, Verfolgung, Konflikten, allgemeiner Gewalt oder Menschenrechtsverletzungen aus ihren Ursprungsregionen vertrieben; 16,7 Mio. waren Flüchtlinge, 1,7 Mio. unter UNHCR-Mandat. 33,3 Mio. Menschen fielen in die Kategorie der Binnenvertriebenen und etwa 1,2 Mio. in jene der AsylbewerberInnen (vgl. ibid. 2014). Im Jahr 2014 stieg diese Anzahl dann auf 59,5 Mio. Menschen an (vgl. ibid. 2015).

Laut Angaben des UN-Flüchtlingshilfswerks hat sich die Anzahl der Binnenflüchtlinge, die bei Hilfseinrichtungen Schutz und Unterstützung suchen, zwischen 1999 und 2015 fast vervierfacht. Insgesamt waren von den gut 60 Mio. Menschen, die sich Mitte 2015 auf der Flucht befanden, mehr als 34 Mio. Binnenflüchtlinge. Im Jahr 2013 stammten die meisten Flüchtlinge aus Afghanistan

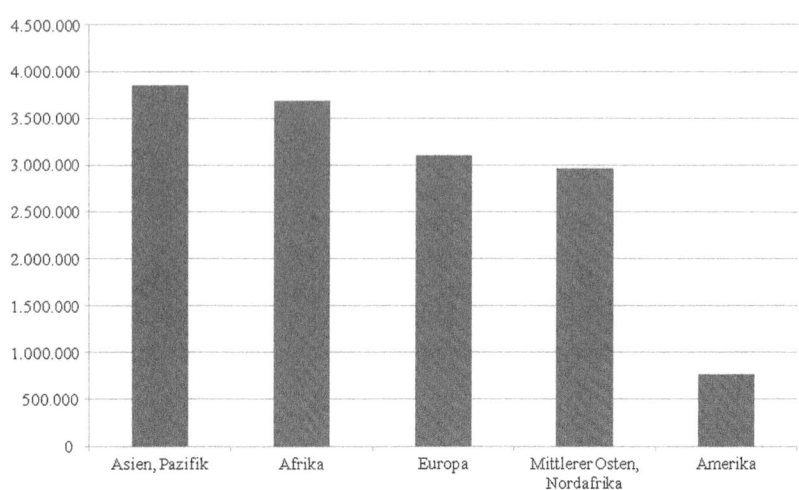

Abb. 3.1 Die globale Flüchtlingsverteilung nach Kontinenten, Stand 2014. (UNHCR 2015)

(2,5 Mio.), Syrien (2,4 Mio.), Somalia (1,1 Mio.), gefolgt vom Sudan (649.300). Die Länder, die die meisten Flüchtlinge aufnahmen, waren Pakistan (1,6 Mio.) und der Iran (857.400), gefolgt vom Libanon, von Jordanien und der Türkei.[23] Zu den Ländern mit den meisten Binnenvertriebenen zählten Syrien (6,5 Mio.) und Kolumbien (5,3 Mio.) sowie die Demokratische Republik Kongo (2,9 Mio.), der Sudan (1,8 Mio.) und Somalia (vgl. ibid.).

Laut UNHCR (2015) befanden sich 2014 die meisten Flüchtlinge weltweit in Asien und in der Asien-Pazifik-Region sowie Afrika und Europa (vgl. Abb. 3.1). Dagegen nahmen die Türkei (1,59 Mio.), Pakistan (1,51 Mio.) und der Libanon (1,15 Mio.), gefolgt vom Iran, von Äthiopien und Jordanien 2014 die meisten Flüchtlinge auf (vgl. Abb. 3.2). Die meisten Binnenvertriebenen gab es in Syrien (6,5 Mio.), im Irak (3,6 Mio.), in der Demokratische Republik Kongo (2,9 Mio.), der Ukraine (823.000), im Südsudan (1,5 Mio.) und in Somalia (vgl. ibid.).

Flüchtlingsströme in die EU stammten in den letzten Jahrzehnten vor allem aus dem ehemaligen Jugoslawien. Diese waren von Migrationen aus dem Kosovo,

---

[23]Schleppertum und undokumentierte Migrationsbewegungen sind in den genannten Zahlen nicht berücksichtigt, da sie nur mit Schätzungen auf globaler Ebene statistisch erfassbar sind. Jedoch wird vermutet, dass durch Schleppertum irreguläre Migrationen ebenfalls stetig ansteigen.

3.4 Migration, Flucht und Asyl 127

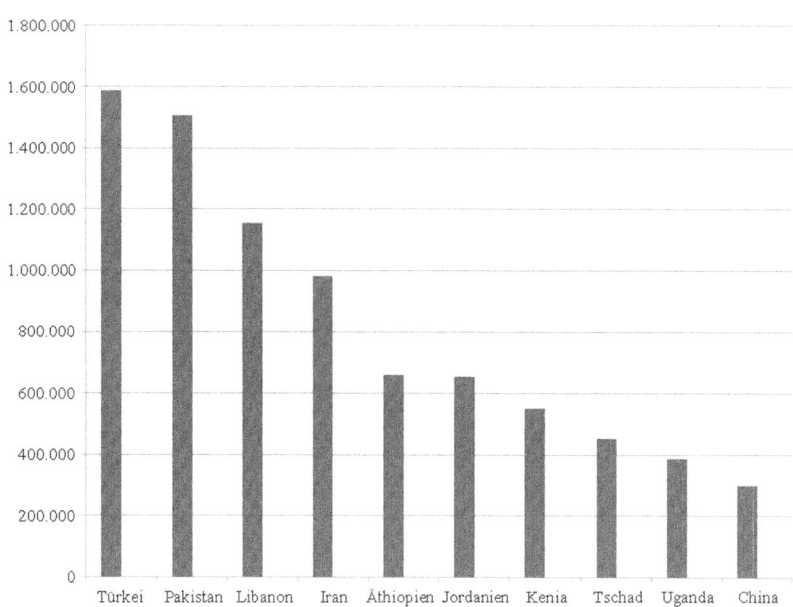

Abb. 3.2 Fluchtbewegungen nach Europa, Stand 2014 (ibid.)

Bosnien-Herzegowina, Slowenien und Kroatien geprägt. Das Flüchtlingshilfswerk der Vereinten Nationen berichtet, dass zwischen 1991 und 1999 rund 4 Mio. Menschen aus dieser Region nach Zentraleuropa flohen, viele nach Deutschland und Österreich (vgl. Düvell 2006). Auch kurdische Fluchtbewegungen aus der Türkei und die Suppression der Kurden durch die türkische Regierung prägten die Flüchtlingslandschaft Europas (vgl. Castles und Miller 2003, S. 194). Aus Georgien, Tschetschenien, Tadschikistan und Armenien wurden etwa 1 bis 5 Mio. Menschen vertrieben, welche in die EU flüchteten (vgl. Okolski 2004, S. 40). Castles und Miller (2013) sprechen von 2 Mio. Menschen, von denen viele nach Russland flüchteten.

In den letzten Jahren nahm die Fluchtmigration aus Afrika und vor allem aus Syrien, dem Irak und Afghanistan nach Europa stark zu. Die Fluchtbewegungen aus Syrien und Afghanistan werden dabei als Massenflucht bezeichnet. Syrien und der Irak befinden sich in einem bürgerkriegsähnlichen, instabilen Zustand. Viele der SyrerInnen und IrakerInnen sind vor dem Regime des IS (Islamischer Staat) geflohen. 4 Mio. SyrerInnen sind in die Nachbarländer Jordanien (630.000

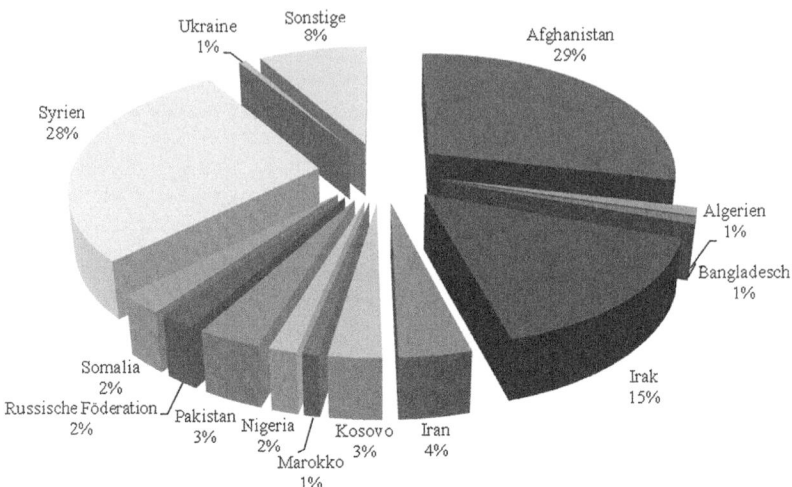

Abb. 3.3 Asylanträge in Österreich 2015. (Statistik Austria 2016)

Flüchtlinge) und Libanon (1,2 Mio. Flüchtlinge) geflohen, viele flohen in die Türkei oder durchwanderten das Land, um auf der Balkanroute weiter nach Zentral- und Westeuropa zu gelangen. Die Reaktionen darauf in der EU reichten von der Errichtung von Grenzzäunen (wie in Ungarn) bis hin zu täglichen Flüchtlingsaufnahmekontingenten.

In *Deutschland* wurden im Jahr 2015 476.649 Asylanträge gestellt, die höchste Anzahl seit der statistischen Erfassung von Asylanträgen (vgl. BAMF 2016). Im Februar 2016 berichtete das BAMF[24], dass Syrien mit einem Anteil von 51,7 % Asylanträgen den ersten Platz einnimmt, gefolgt von Anträgen von IrakerInnen mit einem Anteil von 14,2 %. Daran schließen sich Asylanträge von BewerberInnen aus Afghanistan mit 10,6 % an. Somit entfallen mehr als drei Viertel (76,5 %) aller seit Januar 2016 gestellten Erstanträge auf diese drei genannten Herkunftsländer.

In *Österreich* verhält sich die Situation ähnlich. 2015 kamen 88.340 Personen (vgl. BMI 2016b) nach Österreich, um Asyl zu beantragen, wobei 25.563 aus Afghanistan (29 %), 24.547 aus Syrien (28 %) und 13.633 Personen (13 %) aus dem Irak stammten. Abb. 3.3 veranschaulicht die Zahlen noch einmal.

---

[24]Die genaue Zahl der in diesem Jahr nach Deutschland Geflüchteten kann allerdings nur schwer ermittelt werden. Asylsuchende werden zum Teil doppelt registriert, zum Teil gar nicht.

3.4 Migration, Flucht und Asyl

Österreich zählte neben Schweden und Zypern somit zu den Ländern, die 2015, verglichen mit der lokalen Population, den höchsten Prozentsatz an AsylantInnen aufnahmen (vgl. Castles und Miller 2009).

Die Internationale Organisation für Migration (IOM 2016) sprach angesichts der genannten Zahlen von der *größten Wanderungsbewegung nach Europa seit dem Zweiten Weltkrieg*. Dies wiederum führte und führt zu öffentlichen Debatten, Ängsten und Ressentiments bei den Bevölkerungen Europas und letztlich zu rechtspopulistischen Tendenzen in manchen der EU-Mitgliedsstaaten. Beispielsweise reagierten Österreicher auf die steigenden Flüchtlingszahlen mit einem Aufschwung der Freiheitlichen Partei Österreich (FPÖ) bei den Bundesländerwahlen in der Steiermark und in Oberösterreich (2014 und 2015), die als rechtspopulistisch gilt. Auch andere rechtspopulistische Parteien in Europa gewannen infolge zunehmend Wähler für sich.

Historisch gesehen gibt es allerdings relevante Fluchtbewegungen, die alle Kontinente und nicht nur Europa betreffen. Düvell argumentiert beispielsweise, dass die Bürgerkriege in China Ende der 1940er-Jahre etwa 1 Mio. ChinesInnen zwangen, nach Taiwan zu fliehen. Darüber hinaus wurden 17 Mio. Flüchtlinge durch die Teilung des indischen Subkontinents in Indien und Pakistan (Ost und West, später wurde Ostpakistan zu Bangladesch) im Jahr 1947 gezählt. In der Folge mussten muslimische Gläubige Indien und Hindus das neu geschaffene Pakistan verlassen, was zu massiven Fluchtmigrationen führte.

Castles und Miller bestätigen außerdem, dass in der jüngeren Geschichte Fluchtbewegungen aus Angst vor der russischen Invasion in Afghanistan und im Jahr 2000 aus Angst vor den Taliban stattfanden (vgl. Castles und Miller 2003, S. 172). Auch von Myanmar gehen immer wieder Fluchtbewegungen aus, beispielsweise von der muslimischen Minderheit Rohingya, deren Gläubige nach Thailand, Malaysia oder Indonesien flüchten.

In Afrika beeinflussten vor allem Kämpfe um Ressourcen und Machtverteilungen Fluchtbewegungen. So wurden von den historischen Kolonialmächten Großbritannien, Frankreich, Deutschland und Holland Grenzen und Gebietstrennungen vollzogen, die ethnische, natürliche Abgrenzungen von unterschiedlichen Völkern und kulturellen Stämmen Afrikas außer Acht ließen. Nach dem Rückzug der Kolonialmächte im vorigen Jahrhundert waren es diese ethnischen Gruppen, die im Konflikt um Macht und Ressourcen miteinander standen. Besonders hervorzuheben sind hier die grausamen Völkermorde der Hutus und Tutsis und die folgenden Fluchtbewegungen aus *Ruanda* in den 1990iger-Jahren, besonders 1994.

Gegenwärtig befinden sich die meisten der afrikanischen Flüchtlinge als Binnenflüchtlinge auf dem afrikanischen Kontinent oder in angrenzenden Nachbarstaaten. Mitprägend sind Fluchtbewegungen aus dem kleinen ostafrikanischen

Staat Eritrea. Das Regime in *Eritrea* unterdrückt die Freiheitsrechte der Bürger und implementiert lebenslang währenden Militärdienst (vgl. Fokus 2015). 2015 sind aus *Nigeria* knapp 20.000 Menschen vor der Terrormiliz Boko Haram nach Europa geflüchtet. Rund 150.000 NigerianerInnen sind wegen des blutigen Terrorfeldzugs von Boko Haram in Nachbarländer geflohen, vor allem in den Niger und nach Kamerun. Rund 1,4 Mio. Menschen sind aus dem Nordosten Nigerias, wo die sunnitischen Extremisten wüten, in andere Landesteile geflohen (vgl. ibid.; vgl. UNHCR 2016). Menschen aus *Somalia* flüchten vor allem vor Gewalt der seit 1991 regierenden islamistischen Al-Shabaab-Miliz und vor Lebensmittelknappheit. Knapp 1 Mio. Somalis sind bis dato in Nachbarländer geflohen; 420.000 leben in Kenia, jeweils etwa 250.000 in Äthiopien und im Jemen. Mehr als 1,1 Mio. Menschen in Somalia sind somit Binnenflüchtlinge.

Auch der *Südsudan* ist weiterhin krisengeschüttelt, besonders seit 2011, seitdem sich der mehrheitlich christliche Südsudan von dem muslimischen Sudan im Norden abgespalten hat. 755.000 Menschen sind bereits vor der Gewalt im Südsudan in die Nachbarländer geflohen, zumeist nach Äthiopien, Uganda und in den (Nord-)Sudan.

Der *Kongo* wird von verschiedenen Rebellen und Milizen, die um Mineralienvorkommen kämpfen, (vor allem im Osten des Landes) terrorisiert. 500.000 KongolesInnen sind bisher geflohen. Auch Mali, Gambia, die Zentralafrikanische Republik und neuerdings Burundi zählen zu den Flüchtlingsemigrationsländern (vgl. UNHCR 2016).

Die Flucht in die USA und nach Kanada wurde bis 2001 vor allem aus Indochina, der Karibik oder Mittelamerika akzeptiert. Mit den Terrorattacken auf das World Trade Center 2001 beendeten die USA allerdings ihr Flüchtlingsprogramm.

Australien nahm seit Anfang der 1990er-Jahre zwischen 12.000 und 16.000 Personen pro Jahr auf, wobei Bootflüchtlinge aus Afghanistan oder dem Irak in Flüchtlingscamps auf Inseln gesendet wurden. Dieses Vorgehen löste international heftige Kritik aus. Die australische Regierung, die restriktive Immigrationspolitik bzw. Migrationsregime verfolgt, schloss diese Camps 2007 (vgl. Castles und Miller 2013).

Laut UNHCR-Prognose (2016) für zukünftige Geschehnisse betreffs Fluchtbewegungen wird das Volumen an Fluchtbewegungen jedoch noch weiter zunehmen. Das zeigen die bisherigen Entwicklungen: 2010 flüchteten auf globaler Ebene 10.900 Personen pro Tag, 2012 waren es 23.400 und 2014 bereits 42.500 Menschen pro Tag. Somit kann gemutmaßt werden, dass sich die globalen Gesellschaften nicht im Zeitalter der Migration (vgl. Castles und Miller 2009), sondern im Zeitalter der Fluchtbewegungen als Teilbestand der Gesamtmigrationsbewegungen befinden. Flucht vor Gewaltregimen, wie dem IS, vor Hungersnöten und vor allem Gewalt und politischer Verfolgung werden auch in den nächsten Jahrzehnten Beweggründe für Flucht sein. Nicht außer Acht sollten Naturkatastrophen und der globale Klimawandel gelassen werden, die Massenfluchtbewegungen auslösen könnten.

Im nächsten Kapitel werden die Folgen von Flucht dahin gehend erläutert, dass viele Flüchtlinge, denen ein Asylstatus nicht genehmigt wird oder die sich irregulär in einem Aufnahmeland befinden, zu irregulären MigrantInnen bzw. zu MigrantInnen ohne Staatsangehörigkeit *(sans papier)* werden.

3.5 Migration und Irregularität

Legale und freiwillige Migration muss von irregulären Wanderungen unterschieden werden. Irreguläre Zuwanderung geschieht dann, wenn MigrantInnen *sans papiers* (ohne Papiere oder gültige Reisedokumente) undokumentiert bzw. unautorisiert, also verborgen, in ein Land einreisen, dort leben und arbeiten. Zu dieser Kategorie zählen auch Personen, deren Einreise zunächst legal stattgefunden hat (mit Visum, zum Beispiel als Tourist, als Studierender etc.), die aber nach Ablauf des Visums nicht wieder ausreisen; sie erhalten ebenfalls einen irregulären Status. Diese Art von Zuwanderung macht den größten Anteil in der EU aus. Auch Kinder von irregulären MigrantInnen sind automatisch irreguläre MigrantInnen.

Weltweit wandern geschätzte 22 bis 44 Mio. irreguläre MigrantInnen in unterschiedliche Destinationen ein, was etwa 10 bis 25 % des globalen Gesamtmigrationsvolumens entspricht. Von 2007 bis 2009 sind 8 bis 11 Mio. irreguläre MigrantInnen pro Jahr in die USA eingereist, wohingegen es nur 4 bis 7 Mio. Menschen waren, die nach Westeuropa irregulär einwanderten (vgl. Castles und Miller 2009). In der EU stammten irreguläre MigrantInnen zwischen 2007 und 2009 oftmals aus Osteuropa, Südeuropa, Nordafrika, Syrien, Afghanistan und dem Irak, wobei die irregulären Wanderungen mitunter durch traditionelle *historische Migrationssysteme* beeinflusst waren (vgl. Abschn. 2.7).

Auch Flüchtlingswanderungen und Negativentscheidungen in Asylverfahren beeinflussen irreguläre Migration. Beispielsweise kann eine Einwanderung, um Asyl zu beantragen, irregulär stattfinden, aber nach positivem Asylentscheid zur Legalität bzw. zu einem legalen MigrantInnenstatus führen. Umgekehrt kann eine Person mit einem Touristenvisum legal in ein Land einreisen, dann aber nicht mehr in das Ursprungsland zurückkehren und im Zuge dessen zu einem/r irregulären MigrantIn werden.

3.5.1 Menschenhandel und Menschenschmuggel

Bei irregulärer Migration muss zwischen unfreiwilliger und freiwilliger Zuwanderung differenziert werden. Während *Menschenhandel (Human trafficking)* auf unfreiwilliger Basis geschieht, erfolgt *Menschenschmuggel (Human smuggling)* auf Zustimmung der geschmuggelten Personen.

Die UN (2007) definiert *Menschenschmuggel* wie folgt: Ein Schmuggler bzw. Schlepper ermöglicht einem Menschen gegen Bezahlung die illegale Einreise (den Grenzübertritt) in ein Land; der/die MigrantIn lässt sich freiwillig schmuggeln.[25]

Menschenhandel hingegen bezieht sich häufig auf die Rekrutierung von Frauen und Kindern, aber auch Männern, die entweder mit Gewalt oder mit falschen Versprechungen gezwungen werden, (oftmals als Prostituierte) im Westen zu arbeiten (vgl. D'Amato 2007, S. 23). Menschenhandel kann also definiert werden als Rekrutierung, Transport, Transfer, Verstecken oder Aufnahme von Personen mittels Drohung, Anwendung von Gewalt, Zwang oder anderen Formen von Nötigungen, aber auch durch Entführung, Betrug, Irreführung, Missbrauch von Macht oder eine Position von Verletzlichkeit.[26]

Koser (2016) schätzt, dass 600.000 bis 800.000 Menschen pro Jahr global geschmuggelt bzw. gehandelt werden – in Europa 170.000 bis 250.000, in Asien 260.000 bis 300.000. In 77 % der Fälle von Menschenhandel werden Frauen verkauft, zu 87 % davon mit dem Motiv der *sexuellen Ausbeutung*. Zwangsarbeit ist ebenso ein Beweggrund für Menschenhandel, wovon Kinder besonders betroffen sind (vgl. BBC 2009). Laut Büro der Vereinten Nationen für Drogen- und Verbrechensbekämpfung (United Nations Office on Drugs and Crime, UNOCD) kommen jährlich weitere 3 Mio. irreguläre MigrantInnen in die USA, wohingegen 55.000 von Afrika nach Europa geschmuggelt werden.

Die *Kosten für Menschenhandel und Menschenschmuggel* sind sehr hoch. Die Kosten, um von Afrika nach Europa geschmuggelt zu werden, belaufen sich

---

[25] „The procurement in order to obtain, directly or indirectly, a financial or other material benefit, of the illegal entry of a person into a state party of which the person is not a national or a permanent resident" (UNOCD 2016).

[26] „The recruitment, transportation, transfer, harboring or receipt of persons, by means of the threat, or use of force, or other forms of coercion, of abduction, of fraud, of deception, of the abuse of power or of a position of vulnerability, or of the giving or receiving of payments, or benefits to achieve the consent of a person, having control over another person, for the purpose of exploitation" (UNOCD 2016).

3.5 Migration und Irregularität

auf 6500 US$, von Europa nach Nordamerika sind es etwa 6400 US$ und von Asien nach Nordamerika 26.000 US$. Die populärsten Routen verlaufen von Süd nach Nord, also von Afrika nach Europa und Südamerika nach Nordamerika (vgl. UNOCD 2016). Die Tatsache, dass Menschenschmuggel hohe Kosten verursacht und die InteressentInnen diese auch selbst begleichen müssen, deutet darauf hin, dass MigrantInnen, die sich schmuggeln lassen, oft aus wohlhabenden Gesellschaftschichten stammen. Andererseits werden Personen, die freiwillig Schmuggelkosten an Schlepper bezahlen, auch oft Opfer von organisierten Verbrecherringen. Salt (2000) argumentiert, dass selten ein Mann als Schlepper agiert, eher handelt es sich um gut organisierte kriminelle Zirkel, die über globale Netzwerke funktionieren. Organisierter Menschenschmuggel kann in drei Phasen unterteilt werden:

1. die Mobilisierung im Herkunftsgebiet,
2. der Transit oder die Route und
3. die Eingliederung ins Zielland (vgl. Salt 2000; vgl. Salt und Stein 1997).

Die organisierten Schlepper verdienen besonders gut an den irregulären MigrantInnen. Es wird angenommen, dass weltweit 150 Mio. US$ an Schmuggler bezahlt werden. Die Transportrouten werden allgemein mit Auto oder LKW, Boot oder seltener auch mit Flugzeug überwunden. Dabei sterben jährlich Tausende von irregulären MigrantInnen, die auf der Suche nach einem besseren Leben sind, durch Erstickung im LKW, Erfrieren oder Ertrinken im Meer aufgrund von überfüllten Schlepperbooten. Hierzu gab es in den letzten Jahren fast wöchentlich neue Meldungen in den Medien, die von den irregulären Flüchtlingsströmen von der Türkei nach Griechenland oder von Nordafrika nach Spanien und Italien berichteten.

Die Konsequenz einer irregulären Einwanderung kann für die betroffenen MigrantInnen oft tragisch enden. Überleben diese die Transporte, erkennen sie als irregulär Eingewanderte, dass sie nicht mehr ausreisen und somit nicht mehr in ihre Ursprungsländer zurückkehren können. Aber auch als Irreguläre sind sie meist ein Leben lang in den Ankunftsländern auf der Flucht davor, entdeckt zu werden. Das Leben für sie in Österreich oder anderen EU-Mitgliedsstaaten ist denkbar trist. Irreguläre besitzen weniger Rechte als legale Migrantinnen, zum Beispiel ein Recht auf Sprachkurse oder Gesundheitsleistungen in Notfällen. Außerdem verfügen sie über keine Rechte, am Arbeitsmarkt oder im Bereich Wohnen einen Platz zu bekommen (vgl. Biffl 2009, 2014).

Laut EU (2015) wurden 2014 245.000 irreguläre MigrantInnen, die über das Meer in die EU einwandern wollten, aufgegriffen; 38.000 kamen auf dem Landweg. Die zentralmediterrane Einwanderungsroute (über Italien und Malta) mit 171.000 irregulären Personen ist die populärste Route (vgl. ibid.). Spanien lehnte 2013 die meisten der Einwanderer ab; 97 % davon waren MarokkanerInnen. Polen lehnte 2013 die Einwanderung von ca. 40.000 Personen ab, von denen die meisten aus Russland, Georgien oder der Ukraine stammten. Marokkanisch war 2014 die meist abgelehnte Nationalität in der gesamten EU, gefolgt von den Nationalitäten Albanisch, Serbisch, Bosnisch, Ukrainisch, Russisch und Türkisch (vgl. EU 2015, S. 2).

Tab. 3.8 stellt die Zahlen der Hochrechnungen zu irregulären MigrantInnen in der EU 28 dar (vgl. Biffl 2012, S. 59).

Ein großer Anteil an irregulären MigrantInnen lässt sich laut Tabelle in den EU-Mitgliedsstaaten mit Außengrenzen (zum Beispiel Griechenland, Portugal,

Tab. 3.8 Hochrechnung der irregulären MigrantInnen in der EU 28 (ausgewählte EU-Mitgliedsstaaten) im Jahr 2008

Land	Irreguläre Migration		Gesamtpopulation in %		Migrantenpopulation in %	
	Minimal	Maximal	Minimal	Maximal	Minimal	Maximal
EU 27	1.900.000	3.800.000	0,4	0,8	6,6	13,9
Schweden	8000	12.000	0,1	0,1	1,4	2,2
Finnland	8000	12.000	0,2	0,2	5,6	8,4
Österreich	18.000	54.000	0,2	0,6	2,1	6,2
Deutschland	196.000	457.000	0,2	0,6	2,9	6,8
Frankreich	178.000	354.000	0,3	0,6	4,8	9,6
Irland	3000	62.000	0,7	1,4	7,3	15,0
UK	417.000	863.000	0,7	1,4	10,0	20,6
Niederlande	62.000	131.000	0,4	0,8	8,6	18,2
Belgien	88.000	132.000	0,8	1,2	8,7	13,0
Portugal	80.000	100.000	0,8	0,9	18,1	22,6
Spanien	280.000	354.000	0,6	0,8	5,0	6,3
Italien	279.000	461.000	0,5	0,8	7,2	11,8
Griechenland	172.000	209.000	1,5	1,9	23,4	28,5
Ungarn	10.000	50.000	0,1	0,5	5,4	27,1
Polen	50.000	300.000	0,1	0,8	82,8	496,7
Rumänien	7000	11.000	0	0,1	22,3	35,1
Bulgarien	3000	4000	0	0,1	12,6	16,8

Italien, Spanien, Großbritannien oder Rumänien) finden. 6,6 % bis 13,9 % der EU 27-Migrantenpopulation sind irreguläre MigrantInnen; von der Gesamtbevölkerung der EU 27 sind es 0,4 % bis 0,8 %. Die höchsten (aber minimal angenommenen) Raten zeigen Portugal, Belgien und Griechenland. Fast 30 % (maximale Annahme) der griechischen Migrantenpopulation ist irregulär.

Es kann angenommen werden, dass dies auch mit dem Dubliner Übereinkommen (Dublin-III) 2013 zusammenhängt. Nach diesem müssen Asylverfahren von Asylsuchenden vom Ersteinreiseland aufgenommen und durchgeführt werden (vgl. EUR-Lex 2016). Das bringt mit sich, dass zentral gelegene EU-Mitgliedsstaaten, wie Deutschland oder Österreich, Asylreisende, die bereits über einen anderen Mitgliedsstaat in die EU eingereist sind, wieder zurücksenden und die Verantwortung für das Asylverfahren damit wieder abgeben können. Dieses Vorgehen führte bereits 2015 zu Streitigkeiten unter den EU-Mitgliedsstaaten; eine Neuregelung des Verfahrens und der Verantwortung eines jeden einzelnen EU-28-Mitgliedsstaaten ist derzeit noch nicht in Sicht.

Ein Großteil der Asylsuchenden reist irregulär über Schlepper ein. Besonders die Routen von Afrika nach Südeuropa (Spanien, Italien, Portugal) und von der Türkei (syrische und afghanische Flüchtlinge) nach Griechenland sind beliebt. Diese EU-Außengrenzstaaten haben eine erhöhte Anzahl an irregulär Einreisenden. Die hohe Konzentration an den südlichen Außengrenzen ist durch die hohe Schlepperanzahl, die Personen über das Meer in die EU schmuggeln wollen, erklärbar. Andererseits weisen südliche EU-Mitglieder trotz restriktiver Migrationsregime eine hohe Toleranz gegenüber irregulären MigrantInnen auf (vgl. Castles und Miller 2009; Atac 2012). Hier sei allerdings zu erwähnen, dass es Debatten zur allgemeinen Globalisierung der Migrationsregime gibt (vgl. Düvell 2008). Diesbezüglich werden Konzepte diskutiert, die die *Fortress Europe* (Festung Europa) erwähnen. Dem Fortress-Europe-Gedanken liegt zugrunde, dass restriktive Migrationspolitik und Exklusionspraktiken nicht nur irregulären MigrantInnen gegenüber praktiziert werden.

Die meisten der irregulär in der EU 28 Ansässigen waren im Jahr 2014 SyrerInnen (84.555), EritreerInnen (39.625) und AfghanInnen (36.650). Die Top 15 Nationalitäten der irregulär Residierenden zeigt das Abb. 3.4. Insgesamt lebten 2014 547.335 Personen irregulär in der EU 28. Davon waren die meisten (64 %) zwischen 18 und 34 Jahre alt, etwas mehr als ein Viertel (26 %) älter als 34 Jahre, 6 % im Alter von 14 bis 17 Jahren und 4 % Kleinkinder im Alter von unter 4 Jahren (vgl. EU 2015a, S. 3–4).

Österreich wird dabei als ein Ziel- und Transitland für irreguläre Migration angesehen (vgl. BMI 2014). Im Jahr 2014 wurden 34.070 Personen aufgegriffen, die irregulär nach Österreich eingereist waren. Im Vergleich zu 2013 (27.486

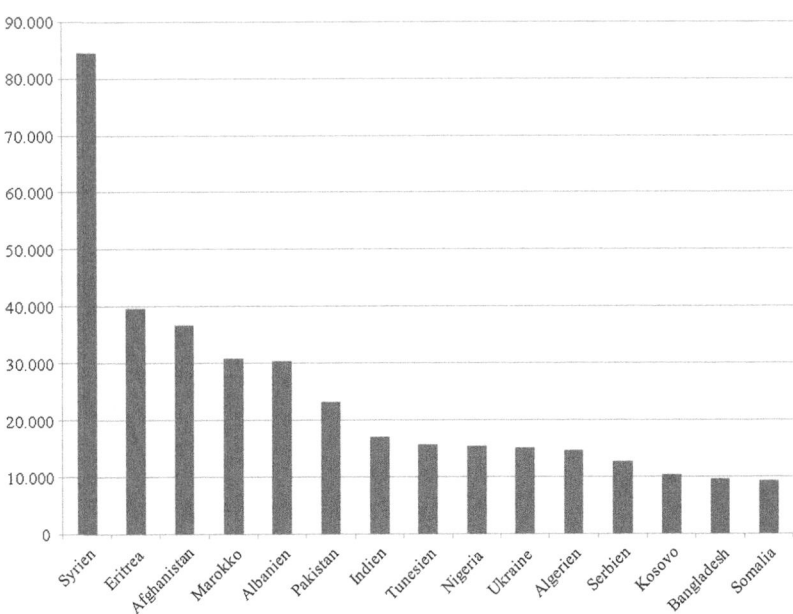

Abb. 3.4 Die Top 15 Nationalitäten der irregulär Residierenden in der EU 28. (EU 2015, S. 3)

Personen) bedeutete dies eine Steigerung um rund 24 % (vgl. ibid.). Geschmuggelt wurden vor allem RussInnen, SyrerInnen, AfghanInnen und SerbInnen. Biffl (2014) hält fest, dass 2012 1780 InderInnen, 895 SerbInnen, 814 NigerianerInnen, 714 Pakistanis und 648 AfghanInnen irregulär in Österreich residierten. Der Großteil der geschmuggelten Personen waren Männer (79 %) mittleren Alters (19 bis 30 Jahre, 46 %).

Laut neuesten Berichten des BMI (2016d) hat sich die Zahl der geschleppten Menschen, die 2015 in Österreich aufgegriffen wurden, verdreifacht. SyrerInnen bildeten dabei die größte Gruppe. Die Gesamtzahl der Geschleppten stieg demnach auf 72.179 im Jahr 2015. Die Zahl der rechtswidrig eingereisten und in Österreich rechtswidrig ansässigen Menschen erhöhte sich von 12.719 im Jahr 2014 auf 20.975 im Jahr 2015. Die Zahl der festgenommenen Schlepper hat sich laut Bericht des BMI mehr als verdoppelt (von 511 im Jahr 2014 auf 1108 in 2015). Die meisten der Schlepper waren serbische Staatsangehörige (190), gefolgt von RumänInnen (141) und UngarInnen (139) (vgl. BMI 2016d). Der Großteil der geschleppten Personen kam aus dem Bürgerkriegsland Syrien (21.473), gefolgt von Afghanistan (20.391), dem Irak (12.732), Iran (2656) und Pakistan (2633). Am häufigsten griff man im Bezirk Neusiedl am See (11.113), in der Stadt Salzburg (5178), im Bezirk Bruck an der Leitha (5077) und im Bezirk Innsbruck-Land (4687) irreguläre MigrantInnen auf. Im EU-Vergleich sieht die Lage Österreichs wie folgt aus: Während in Österreich im Jahr 2008 zwischen 18.000 und 54.000 Irreguläre lebten, waren es in Deutschland 196.000 bis 457.000, in Großbritannien 417.000 bis 863.000 und beispielsweise in Bulgarien lediglich 3000 bis 4000 Menschen (vgl. Biffl 2012).

3.5.2 Schattenökonomien oder Clandestine Work

Wirtschaftssoziologisch bezeichnet man mit den Begriffen *Schattenökonomie* und *Clandestine Work* (Schwarzarbeit) alle *Wirtschaftsaktivitäten, die in der volkswirtschaftlichen Gesamtrechnung nicht erfasst werden (können)* (vgl. Wirtschaftslexikon 2016). Auf globaler Ebene sind populäre Schattenökonomien beispielsweise in den Bereichen Haus- sowie Pflegearbeit, Unterhaltung und Sexarbeit zu finden.

Laut Biffl (2009) befanden sich 2008 in Österreich 40.000 Irreguläre, die im Pflegesektor, in der Baubranche, im Catering oder der Landarbeit tätig waren. Biffl (2014) argumentiert weiter, dass bis 2002 die meisten der irregulären migrantischen Arbeitskräfte aus Polen, der Slowakei oder dem damaligen ehemaligen Jugoslawien stammten. Saisonarbeitskräfte, die sich regulär am österreichischen Arbeitsmarkt aufhielten, wurden von Biffl (2014) auf etwa 60.000 bis 70.000 Menschen pro Saison geschätzt.

Debatten zu irregulären MigrantInnen reichen von der Unterstützung der Menschenrechte über die Legalisierung des Status von Irregularität zu Regularität bis hin zu den Diskursen der Abschottung Europas von irregulären MigrantInnen und der Kritik an Schattenwirtschaften als Schädlinge der nationalen Volkswirtschaften. Außerhalb der statistischen Analysen zu Irregularität, sofern diese möglich sind, ist es mit Hürden verbunden, Zugang zu irregulären MigrantInnen zu erhalten. Aufgrund der Angst vor Abschiebung gibt es nur wenige Studien mit qualitativem Fokus bzw. Interviews zu Lebensgeschichten.

Irreguläre Migration und ein irregulärer Migrationsstatus als Folgeerscheinungen von Flucht stehen auch in Abhängigkeit der Flucht- und Asylpolitik der Aufnahmestaaten. Diese werden auch in Zukunft mehr oder weniger irreguläre MigrantInnen hervorrufen. Abschn. 3.7 wird zusätzlich noch einmal auf das Thema der irregulären Migration eingehen.

3.6 Migration und Identität

Identitätsfindungsprozesse von MigrantInnen der ersten und zweiten Generation und die kulturellen Schemata, die sich daraus ergeben, sind Teil der Forschung innerhalb der Migrationssoziologie. Die Suche nach der eignen Identität führt bei Jugendlichen der zweiten Generation einerseits verstärkt über das Auseinandersetzen mit dem Herkunftsland und der Heimatkultur der Eltern, andererseits aber auch über interkulturelle, hybride und sehr unterschiedlich ablaufende Identifikationsprozesse. Diese können im allgemeinen Integrationsprozess als sehr bedeutsam erachtet werden, wie bereits im ersten Teil des vorliegenden Buches ausgeführt (vgl. besonders Abschn. 2.10).

Seit den 1990er-Jahren gerieten sowohl pluralistische als auch multikulturalistische Ansätze auf wissenschaftlicher Ebene in Kritik (vgl. Wieviorka 2003; vgl. Yildiz 2008, 2009). Als Folge wurden neue In-between-Konzepte entwickelt. Theorien zu *Hybridität* und *Hybridkulturen* können zu dieser konzeptuellen Weiterentwicklung gezählt werden. In ihrer Herangehensweise an migrantische Identitäten vereinen sie ein zeitgenössisches Verständnis von Ethnizität und die ethnische Identifikation der MigrantInnen. Hierbei wird auch Bezug auf weitere Kategorien, wie Gender oder den sozialen Status, genommen. Konzepte zu *Cultural Hybridity* (kultureller Hybridität) – im weiteren Sinne *Hybrid Identities* (hybride Identitäten) – und zu *New Ethnicities* (neuen Ethnizitäten) gehen davon aus, dass migrantische Hybridkulturen entstehen und dabei neue Identifikationsmuster angewendet werden, somit eine Art *In-between-Status* bzw. *Sowohl-als-auch-Status* (ein Zwischenstatus) entsteht. Hierbei halten MigrantInnen ihre eigene Kultur aufrecht und nehmen einzelne Elemente aus anderen Gruppen an, wodurch neue hybride Identitäten entstehen (vgl. Grossberg 1996; vgl. Bhaba 1996; vgl. Hall und DuGay 1996). Neuere Studien zur Hybridität migrantischer Identitäten entwickeln diese Konzepte weiter (vgl. Karasu 2008). Foroutan (2013, 2014, 2015) befasst sich hier mit postmigrantischer Identitätsfindung, mit den Themenfeldern von Hybridität sowie kulturellen, ethnischen, religiösen und nationalen Mustern der Identitätsfindung (vgl. Aigner 2013b).

Mit der Kritik an bestehenden Integrations- und Migrationsmodellen allgemein wurde auch das übergreifende Konzept der *Interkultur* (vgl. Terkessidis 2010) entwickelt. Interkultur besteht in der Beschreibung des Ist-Zustands einer migrationsbeeinflussten Gesellschaft als eine Situation, in der verschiedene, teilweise äußerst heterogene Gruppierungen aufeinandertreffen und miteinander letztlich gleichberechtigt umgehen müssen. Dies geschieht in der Regel in einer *Etablierten-Außenseiter-Figuration,* da es eine alteingesessene Mehrheitsgesellschaft gibt und sich von außen hinzukommende neue (migrantische) Gruppen

3.6 Migration und Identität

nach konventionellem Bild integrieren oder assimilieren müssen bzw. bestenfalls eine hybride und separierte Parallelkultur bilden können. Es gilt nach Terkessidis (2010, S. 21), diesen Ist-Zustand „unintegrierter und unintegrierbarer migrantischer Präsenz" als „interkulturellen Grundzustand" als solchen zu erkennen, um etwas völlig Neues zu konzipieren, das eben nicht in Integration, Assimilation oder im bloßen Nebeneinander (Multikulturalität) besteht, sondern eine neue Qualität erhält (vgl. Aigner 2013b).

Mark Terkessidis (2003, 2006, 2012a,b) beschäftigt sich als Journalist, Autor und Publizist mit Phänomenen gesellschaftlicher Mobilität und daraus folgender Interkulturalität. In seiner Publikation *Interkultur* (2010) bezieht Terkessidis Stellung zu Debatten um Integration, Mehrheitsgesellschaft und *Parallelgesellschaften* (vgl. Abschn. 2.4) und gibt diesen Debatten einen neuen Akzent. Er definiert sein Konzept der Interkultur grundsätzlich

> [...] ausgehend von einer natürlichen Gegebenheit der Vielfalt. [...] In diesem Konzept gibt es keine Defizite, sondern Potenziale in den Besonderheiten der Individuen, welche meist von Institutionen nicht genutzt werden (Terkessidis 2012a, S. 113).

Der Interkulturgedanke von Terkessidis sieht demnach eine *Gleichberechtigung* der unterschiedlichen heterogenen Gruppierungen in der migrationsbeeinflussten Gesellschaft vor und nicht ein äußeres Hinzukommen und Integrieren oder Assimilieren einer neuen (migrantischen) Gruppe in die alteingesessene Mehrheitsgesellschaft – im Gegensatz zu den bereits oben genannten gängigen Modellen (vgl. Berry 2004; vgl. Esser 2001; vgl. zum Teil auch Heckmann 2005; vgl. Elias 1965, 1990). Nach Terkessidis erhält dieser *interkulturelle Grundzustand* eine neue Qualität:

> Einwanderung wurde oft als eine Art Störung der Harmonie [...] betrachtet. Doch diese Harmonie hat nie existiert. Und Harmonie muss auch nicht immer das Ideal sein – aktuell haben wir es mit Dissonanz und Brechung, mit Unreinheit und Improvisation zu tun. Das bedeutet nun nicht, dass sich langfristige Planung nicht mehr lohnt – im Gegenteil: Sie muss aber flexibler werden. Wir stehen vor der großen Aufgabe einer interkulturellen Alphabetisierung. Und dabei lernen wir alle eine neue Sprache (Terkessidis 2010, S. 10).

Dies ist ebenso gleichzusetzen mit der Tatsache, dass Personen mit Migrationshintergrund interkulturelle Identitäten annehmen und daher in Prozessen eigene kulturelle Merkmale an die mehrheitsgesellschaftliche Identität abgeben, aber gleichwohl kulturelle Charakteristiken der Mehrheitsgesellschaft annehmen.

In der Publikation *Interkultur* (2010) kritisiert Terkessidis dementsprechend viele Klischees bisheriger Migrationstheorien (vgl. ibid., S. 39–76). Er vermittelt dabei die Unangemessenheit eines bisherigen Theorien zugrunde liegenden statischen Verständnisses von Gesellschaft und eines immer wieder als „Allheilmittel" verbreiteten Konzepts einer (eindimensionalen) *Diversität* in Politik und Wirtschaft, welche er als fallweise *„nicht funktionsfähige Alibi-Reparaturleistung"* entlarvt, die auch zusätzliche Stigmatisierungen bewirken kann (so paradoxerweise von migrantischen Gruppen in Programmen, die eigentlich deren Förderung zum Ziel haben; vgl. Terkessidis 2010, S. 113 ff.; vgl. Terkessidis 2012a). Terkessidis argumentiert damit sowohl gegen Assimilation als auch gegen Multikulturalismus und plädiert auf eine allgemeine soziale Öffnung, die Interkulturalität ernst nimmt. Hierbei vertritt er den Standpunkt, dass *Multikulturalismus* in Wahrheit *eine Fixierung auf die Herkunft bedeutet,* die nicht immer sinnvoll ausgelebt werden kann. *Integration* setzt er dabei etwas verein- fachend mit *Assimilation* gleich (vgl. Terkessidis 2006 in Aigner 2013b).

Identifikationsprozesse finden oft nicht als Schwarz-Weiß- bzw. Entweder-oder-Prozesse der Herkunft- und der Aufnahmekultur, sondern als In-between-Prozesse, als interkulturelle Prozesse oder auch hybride Identitätsfindungen statt, wobei eine neue Identität gefunden und geformt wird. Hier werden Elemente der Aufnahmekultur mit jenen der Heimatkultur vermischt, was neue Diversitätspotenziale generiert.

In den Debatten um interkulturelle Identitäten sollte sich nach Terkessidis also nicht nur auf die Defizite, die MigrantInnen mitbringen (und wie diese ausgemerzt werden können), fokussiert werden, sondern darauf, wie Institutionen ethnische Vielfalt als Potenzial nutzen können. Hier verweist Terkessidis auf den Umgang mit Vielfalt in Großbritannien, wo *Celebrating Diversity* (vgl. Brandon 1995) gilt – im Gegensatz zu den vorherrschenden Assimilationspraktiken des *Compensating Diversity* in Deutschland und Österreich (Aigner 2013b).

Der *Celebrating-Diversity*-Ansatz beinhaltet im Kern, dass kulturelle, ethnische, religiöse und sprachliche Differenzen in einer Gesellschaft weder theoretisch noch praktisch-politisch als Störung, Beeinträchtigung oder Gefahr einer prädefinierten sozialen bzw. soziokulturellen Harmonie begriffen werden können, sondern dass sie als Ressourcen für das Empowerment (Selbstbefähigung) von Menschen und für die Entwicklung von Sozial- und Wirtschaftsstrukturen unter den Bedingungen der Globalisierung zu sehen und zu analysieren sind (vgl. Rinne et al. 2010, S. 9–11).

Vertovec (2012) beispielsweise hält den Terminus *Super Diversity* (Superdiversität) als passend, um zeitgenössische Identifikationsmuster von Personen mit Migrationshintergrund (mit Bezug auf Großbritannien) zu beschreiben.

3.6 Migration und Identität

Er bezieht sich auf die zunehmende Diversität der Bevölkerung, beispielsweise auf das Zusammentreffen von bereits interkulturellen Identifikationsmustern. Er beschreibt Superdiversität als Konzept, das verschiedene Identifikationsmuster bzw. Variablen einbezieht, zum Beispiel Transnationalität, hybride kulturelle Identifikation.

Auch der Begriff *Transkulturalität* und infolge *transkulturelle Identitäten* gewinnen zusehends an Bedeutung (vgl. Abschn. 3.1).

> ‚Transkulturalität' will, dem Doppelsinn des lateinischen trans- entsprechend, darauf hinweisen, dass die heutige Verfassung der Kulturen jenseits der alten (der vermeintlich kugelhaften) Verfassung liegt und dass dies eben insofern der Fall ist, als die kulturellen Determinanten heute quer durch die Kulturen hindurchgehen, so dass diese nicht mehr durch klare Abgrenzung, sondern durch Verflechtungen und Gemeinsamkeiten gekennzeichnet sind. […] Das neue Leitbild sollte nicht das von Kugeln, sondern das von Geflechten sein (Welsch 2010, S. 3).

Auf Mikroebene beschreibt *Transkulturalität* die transkulturelle Ausprägung von Individuen wie folgt:

> Die meisten unter uns sind in ihrer kulturellen Formation durch mehrere kulturelle Herkünfte und Verbindungen bestimmt. […] Die kulturelle Identität der heutigen Individuen ist eine Patchwork-Identität (ibid., S. 5).

Welsch erläutert hierzu, dass heutige Jugendliche mit unterschiedlichen kulturellen Mustern heranwachsen und somit die kulturelle Identitätsbildung durch die Verbindung von vielen kulturellen Elementen bestimmt wird.

Transnationale Lebensweisen (vgl. Abschn. 2.12) und auch Lebensweisen in Netzwerk-Communities (vgl. Abschn. 2.13) in Aufnahmeländern können als transkulturell fördernd angenommen werden. Leben Personen mit Migrationshintergrund in einer zirkulären Migrationsform, also einer Art Pendelmigration, wie es beim Transnationalismus üblich ist, so ist denkbar, dass transkulturelle Identifikationsprozesse stattfinden. Diese sind, entgegen Welschs (2010) Aussage, aber nicht von unterschiedlichen kulturellen Elementen, die MigrantInnen im Aufnahmeland auffinden, geprägt, sondern von den Vernetzungen mit den Herkunftsgesellschaften (zum Beispiel familiäre Bindungen).

Im Teilbereich Migration und Identität kann demnach davon ausgegangen werden, dass zeitgenössische und zukünftige Identifikationsprozesse, wie bereits argumentiert, von theoretischen Assimilationsmodellen weitestgehend dissoziiert sind. Sie fokussieren sich heute – von Transnationalismus und Netzwerktheorien (vgl. Abschn. 2.12 und 2.13) beeinflusst – vielmehr auf Hybriditäten und interkulturelle Lebensformen, die wiederum auch Potenziale beinhalten.

3.7 Feminisierung von Migration

Castles und Miller (2009), aber auch andere titulierten die Feminisierung von Migration noch vor einigen Jahren als neuen Trend der zeitgenössischen Migrationsbewegungen. Schon 1984 wurde erstmals darauf aufmerksam gemacht. Houstoun et al. (1984) stellten in einer Vergleichsstudie (bezogen auf die USA) fest, dass im Zeitraum von 1857 bis 1929 die Zahl der männlichen Immigranten die der weiblichen überstieg, aber dass seit 1930 Frauen durchgehend mehr als die Hälfte der MigrantInnen ausmachen; dies schließt Migration von Frauen sowohl in abhängiger als auch unabhängiger Position ein.

Spindler (2011) argumentiert, dass sich das Phänomen global abzeichne, da Frauen aus ärmeren Ländern in wohlhabende Industrienationen emigrieren, zu migrantischen Hausarbeiterinnen gemacht werden und dort eine Lücke in der vergeschlechtlichten Welt der Hausarbeit füllen.

Vor allem Han (2003) konstatiert, dass der generelle Strukturwandel der Weltwirtschaft zur Feminisierung der Migration führe. Dies werde durch Globalisierung und Transnationalisierungsprozesse, bei denen internationale Arbeitskräfte auf zirkulierende Art und Weise migrieren, sichtbar (vgl. Abschn. 2.12). Diese neue internationale Arbeitsteilung mache grenzüberschreitende Arbeitstätigkeiten von Frauen unumgänglich und fördere die Notwendigkeit von billigen Frauenarbeitskräften.

Auch Sassen (vgl. Abschn. 2.9) sowie Harris und Todaro (1970) merken an, dass sich einheimische Arbeitskräfte auf die höheren Lohngruppen im Finanzwesen, in der Forschung und im Management konzentrieren, wohingegen die schlechter bezahlten Arbeitskräfte die unteren Segmente des Arbeitsmarktes bedienen. Hier entstehe eine Nachfrage nach migrantischen Arbeitskräften in Niedriglohnsegmenten, worunter auch die vergeschlechtlichten Haus-, Pflege- oder Reinigungsarbeiten fallen.

Neuere Statistiken besagen jedoch, dass eine Feminisierung der Migration per se nicht klar erkennbar ist. Frauen nehmen mittlerweile minimal weniger als die Hälfte der gesamten Migrantenpopulation auf globaler Ebene ein, genauer gesagt 48,2 % im Jahr 2015 (vgl. UN 2016a). Die meisten weiblichen MigrantInnen gab es 2015 in Europa (52.4 %) und Nordamerika (51.2 %). Allerdings war der Prozentanteil an Migrantinnen auch in Asien (42 %) und Afrika (46.1 %), wo männliche Migranten überwiegen, hoch. In Asien beispielsweise stieg die Immigration von Männern um 62 % von 27 Mio. im Jahr 2000 auf 44 Mio. in 2015. Dagegen stieg die Immigrationsrate von Frauen im Verhältnis weniger an: von 22 Mio. auf 32 Mio. (um 40 %). Ein Motiv, das diese Migrationsströme beeinflusst haben könnte, ist die Nachfrage nach Arbeitskräften in der Ölproduktion in Westasien.

3.7 Feminisierung von Migration

Ähnliches gilt für Afrika. Nur in Lateinamerika, in der Karibik und in Ozeanien sowie Nordamerika stieg die weibliche Migration stärker an als die der Männer. (vgl. ibid.) In Europa betrug der Anstieg an Migrantinnen 0,8 % (von 51.6 % im Jahr 2014 auf 52.4 % im Jahr 2015). In Nordamerika stieg der Anteil der Migrantinnen von 50.5 % auf 51.2 % im Zeitraum von 2014 bis 2015. In Asien fiel dagegen der Anteil an Migrantinnen von 45.6 % im Jahr 2000 auf 42 % im Jahr 2015 (vgl. ibid.).

Düvell (2006) argumentiert, dass die Feminisierung der Migration mit der Bedeutung spezifischer Arbeitsmärkte, wie dem der Hausarbeit oder Pflegetätigkeiten und der Gesundheitssektor allgemein, assoziiert werde. Auch korrespondiere nach Angaben des Entwicklungsprogramms der Vereinten Nationen (United Nations Development Programme, UNDP) die Feminisierung der Migration mit der zunehmenden Armut der Frauen.

Ein anderer Hauptgrund für weibliche Migration liegt in einer Risikoreduktionsstrategie auf familiärem Niveau bzw. einer Strategie zur wirtschaftlichen Risikoreduktion. Besonders ungebundene, junge Frauen aus Afrika oder Lateinamerika werden innerhalb einer Familie ausgewählt, allein zu emigrieren und so über Geldrückflüsse ihre zurückgebliebenen Familien zu stützen. Frauen wird mehr Loyalität als Männern zugeschrieben, weshalb sie oft eher von der Familie entsendet werden. Junge Männer werden dagegen seltener auserwählt, da sie als familiäre Notwendigkeit in den Herkunftsregionen gelten. Aber auch verheiratete Mütter beginnen transnationale Pendelverhältnisse. So entstehen transnationale Haushalte, in denen oft Ehemann und Kinder in den Herkunftsländern zurückbleiben und von den Frauen abhängig sind. Mutterschaft auf Distanz ist somit ein neues globales Phänomen (vgl. Han 2003; vgl. Castles und Miller 2009, 2014).

Auch die in Abschn. 3.5 angesprochene irreguläre Migration betrifft häufiger Frauen, vor allem im Bereich des Menschenhandels. Die geschätzte jährliche Dunkelziffer des Verkaufs von Frauen und Mädchen für Sexarbeit beträgt etwa 800.000 (vgl. Koser 2016). Han (2003) sieht diese Form des Menschenhandels bereits seit den 1970er-Jahren des vergangenen Jahrhunderts drastisch zunehmen. Wegbereiter dieser Form der Migration von Frauen waren besonders die *Female Entertainers* in Japan, die in Vergnügungsvierteln tätig waren und vornehmlich von den Philippinen stammten. Seit Beginn der 1990er-Jahre findet diese Art von Menschenhandel zum Zwecke der sexuellen Ausbeutung auch in Richtung Europa statt (vgl. ibid.). So argumentiert Han weiter, dass in Europa vier Wellen bzw. Ströme des Menschenhandels mit Frauen dominieren: der Handel mit Frauen 1) von den Philippinen und aus Thailand, 2) aus Südamerika, vor allem aber 3) aus Kolumbien und der Dominikanischen Republik, aus Afrika, Ghana und Nigeria sowie – besonders seit Mitte der 1990er-Jahre – 4) aus Osteuropa, beispielsweise Ungarn, Polen, Tschechische Republik, Russland, Rumänien, Albanien und der Ukraine (vgl. ibid.; vgl. Impe 2000, S. 114). Ursache dafür ist oftmals der Wunsch der Frauen, zu einer besseren Lebensqualität zu gelangen. Häufig werden ihnen von illegalen Vermittlungsagenturen, zum Beispiel Arbeitsvermittlungsagenturen oder auch von Reisebüros, entsprechende Versprechen gegeben. Durch Manipulation und Irreführung werden so Frauen gegen eine Gebühr ins Ausland gebracht und nicht selten finden sich diese Frauen dann in Verflechtungen krimineller Netzwerke wieder. Wenn sie die hohen Schlepper- bzw. Vermittlungsgebühren dann nicht retournieren können, werden sie zur Sexarbeit gezwungen (vgl. ibid.). Aus Interesse an einer freiwilligen Migration zum Zwecke der Verbesserung der eigenen Lebensqualität gegen eine Vermittlungsgebühr wird so eine irreguläre, unfreiwillige Migration und damit Menschenhandel.

Zeitgenössisch konzentrieren sich Theoretiker im migrationssoziologischen Bereich auf die Frage, welchen Einfluss Wanderungsprozesse auf Geschlechterverhältnisse und auf die Veränderungen sozialer Konstruktionen von Männern und Frauen sowohl für die MigrantInnen als auch die Gesellschaften, in denen sie dann leben, haben. Hier wird die Generierung eines *Homo oeconomicus* gemutmaßt – einer flexiblen, mobilen, ökonomischen Person, die als geschlechtsneutral gilt, die allerdings ohne Care-Pflichten auf dem Weltmarkt agiert (vgl. Lutz 2009; vgl. Apitsch 2009; vgl. Morokvasic 2009). Lutz (2009), Apitsch (2009) und Morokvasic (2009) befinden jedoch, dass eine Umverteilung von Reproduktion oder Fürsorgearbeit nicht stattgefunden habe, sondern Care-Arbeit weiterhin meist weiblich verstanden wird. Eine Umverteilung findet möglicherweise aber auf ethnischer Ebene statt, indem migrantische Frauen die Arbeit von Einheimischen übernehmen.

Forscher stellen sich weiterhin die Frage nach den Biografien und Lebensstilen migrantischer Frauen. So müssen auch Kontexte und Lebensstile in den Herkunftsländern gleichermaßen jenen der Aufenthaltsländer berücksichtigt werden, beispielsweise muss auf Migrationsregime eingegangen werden. Nach dem Ansatz Andersons (1990, 2002) gilt es, den Sachverhalt zu betrachten, wonach Migration, Gender und Migrationsregime eng miteinander verflochten sind (vgl. Nickel 2009). In diesem Sinne muss auf die nationalen Regelungen von Kinder- und Altenbetreuung, auf die Familienmodelle und die Wohlfahrtsstaatsmodelle der Aufnahmegesellschaften genau eingegangen werden, um Gender und Migration wissenschaftlich zu analysieren und zu differenzieren. Es ist daher ausgesprochen vielschichtig und komplex, die Feminisierung der Migration global zu erfassen.

3.7 Feminisierung von Migration

Morokvasic (2009) argumentiert, dass im Zuge der Migration von Frauen Geschlechterordnungen dadurch irritiert werden, dass Frauen den Status der Familienversorgerin einnehmen. Zugleich wird ihnen aber auch die Schuld an sozialer Anomie gegeben, in dem Sinne, dass durch die Abwesenheit der Mutter die Familie und der Nachwuchs verwahrlosen. Dies führt, so Morokvasic, auch dazu, dass die Reproduktion von Genderungleichheiten intensiviert statt aufgelöst wird. Die Männer, die in den Ursprungsländern zurückbleiben, sind verunsichert, während die Frauen ihnen die häusliche Rolle nicht zutrauen. Sie verfallen daher in intensive Pendelmigration. Feminisierung von Migration findet laut Moroskovic unter anderem aber auch deshalb statt, weil über Internet-Dating-Agenturen Ersatzfrauen auf dem Heiratsmarkt gesucht und gefunden werden, beispielsweise für traditionelle Partnerschaften zwischen Einheimischen und Osteuropäerinnen oder Philippinerinnen.

Emigration von Frauen kann daher nur dann als erfolgreich angesehen werden, wenn Frauen ihre Migration selbst kontrollieren können und eigenständig bleiben, um tatsächlich ihre Lebensqualität zu verbessern. Frauen, die Migration in einer Abhängigkeitsrolle erleben, leben häufig zu schlechteren Bedingungen als vor ihrer Migration.

In Europa – mit Fokus auf Deutschland – zeigt sich, dass grundsätzlich hoch qualifizierte Migrantinnen schwerer Zugang zum Arbeitsmarkt erhalten als ihre männlichen Pendants. Im Mikrozensus 2009 waren 40 % der hoch qualifizierten Migrantinnen zwischen 23 und 65 Jahre alt und nicht erwerbstätig. In Österreich schwankte die Erwerbsbeteiligung der Frauen je nach Herkunftsland: Einerseits war die Erwerbstätigenquote der Frauen aus den EU-Staaten (vor 2004) den sonstigen EWR-Staaten und der Schweiz (70 %) gleichauf mit jener der Frauen ohne Migrationshintergrund, andererseits nahmen nur eine Minderheit der türkischen Frauen (42 %) sowie nur die Hälfte der Frauen aus sonstigen Drittstaaten (50 %) und lediglich 59 % der Frauen aus dem ehemaligen Jugoslawien (außerhalb der EU) am Erwerbsleben teil. Insgesamt gab es eine geringe Erwerbsbeteiligung von Müttern mit Migrationshintergrund. Unter den 20- bis 59-Jährigen waren im Jahr 2014 27 % der Frauen ohne Migrationshintergrund, jedoch 39 % der Frauen mit Migrationshintergrund nicht erwerbstätig. Teilzeitbeschäftigungen waren hingegen bei den Frauen ohne Migrationshintergrund (35 % vs. 30 % bei Migrantinnen) häufiger vorzufinden. Frauen mit Kindern arbeiteten deutlich öfter in Teilzeit (42 %) als Frauen ohne Kinder (21 %). Bei Müttern mit und ohne Migrationshintergrund gab es deutliche Unterschiede in der Erwerbsbeteiligung: Während Mütter ohne Migrationshintergrund deutlich häufiger Teilzeitbeschäftigungen annahmen (45 % vs. 34 % bei Migrantinnen), waren Mütter mit Migrationshintergrund zu einem größeren Teil (39 % vs. 21 % bei Müttern ohne Migrationshintergrund) gar nicht erwerbstätig (vgl. Statistik Austria 2015, S. 52).

Wenngleich sich Globalisierung und Transnationalismus, die Globalisierung der Arbeitsmärkte und internationalen Firmen auf die Migration von Frauen auswirkten und bis vor Kurzem eine Feminisierung der Migration zu beobachten war, kann nichts desto trotz aufgrund der statistischen Daten von dieser als Zukunftstrend nicht wirklich Gebrauch gemacht werden. Die weltweite Migrantinnenpopulation ist zwar hoch, jedoch global gesehen nahezu ident mit der der Männer. Eine grundlegende Feminisierung der Migrationsbewegungen lässt sich daher nicht feststellen, wie in Abschn. 3.2 jedoch erwähnt, ist Migration von Frauen stark von Arbeitsmarkt und Nachfrage abhängig und kann daher ansteigen oder abfallen.

4 Perspektiven der Migrationssoziologie

Perspektiven der Migrationssoziologie und Migrationsforschung wurden in ihren unterschiedlichen Facetten, wie Ursachen und Wirkungsweisen, Einfluss von Migration auf Aufnahmegesellschaften und Auswirkungen in den Entsendegesellschaften, ansatzweise erläutert. Die Fragestellungen und Forschungsfelder, sowohl auf theoretischer also auch auf Praxisebene, sollen sich jedoch in der Migrationsforschung nicht nur auf Europa oder die Industrienationen beschränken, sondern auch auf globaler bzw. internationaler Ebene erforscht werden. Das folgende Kapitel zu Internationalität, globalen Migrationsströmen und Migrationstrends wird daher einen Einblick in die Entwicklung weltweiter Migrationsströme sowie in die Zukunftstrends im Migrationsfachbereich geben.

4.1 Internationalität, globale Migrationsströme und Migrationstrends

Migration und neue Migrationsbewegungen prägen wie auch in der Vergangenheit schon noch in Zukunft unsere Gesellschaftssysteme auf globaler Ebene. Diese weltweiten Migrationsdynamiken stellen daher Herausforderungen an Gesellschaften, Staaten, Politik und Entscheidungsträger.

Globalisierungsdynamiken, die Entstehung von Global Cities, Dynamiken von Transnationalismus leisteten ihren Beitrag im Entstehen von Migrationssystemen und werden auch in Zukunft zu neuen Formen dieser führen. Gegenwärtige Entwicklungen und Trends internationaler Migrationen werden vor allem mit Konzepten zur *Süd-Süd-Migration,* zu *Flucht-Asyl-Migration,* zur *Feminisierung* der Migration, zu *irregulären Migrationen* und *Remittances* (Geldrückflüsse)

© Springer Fachmedien Wiesbaden GmbH 2017
P. Aigner, *Migrationssoziologie*, Studienskripten zur Soziologie,
DOI 10.1007/978-3-531-18999-4_4

beschrieben. Neuen Typologien von MigrantInnen soll in der Migrationsforschung und Migrationssoziologie jedoch in Zukunft mehr Gewichtung zukommen, angesichts der Globalisierungstrends, des prognostizierten Klimawandels und der daraus folgenden Umweltkatastrophen, aber auch angesichts der global häufiger auftretenden Bürgerkriege und Konflikte, die zu regulären und irregulären Fluchtmigrationen führen. Diese Zukunftstrends in der Migrationsforschung werden nun erörtert. Hierbei werden auch Zahlen und Fakten zu den gegenwärtigen Entwicklungen präsentiert.

4.1.1 Daten, Fakten und Prognosen

Prognostiziert wird, dass die Anzahl der MigrantInnen weiter zunehmen wird. Die internationale Migrantenpopulation betrug in 2015 bereits 244 Mio. Menschen. Das bedeutet einen Anstieg um 71 Mio. Menschen seit 2000 bzw. ein Wachstum von 41 % (vgl. UN 2016a,b).

Knapp zwei Drittel der internationalen MigrantInnen leben in Europa (76 Mio.) oder Asien (75 Mio.). Nordamerika nimmt mit 54 Mio. MigrantInnen den dritten Platz ein, gefolgt von Afrika (21 Mio.) sowie Lateinamerika (9 Mio.) und der Karibik (8 Mio.). Zwei Drittel (67 %) aller internationalen MigrantInnen lebten 2015 in insgesamt 20 Ländern, wovon die folgenden den größten Anteil hatten: USA (47 Mio. bzw. 19 % der weltweiten MigrantInnen), Russische Föderation (12 Mio.), Deutschland (12 Mio.), Saudi-Arabien (10 Mio.) sowie Großbritannien und Irland (9 Mio.) (vgl. ibid.).

Den größten Anstieg an MigrantInnen gab es zwischen 2000 und 2015 in Asien (26 Mio. Menschen), gefolgt von Europa (20 Mio.) und Nordamerika (14 Mio.). Afrikas Immigration stieg um 6 Mio. Menschen, Lateinamerika und Ozeanien verzeichneten einen Zuwachs von 3 Mio. MigrantInnen. 104 Mio. (43 %) Personen mit Migrationshintergrund wurden in Asien geboren.

In Europa befand sich die zweitgrößte Entsendegesellschaft (62 Mio. bzw. 35 %). Aus Afrika stammten 34 Mio. Menschen (14 %), aus Lateinamerika sowie der Karibik 37 Mio. (15 %) und aus Nordamerika 4 Mio. Menschen. Die Zahl der MigrantInnen aus Asien stieg seit 2000 jährlich um 2,8 % an, während die Zahl der MigrantInnen aus Europa nur um 1,2 % anstieg. 2015 bildeten AsiatInnen (104 Mio.) und LateinamerikanerInnen (37 Mio.) die größten globalen Diasporagruppen; es folgten InderInnen (16 Mio.), MexikanerInnen (12 Mio.), MigrantInnen aus der Russischen Föderation (11 Mio.) und aus China (10 Mio.).

Die meisten der weltweiten MigrantInnen 2015 stammten von einer nahegelegenen Region zum Einwanderungsland; sie emigrierten also in Nachbarstaaten oder Länder auf demselben Kontinent. Dies gilt in Europa für die interne EU-28-Migration (53 % der gesamten Migrationsbewegungen), trifft aber auch auf die Migration innerhalb Afrikas (87 %) und Asiens zu (82 %). Die einzigen Ausnahmen bildeten Nordamerika und Ozeanien, hier stammten die meisten der MigrantInnen von anderen Kontinenten (vgl. ibid.).

Die Mehrzahl der MigrantInnen erster Generation war 2015 durchschnittlich 39 Jahre alt, was eine leichte Änderung zum Jahr 2000 bedeutet, in dem die Personen im Schnitt 38 Jahre alt waren. In Afrika lebten 2015 die durchschnittlich jüngsten MigrantInnen erster Generation im Alter von 29 Jahren, gefolgt von MigrantInnen erster Generation in Asien (35 Jahre). In Europa betrug das Durchschnittsalter der Menschen mit Migrationshintergrund erster Generation 43 Jahre. Die meisten der MigrantInnen waren im erwerbsfähigen Alter von 20 bis 64 Jahren (177 Mio., etwa 72 %). 39 Mio. (12 %) weltweit waren über 65 Jahre alt, wovon die meisten in Europa verweilten (16 %) (vgl. ibid.).

Unter Berücksichtigung der Daten kann darauf geschlossen werden, dass die Migration weltweit weiterhin zunehmen wird. Während die Zahl der MigrantInnen im Jahr 1990 noch bei 154 Mio. Menschen lag, stieg sie bereits bis zum Jahr 2000 auf 175 Mio. an (vgl. ibid.). Ein Trend, der in der Migrationsforschung daher untersucht wird. Entgegen dieser Einschätzung stellen jedoch die zeitgenössischen Wissenschaftler Abel und Sander (2014; vgl. Abschn. 3.1) die These auf, dass die globalen Migrationsströme zwischen 1990 und 2010 relativ stabil geblieben sind. Im Schnitt verlegten in den gemessenen 5-Jahresintervallen jeweils nur rund 0,6 % der Weltbevölkerung ihren Wohnsitz in ein anderes Land (vgl. Abschn. 3.1; vgl. ibid.).

Andererseits wird allgemein argumentiert, dass Migration die Überalterung der Gesellschaft ausgleichen könne. Der Anteil der Migranten von 2,8 % an der Weltbevölkerung stieg in 2015 auf 3,3 %. Es gibt jedoch erhebliche Unterschiede im Anteil der MigrantInnen an der Gesamtbevölkerung eines Kontinents. In Europa, Nordamerika und Ozeanien stellen internationale MigrantInnen mindestens 10 % der Gesamtbevölkerung, dagegen in Afrika, Asien, Lateinamerika und der Karibik weniger als 2 %. Dennoch ist in Europa die Bevölkerung zurückgegangen (vgl. ibid.).

Die Nettomigration prognostiziert, Auswirkungen auf die zukünftige Größe von Bevölkerungen und Gesellschaften der Aufnahmeländer zu haben. Jedoch wird es voraussichtlich beispielsweise in Europa nicht möglich sein, den Bevölkerungsrückgang durch Immigration aufzuhalten, sondern ihn nur abzuschwächen. Dagegen wird in Nordamerika in einem Null-Netto-Migrationsszenario die Größe der Bevölkerung im Zeitraum bis 2045 kontinuierlich sinken. Wohingegen bei Aufrechterhaltung der derzeitigen Immigrationsmuster die Gesamtbevölkerung weiter anwachsen wird. Positive Nettomigration kann demnach dazu beitragen, die Abhängigkeitsverhältnisse von älteren Personen von über 65 Jahre zu stabilisieren, gleichwohl kann sie aber den Trend der Überalterung von Gesellschaften nicht aufhalten.

Unter der Annahme einer Fortsetzung der gegenwärtigen Migrationsmuster in Asien kommen auf 100 Personen im erwerbsfähigen Alter (15 bis 64 Jahre) 28 pflegebedürftige ältere Personen (im Alter von 65 oder älter) im Jahr 2050, im Vergleich zu einem Verhältnis von 11 erwerbsfähigen Personen zu 100 pflegebedürftigen im Jahr 2015 (vgl. ibid.).

Die folgenden Seiten sollen nun einen Überblick über weitere Zukunftsprognosen zu Migrationsströmen und Trends in der Migrationsforschung geben.

4.1.2 Feminisierung von Migration

Wie bereits erwähnt, lautet die Prognose einiger Migrationsforscher (zum Beispiel Castles und Miller 2014 oder auch Han 2003) so, dass die Zuwanderung von Frauen weltweit, die in den letzten 20 Jahren bereits zugenommen hat, dies auch weiter tun wird. Ein Grund wird in der globalen Nachfrage nach Arbeitskräften, die sich auf Haus- und Pflegearbeit konzentrieren, gesehen. Auch Menschenhandel und Sexarbeit, welche größtenteils Frauen betrifft, werden als steigend vorhergesagt und als Ursache erkannt. Ein wachsender Anteil der Frauen emigriere zudem in der Position der Familienernährerin, während die Familie selbst in der Entsendegesellschaft zurückbleibt.

Statistiken besagen jedoch, dass es eine Feminisierung der Migration per se nicht gibt (vgl. Abschn. 3.7). Frauen nahmen zudem in 2015 nur knapp die Hälfte der Gesamtmigrationen ein (48,2 %), was einen Rückgang zu 2014 bedeutete (vgl. UN 2016, 2015). Geschlechtsspezifische Migrationsströme sind jedoch häufig von der Nachfrage an Arbeitskräften im Aufnahmeland abhängig. Beispielsweise nahm die Ölproduktion in Westasien darauf Einfluss, dass vorwiegend Männer angeworben wurden. Ein ähnliches Phänomen zeigt sich in Afrika. Dagegen ist in Lateinamerika, in der Karibik und Ozeanien verstärkt das Anwerben von Migrantinnen zu beobachten, die der Hausarbeits- und der Pflegebranche in Nordamerika und Europa zugeführt werden (vgl. UN 2015; vgl. Abschn. 3.7). Es kann daher angenommen werden, dass die weltweite Migration von Frauen ansteigen oder abfallen wird, je nachdem wie sich die Nachfrage am Arbeitsmarkt des Einwanderungslandes gestaltet.

4.1.3 Süd-Süd-Migration

Schon in den letzten Jahrzehnten hat die Süd-Süd-Migration stark zugenommen. Auch aktuelle Entwicklungen zeigen einen Aufwärtstrend dahin gehend. Dennoch wird diese Art der Migration in der europäischen Migrationsforschung häufig vernachlässigt oder nur am Rande behandelt. Die UN (2013) unterscheidet zwischen vier globalen Migrationsrichtungen:

1. von Süd zu Süd (36 % der Migrationen weltweit; 82,3 Mio.),
2. von Süd zu Nord (35 % der Migrationen weltweit; 81,9 Mio.),
3. von Nord zu Nord (23 % der Migrationen weltweit; 53,7 Mio.) und
4. von Nord zu Süd (6 % der Migrationen weltweit; 13,7 Mio.).

Damit liegt die Süd-Süd-Migration vor der Süd-Nord-Bewegung, wenn auch nur knapp, jedoch mit der Prognose eines weiteren Anstieges. Süd-Süd-Migration ist primär durch die Nachfrage auf den jeweiligen Arbeitsmärkten zu erklären. Auf der Suche nach neuen Arbeits- und Investitionsmöglichkeiten bewegen sich sowohl AfrikanerInnen als auch AsiatInnen immer häufiger zwischen beiden Kontinenten und lassen dadurch neue Formen interkulturellen und wirtschaftlichen Austausches stattfinden.

Historisch gesehen war die Süd-Süd-Migrationsroute eine der wichtigsten Migrationsrichtungen, die eine Aufrechterhaltung von Handel und Netzwerken etablierte (vgl. Abschn. 2.7). InderInnen immigrierten beispielsweise häufig nach Ostafrika und besiedelten ostafrikanische Betriebe, um unterschiedliche Gewerbe zu führen. Laut Castles und Miller (2003) findet auch eine nennenswerte Migration zwischen Asien und dem Mittleren Osten statt. Diese begann etwa 1973 infolge des Öl-Booms. Aus Indien, Pakistan, später aus Korea, Bangladesch und Sri Lanka wanderten Arbeitskräfte in den Mittleren Osten. Die meisten dieser MigrantInnen waren einzelne männliche Vertragsarbeiter, die im Baugewerbe eingesetzt wurden und nach Vertragsablauf wieder nach Asien zurückkehrten. 1985 lebten bereits 3,2 Mio. AsiatInnen in den Golfstaaten (vgl. ibid.). Später folgten ausgebildete AsiatInnen, Ingenieure und IT-Spezialisten in den Mittleren Osten (vgl. ibid; vgl. Sander und Abel 2014).

In diesen Bereich der Süd-Süd-Migration fallen auch die Einwanderungsbewegungen von Süd- nach Westasien. Zwischen 2005 und 2010 verlegten 4,9 Mio. Menschen ihren Wohnsitz von Süd- nach Westasien. Auch hier geht ein großer Teil auf die Arbeitsmigration zurück. Seit 2011 findet verstärkte Migration vom subsaharischen Afrika nach Nordafrika und in den Mittleren Osten statt (vgl. Castels und Miller 2014).

Castles und Miller (2014) sehen in Zukunft tendenziell einen weiteren Anstieg der Süd-Süd-Migration und erklären dies entlang der *Netzwerktheorie* (vgl. Abschn. 2.13), der *dualen Arbeitsmarkttheorie* (vgl. Abschn. 2.9 und 3.2) und der *Transitionstheorie* (vgl. Abschn. 2.14). So befinden sich afrikanische Länder im Wandel, in einer Phase der Transition, in der die Populations- und Fertilitätsraten in manchen Regionen abnehmen und wirtschaftlicher Wohlstand einzieht. Viele AfrikanerInnen sind gebildet und haben Zugang zu Medien und Transport und suchen Arbeitserfahrungen als Hochqualifizierte in Asien oder im Mittleren Osten. Gleichzeitig fühlen sich AfrikanerInnen von Exklusionsdynamiken in Europa und Marginalisierungen abgeschreckt. Sie bevorzugen daher andere Emigrationsdestinationen und richten sich nach boomenden Wirtschaftssystemen aus, wie zum Beispiel dem Russlands, der Türkei, Japans, Indiens, Chinas und sogar Brasiliens und Argentiniens (vgl. ibid.).

Go (2010) argumentiert, dass besonders China als Wirtschaftswachstumsdestination mit einer Immigrationspolitik der temporären Immigration AfrikanerInnen erleichtert, dorthin zu immigrieren. Bakewell und Johnson (2011) stellen fest, dass besonders NigerianerInnen und GhanaerInnen, gefolgt von SenegalesInnen und KongolesInnen, Menschen aus Gambia, Somalia und Südafrika diese Emigrationsrouten wählen und nach China auswandern. Gleichwohl ist Afrika eine populäre Destination für ChinesInnen geworden, zum Teil sogar auch für EuropäerInnen.

Park (2009) erklärt, dass ChinesInnen mit 2- bis 3-jährigen Arbeitsverträgen nach Afrika einwandern, um in chinesischen Firmen zu arbeiten. Viele suchen auch Wirtschaftsmöglichkeiten und starten ihre eigenen Gewerbe, oft als selbstständig Erwerbstätige. So lebten 2010 etwa 800.000 ChinesInnen in Afrika. Die meisten in Südafrika, andere in Nigeria, im Sudan, in Angola, Algerien und auf Mauritius.

Auch Sander und Abel (2014) bestätigen und komplementieren diese Thesen, indem sie von drei Besonderheiten im globalen Migrationssystem berichten. So beispielsweise von einer starken Wanderungsbewegung in den afrikanischen Ländern südlich der Sahara, die dort vorwiegend in der Region selbst stattfinden. Einer der Gründe dafür, ist der relativ geringe Bildungsstandard der MigrantInnen und die geringen ökonomischen Mittel. Daher ist es vielen der betroffenen Personen nicht möglich, von Kontinent zu Kontinent zu wandern. So haben etwa zwischen 2005 und 2010 rund 3,1 Mio. Menschen in diesem Gebiet ihren Wohnsitz in ein anderes Land verlegt, aber nur 1,2 Mio. sind von dort nach Europa ausgewandert (vgl. ibid.). Es gibt daher keine Süd-Nord-Migrationswelle, sondern vielmehr finden die meisten globalen Wanderungsbewegungen dort auf Süd-Süd-Ebene statt. Nennenswerte Migrationsströme aus Afrika nach Europa stammen primär aus Nordafrika und führen vor allem nach Spanien und Italien. Castles und Miller (2014) berichten, dass durch den Arabischen Frühling 2011 eine Restrukturierung nordafrikanischer Gesellschaften stattgefunden habe, die zu neuen Emigrationsmustern und -wellen (vor allem nach Europa) geführt habe. Diesen geografisch stark fokussierten Migrationsströmen mit wenig Rückwanderung stehen in Europa mehr Binnenwanderung und eine eher ausgeglichenere Ein- und Auswanderung gegenüber (vgl. Sander und Abel 2014).

Die stärkste bilaterale Migration zwischen 2005 und 2010 fand in einer Größenordnung von 1,8 Mio. Menschen zwischen Mexiko und den USA statt, gefolgt von Wanderungsbewegungen von Indien in die Vereinigten Arabischen Emirate (1,1 Mio.) und von Bangladesh nach Indien (600.000). Jeweils rund 500.000 Personen übersiedelten zudem von China in die USA, von Bangladesh in die Vereinigten Arabischen Emirate, von Bangladesh nach Saudi-Arabien, von Indien in die USA und von Indonesien nach Malaysia (vgl. Sander und Abel 2014).

4.1.4 Flucht und Asyl

Dass die Asyl- und Flüchtlingskrise weltweit zunimmt, wird als ein weiterer Trend in der Migrationsforschung und Migrationssoziologie erkannt (vgl. Abschn. 3.4). Die UNHCR-Prognose (2016) für zukünftige Geschehnisse betreffs Fluchtbewegungen legt dar, dass das Volumen an Fluchtbewegungen weiter ansteigen wird. 2010 flüchteten täglich 10.900 Menschen aus ihrem Herkunftsland. 2012 waren es auf globaler Ebene bereits 23.400 Flüchtlinge am Tag und 2014 dann 42.500 (vgl. UNHCR 2016). Allein aus diesen Entwicklungen heraus und aufgrund weiterer Fluchtbewegungen vor Gewaltregimen, wie dem IS, vor Hungersnöten und vor allem vor Gewalt und politischer Verfolgung werden die Zahlen in den nächsten Jahrzehnten weiter ansteigen. Die Krise in Syrien (IS) wird durch die Konflikte in Afghanistan, dem Irak und auch in Zentralafrika, Eritrea, Somalia (Al-Shabaab-Miliz), Nigeria (Boko Haram) und Libyen komplementiert. Daher muss erwartet werden, dass in Zukunft weitere Fluchtmigrationen von dortaus stattfinden werden (vgl. UNHCR 2016).

Abgesehen von einer Vielzahl an neuen Flüchtenden und Asylsuchenden werden diejenigen, die bereits um Asyl angesucht haben, in vielen Fällen wieder zurückgesendet werden. Viele der Flüchtlinge, die in Zwischenlagern und Hot Spots beherbergt werden, können weder um Asyl bitten noch zurückgesendet werden; sie werden aber auch nirgends aufgenommen. Die Grenzschließungen auf der Balkanroute verhindern zwar Fluchtmigration auf solch offiziellen Routen, generieren aber umso mehr Schleppertum und Menschenschmuggel, welche nicht selten zu zahlreichen Todesopfern zu Wasser und zu Land führen. 2013 wurden 23.000 Menschen vermisst oder starben auf den Schlepperrouten (vgl. Zeit 2014); 2015 waren es etwa 5000 bis 10.000 (vgl. Tagesschau 2015); hinzu kommen die Herausforderungen an die Aufnahmegesellschaften und Hilfsorganisationen.

Koser (2016) prognostiziert, dass 3 Mio. Flüchtlinge in 2016 und 2017 nach Europa kommen werden, doppelt so viele wie zuvor, und die meisten nach Schweden oder Deutschland wandern wollen. Dies ist eine Herausforderung, vor der Hilfsorganisationen, Regierungen sowie die ansässige Bevölkerung meistern müssen. Hier gilt es, zu Verständnis zu mahnen und Flüchtlinge adäquat zu integrieren.

4.1.5 Klimawandel und Umweltkatastrophen

Ein weiterer Trend beruht auf der Prognose der Klimaforscher und Geografen, dass eine hohe Zahl an Klimaflüchtlingen zu erwarten ist, welche laut Institut für Sozial und Wirtschaftswissenschaften ISW (2015) zum Haupttreiber zukünftiger Migration werde. Wenngleich Flucht aufgrund von Klimawechsel und infolge von Klimakatastrophen in den nächsten Jahren noch nicht vordergründig erscheint, werden diese voraussichtlich zu neuen Völkerwanderungen beitragen.

Schon jetzt berichten Medien beinahe täglich von der Luftverschmutzung in China und Indien, vom Smog in den Städten Shanghai oder Mumbai, vom Gletscher- und Polkappenschmelzen, von den heißesten Temperaturwerten seit 100 Jahren, Temperaturanstiegen generell, verursacht von CO-2-Emissionen und Umweltverschmutzungen; Tsunamis, Orkane, Überschwemmungen sind Folgen der Erderwärmung, Wassermangel oder Nuklearkatastrophen resultieren wie jüngst (2011) in Fukushima (vgl. Presse 2016; vgl. BMWFW 2015).

All diese Themen und ihre korrespondierenden globalen Auswirkungen und Veränderungen werden Migration in Zukunft beeinflussen. Studien bestätigen, dass die vom IPCC (Intergovernmental Panel on Climate Change, 2014) prognostizierte Erwärmung der Erde um 1,5 Grad bis 4,5 Grad bis zum Jahr 2100 stattfinden wird. Wissenschaftler sagen für den Südwesten und die Great Plains der USA eine katastrophale Dürre voraus. Die Hitzewellen in Afrika, Ostasien, Nordamerika und Europa werden drastisch zunehmen. Heuschreckenplagen werden von Afrika nach Süd-Europa vordringen, die Sommer in Paris werden bis zu 45 Grad heiß werden, Kalifornien und Südspanien werden von Hitzewellen, Trockenheit und Dürreperioden heimgesucht, der Meeresspiegel wird steigen und zuletzt werden Tsunamis und Orkane Verwüstungen anrichten. Dies sind einige Szenarien der Zukunft, die noch vor 2050 auftreten können, so die KlimaforscherInnen (vgl. ibid.; vgl. Jakobeit und Methmann 2007).

Castles und Miller (2014) stellen die These auf, dass es nicht der Klimawandel per se, aber die Folgen des Klimawandels sein werden, die neue Migrationswellen entfachen, beispielsweise Wasserarmut, Trockenheit, Schädigung der Landwirtschaft durch semiaride Klimate (zum Beispiel Verlust der Mandelplantagen in Kalifornien). Diese Folgen beeinflussen auch die Erwerbstätigkeit und die Nahrungsversorgungsketten, vor allem führen sie aber auch zu Wassermangel und Dürren und sind Ausgangspunkt eines Teufelskreises, welcher durchaus in Massenmigrationen enden könnte. Auch von Menschen generierte Umweltkatastrophen, wie Zusammenbrüche von Atomkraftwerken mit nuklearen Folgen (Tschernobyl 1986 oder Fukushima 2011), führen zu gezwungenen Umsiedelungen und Emigrationswellen.

Jakobeit und Methmann (2007) sind der Ansicht, dass der Umstand Klimaflucht schon heute ein ernst zu nehmendes Phänomen ist und sich in den kommenden Jahrzehnten wahrscheinlich zu einem gravierenden Problem ausweiten wird, obwohl derzeit das Ausmaß und die Wichtigkeit dieser Migrationsdimension wissenschaftlich noch unterrepräsentiert sind. Oft treffen Umweltkatastrophen und Folgen des Klimawandels ohnehin Regionen, die schon zu den Hauptemigrationsgebieten auf globaler Ebene zählen, beispielsweise Afrika oder Zentralasien, wo Wasserknappheit und Desertifikation der landwirtschaftlichen Flächen die Menschen zur Flucht treiben, oder in Bangladesch, wo ein steigender Meeresspiegel die Bevölkerung zur Emigration zwingt. Doch anzunehmen ist, dass Klimaflüchtlinge aus allen Teilen der Welt kommen und nicht auf die traditionellen Emigrationsgebiete beschränkt bleiben werden. Jakobeit und Methmann (2007) prognostizieren auch, dass sich die Zahl der Klimaflüchtlinge in Abhängigkeit der geleisteten Anpassungs- und Vermeidungsmaßnahmen in den nächsten 30 Jahren auf weit über 200 Mio. Menschen erhöhen könnte.

4.1.6 Irreguläre Migrationen

Irreguläre Migrationen werden in Zukunft als Komplementärfaktor zur Fluchtmigration eine zusehends bedeutendere Rolle spielen. Bereits 2014 wurden 245.000 irreguläre MigrantInnen, die über das Meer in die EU einwandern wollten, aufgegriffen; zu Land waren es 38.000 (vgl. EU 2015). Die zentralmediterrane Einwanderungsroute über Italien und Malta ist dabei die populärste Route zur irregulären Einwanderung in die EU (vgl. Abschn. 3.5). Aufgrund weiterhin steigender Flüchtlingszahlen, verursacht durch die anhaltenden Konflikte in Afrika und im Mittleren Osten, ist zu erwarten, dass auch irreguläre Migrationen und irreguläre Aufenthalte zunehmen werden (vgl. Biffl 2008). Die jeweiligen Regierungen der Einreiseländer, die EU und die Hilfsorganisationen der Aufnahmegesellschaften sind dahin gehend gefordert, Lösungen zu finden, wie irreguläre MigrantInnen als reguläre anerkannt werden können, ohne die Belastungsgrenzen der Aufnahmegesellschaften zu überschreiten.

4.1.7 Remittances

Globale Geldrücküberweisungen werden ebenfalls weiter zunehmen und auch in Zukunft ein Forschungsfeld darstellen (vgl. Abschn. 3.2). Transnationale Familienverhältnisse, familiäre Abhängigkeitsverhältnisse von PendelmigrantInnen oder transnationale Lebensformen sowie das allgemeine Wachstum von Migration wird Remittances intensivieren und so zu einer Reduktion der Ungleichheitsverhältnisse zwischen Entsende- und Aufnahmegesellschaft von MigrantInnen führen. Gleichzeitig werden dadurch globale und transnationale volkswirtschaftliche Vernetzungen gestärkt.

Die erörterten Fakten und Trends der globalen Migrationsforschung bestätigen, dass das Thema Migration in Zukunft weiterhin eine große Rolle in einer globalisierten Weltbevölkerung einnehmen wird. Auch deshalb wird es umso wichtiger sein, sich auf wissenschaftlicher Ebene und von verschiedenen disziplinären Perspektiven intensiv mit Migrationsphänomenen zu beschäftigen. In Abschn. 4.2 werden daher unterschiedliche Disziplinen und deren Perspektiven sowie Herangehensweisen an die Migrationsforschung dargelegt. Hierzu zählen anthropologische, historische, juristische, volkswirtschaftliche, betriebswirtschaftliche und pädagogische Blickwinkel. Auf eine engere Kooperation der Fachdisziplinen, um Migration und deren Phänomene ganzheitlich zu erfassen, wird hingewiesen.

4.2 Interdisziplinarität

Migrationssoziologie und Migrationsforschung können über die erläuterten theoretischen Zugänge und die dazugehörigen Praxisfelder gut beleuchtet werden. Auf wissenschaftlicher Ebene sind sie allerdings nur als interdisziplinär zu verstehen, denn die enge wissenschaftliche Kooperation aller Disziplinen, die sich mit Migration beschäftigen, ist notwendig, um Migrationsphänomene allumfassend begreifen und erklären zu können.

Migrationssoziologische theoretische Zugänge werden häufig mit einem Fokus auf Integrationsmodi in Aufnahmegesellschaften erörtert. Zeitgenössisch wird auch auf zirkuläre und transnationale Migrationssysteme in Anbetracht der familiären Netzwerke, die die Migrationen beeinflussen, geschaut. Zukunftsorientierte Forschungsfragen und Themen der Migrationsforschung, wie in Abschn. 4.1 beschrieben, werden in den nächsten Jahrzehnten in den Fokus der Migrationsuntersuchungen rücken.

Disziplinen der Ökonomie bzw. Betriebswirtschaft, Geschichts-, Politik- und Rechtswissenschaften sowie Anthropologie, Demografie, Psychologie und Pädagogik, aber auch der Geografie beeinflussen und betrachten auf wissenschaftlicher Ebene Migration von jeweils anderen Blickwinkeln. Eine enge Kooperation, wie auch Nuscheler (2003) anmerkt, ist daher wünschenswert. Um Migration ganzheitlich zu erfassen, verlangt es nach einer intensiven wissenschaftlichen Zusammenarbeit der unterschiedlichen Disziplinen, um diverse Phänomene der Migration zu beleuchten.

4.2.1 Geografie und Demografie

Geografen und Demografen, die sich mit raumbezogenen Beschreibungen und Analysen von Wanderungsprozessen und ihren Folgen befassen, betreiben Bevölkerungsgeografie und beschäftigen sich mit demografischem Wandel. Die Subdisziplin Sozialgeografie setzt sich wie die Migrationssoziologie mit sozialen Netzwerken, Migrationssystemen und der Feminisierung der Migration auseinander, wohingegen die Wirtschaftsgeografie *Migrant Businesses* wirtschaftliche Folgen von Rückwanderung fokussiert. Die Stadtgeografie wiederum beschäftigt sich beispielsweise mit Segregationsforschung, Moscheenbaukonflikten und Internationalisierung als Strategie der Stadtentwicklung. Kulturgeografie erfasst Migrationsdiskurse und betrachtet transnationale Identitäten, wohingegen sich politische Geografie beispielsweise mit Migrationspolitik und Migrationskontrolle sowie Geografien der Flucht beschäftigt. Die geografische Entwicklungsforschung bezeichnet zum Beispiel Umweltflucht oder Migration und Entwicklung als zentrales Forschungsfeld im Migrationsbereich (vgl. Farwick et al. 2016).

Viele der zentralen geografischen Forschungsfelder im Migrationsbereich zeigen Überschneidungen mit dem Fachgebiet der Migrationssoziologie, zum Beispiel bei den Themen Klimaflucht, Identitätsfindungsprozesse, Segregationsforschung, Netzwerk- und Migrationssystemtheorie. MigrationsgeografInnen gehen allerdings anders vor als SoziologInnen, sie befassen sich prioritär mit Raum.

4.2.2 Ökonomie bzw. Betriebswirtschaft

ÖkonomInnen beschäftigen sich vornehmlich mit Arbeitsmarkttheorien bzw. mit dem Zusammenhang von Migration und Arbeitsmarkt. Ein Beispiel dafür ist die *Theory of Segmented Labour Market* (vgl. Abschn. 2.9 und 3.2). Die ökonomische Interpretation von Migration ist zwangsläufig stark mit Faktoren des Arbeitsmarktes und der Arbeit an sich vernetzt. Zimmermann (2012, S. 1) argumentiert, dass ökonomische Modelle zu Migration nur Entscheidungen

> in einem rationalen Kalkül unter Berücksichtigung des zu erwartenden Nutzens sowie der entstehenden monetären und psychischen Kosten (etwa durch Umzug und Trennung von Familie oder sozialem Umfeld) getroffen [werden].

Ökonomische Sichtweisen reduzieren Migration auf den Nutzen der MigrantInnen als Arbeitskräfte. Integrationsdimensionen, soziale und humanitäre Dimensionen werden dabei mal mehr, mal weniger beachtet. Die Modelle dieser Disziplin sind zwar durchaus bedeutsam und im Gesamtverständnis der Migrationsphänomene außerordentlich wichtig, jedoch reduktionistisch.

Gächter (2003) wiederum argumentiert, dass die mikroökonomische Forschung zu *New Economics of Labor Migration* in den letzten Jahrzehnten große Fortschritte erzielt hat. So gilt es, die Migrationsentscheidungen auf der Ebene des Individuums zu modellieren. Die theoretische Einbettung des Individuums in wirtschaftliche und soziale Beziehungen zu anderen Haushalts- und Gemeindemitgliedern brachte folglich viele neue Hypothesen zutage, die auch empirisch erhärtet werden konnten, beispielsweise von Massey, Borjas oder Piore (vgl. 1990, 1993, 1994, 1979/2006; vgl. Abschn. 2.9 und 3.2).

Betriebswirtschaftliche Blickwinkel auf die Migration beschäftigen sich im Rahmen der Migrationssoziologie demnach mit der Eingliederung von migrantischer Arbeitskraft in Betriebe, Firmen sowie in multinationale Betriebsstrukturen, ob im Angestellten- oder selbstständigen Erwerbsverhältnis. Auf dem Management von multikulturellen Teams oder bilingualem Personal, kurz *Diversity Management* (Diversitätsmanagement) liegt der Fokus betriebswirtschaftlicher Analysen hinsichtlich Migrationsforschung. Die Reduktion von Migration ausschließlich auf Betriebsebene, Angestelltenbereiche oder Selbstständigkeitsstrukturen ist allerdings zu reduktionistisch und umfasst nur einen minimalen Bereich der Migrationsforschung.

4.2.3 Geschichte

Historiker können als Wegbegleiter der Migrationssoziologie verstanden werden. Sie begutachten historische Migrationsphänomene und erachten Migration nicht als ein gegenwärtiges, neuartiges Phänomen, sondern als festen Bestandteil der Kulturgeschichte der Menschheit. Historiker dokumentieren Migrationen der Vergangenheit, beginnend mit Migrationen und Fluchtbewegungen, die bereits in der Bibel erwähnt werden (vgl. Nuscheler 2003), über Migrationen, die aus Kolonialimperien und transatlantischem Sklavenhandel entstanden sind und einen Weltmarkt an Arbeitskraft schufen, bis hin zu den Völkerwanderungen. Bade (2000), ein Pionier der historischen Migrationsforschung, legte eine umfassende Analyse zur neuzeitlichen Weltgeschichte der Migration vor und setzte sich mit den komplexen Zusammenhängen von Migrationsprozesses auseinander (vgl. Nuscheler 1995/2003).

4.2.4 Politikwissenschaft

PolitikwissenschaftlerInnen beschäftigen sich mit Staatsformen und deren komplexer Interdependenz mit Migration und MigrantInnen, mit der Politisierung von Migration, politischen Partizipationsrechten von MigrantInnen, Politiken der Inklusion und Exklusion von MigrantInnen, extremen Organisationen, wie Rechtsextremismus, oder Asylpolitik. Vertreter sind zum Beispiel Rosenberger (2015) und Atac (2012).

4.2.5 Rechtswissenschaften

JuristInnen betrachten vor allem die rechtswissenschaftlichen Aspekte, die im Migrationsprozess in Aufnahmegesellschaften vorhanden sind. Hierbei geht es unter anderem um Grundrechte, das Recht zur Flucht, Asylrecht, Staatsbürgerschaftsrecht, Einbürgerungsrechte oder auch das Migrationsrecht. Es gibt für Personen mit Migrationshintergrund speziell ausgebildete Juristen, die diese als Klienten vertreten. Das Bundesamt für Migration und Flüchtlinge (BAMF) beschäftigt diesbezüglich JuristInnen, um sich adäquat mit Fragen zu Asyl und Migration im Ministerienbereich auseinanderzusetzen.

Feik (2003) argumentiert, dass JuristInnen dazu neigen, sich dem Gesetzestext (und allenfalls dem Gesetzwerdungsprozess) zuwenden, ohne das Umfeld in Betracht zu ziehen. Es gibt daher – zumindest auf universitärer Ebene – kaum

JuristInnen, die sich mit rechtspolitischen Fragen der Migration beschäftigen; hingegen gibt es ebendort eine Handvoll, die sich mit der Auslegung des Fremden- oder Asylgesetzes und mit dessen Vereinbarkeit mit Menschenrechtsstandards befassen (vgl. ibid.). Zukünftig zu adressierende Fragestellungen dieser Disziplin werden daher besonders das Fremden- und Asylrecht betreffen. Die Harmonisierung des europäischen Migrationsrechts und die europäischen Asyl- und Pflichtrechte werden ebenfalls im Mittelpunkt der Betrachtung stehen. Darüber hinaus bilden Antidiskriminierungsrechte ein weiteres elementares Forschungsfeld.

4.2.6 Anthropologie

Eine Anthropologie zur Migration wurde 2009 von Six-Hohenbalken und Tosic veröffentlicht. Die Themen Identitätskonstruktionen, Multikulturalismus, Transnationalismus und Diaspora werden hierin aufbereitet; ausgewählte Anwendungsfelder im Bereich von Bildung, Gesundheit und kulturpolitischer Selbstorganisation zudem eingehend erörtert. *Race, Ethnicity* und *Nationalism* werden im Bereich der anthropologischen Zugänge zu Migrationswissenschaften angeführt. Wesentlich in der Debatte um Migration und die daraus entstehenden sozialen und politischen Konstellationen sind Aspekte, wie Kultur, Identität und Herkunft. Durch diese finden sich MigrantInnen in ihrer neuen Heimat zurecht sowie Anschluss an Menschen mit ähnlichen Biografien. Eine Folge dieser Prozesse ist die Entstehung von *deterritorialisierten Nationalstaaten,* welche nicht mehr über ein Territorium, sondern über ihre Mitglieder bestimmt werden (vgl. Breidenbach und Zukrigl 1998, S. 149 ff.). Im Abschn. 3.6 werden anthropologische Einflüsse auf die Migrationssoziologie verdeutlicht.

4.2.7 Kulturwissenschaften

Ähnlich der Anthropologie beschäftigen sich Kulturwissenschaften hinsichtlich Migration mit *Ethnic Relations,* der Erforschung kultureller Werte im Prozess der Migration und der kulturellen Konfliktsituation, die durch Migration entsteht (vgl. Bade und Bommes 2004).

Forschungszentren, wie das Center for Research in International Migration and Ethnic Relations, sind federführend in der Forschung zu Migration und Kultur. Die Bedeutung von Migration sowohl für die Kultur der Aufnahmegesellschaften als auch für die Bedeutung von Migration für den kulturellen Habitus von MigrantInnen wird beobachtet und analysiert.

4.2.8 Psychologie

PsychologInnen erforschen soziale und gesundheitspsychologische Aspekte zu Migration. Depression und Suizidgedanken sind häufig Folgeerscheinungen, an denen MigrantInnen leiden und deren Leben in einem neuen ungewohnten Kulturkreis dadurch beeinflusst wird. Frauen sind hiervon stärker betroffen als Männer. Angelehnt an das Akkulturationsmodell von Berry (2004) erforschen PsychologInnen im Rahmen von Migrationsprozessen die psychologische Akkulturation bzw. den Akkulturationsstress und dessen Auswirkungen. Der durch Migration hervorgerufene kulturelle Wandel löst bei jedem Individuum eine andere Form der persönlichen Identitätsveränderung, Anpassung und psychologischen Folgen aus. Die neue Umgebung, die andere Kultur und die fremde Sprache können auch eine Art Kulturschock beim Individuum auslösen, der im schlimmsten Fall zu psychologischen Erkrankungen führen kann. Allerdings anzumerken ist, dass nicht bei allen MigrantInnen, sondern nur bei wenigen solche Folgeerscheinungen aufgrund von Akkulturationsstress auftreten (vgl. Welt 2015; vgl. O'Conner 1998; vgl. Marschalek und Wiedl 2001).

Psychologen erforschen unter anderem auch die Auswirkungen von Diskriminierung. Darüber hinaus untersuchen sie die Akzeptanz von Psychotherapien für MigrantInnen, die Messinvarianz von Messinstrumenten im interkulturellen Vergleich sowie die psychische Gesundheit von Flüchtlingen. Die Frage, ob MigrantInnen häufiger von psychischen Krankheiten betroffen sind, ist hierbei besonders bedeutsam.

4.2.9 Pädagogik

Im Rahmen der Pädagogik erfassen WissenschaftlerInnen Migration über die Forschungsarbeit zu Bilingualität und vordergründig auch über interkulturelles Lernen. Von PädagogInnen werden vor allem Anleitungsmodelle erarbeitet, die dahin gehend konzipiert sind, praxisrelevante Leitfäden zu präsentieren. Diese sollen Personen, die mit MigrantInnen schulisch und pädagogisch konfrontiert sind, bestmöglich vorbereiten und ihnen helfen, mit der neuen Situation umzugehen.

Gogolin und Krüger-Potratz (2006 In Sprung 2008) unterscheiden zwischen kulturanthropologisch und gesellschaftstheoretisch fundierten Ansätzen. Theorien interkultureller Pädagogik werden von Gogolin und Krüger-Potratz in postmodern-philosophisch inspirierte Zugänge sowie soziologisch argumentierende Konzepte unterteilt (vgl. Krüger-Potratz 2005 In Sprung 2013).

Nohl (2006 In Sprung 2013, S. 1) hingegen unterscheidet vier Konzepte:

Als ‚*Ausländerpädagogik*' werden defizitorientierte Modelle bezeichnet. Die ‚*klassische interkulturelle Pädagogik*' hebt Differenzen zwischen Gesellschaftsmitgliedern hervor, postuliert ihre Gleichwertigkeit und fördert den Einbezug der Mehrheitsangehörigen in pädagogische Prozesse. Innerhalb dieser Kategorie ließen sich weitere Unterscheidungen, etwa in konflikt- und begegnungsorientierte Konzepte, oder nach dem zugrundeliegenden Gesellschaftsmodell, vornehmen. Eine ‚*Antidiskriminierungspädagogik*' warnt vor Ausgrenzungsphänomenen, die auf institutioneller Ebene verankert sind. Der Blick richtet sich auf Exklusions- und Inklusionsprozesse und in erster Linie auf die Bildungssysteme. Antidiskriminierungsansätze verweisen auf den Konstruktionscharakter von ‚Kultur' und ‚Ethnizität'.

Nohl nimmt auf neuere kritische Ansätze der interkulturellen Pädagogik Bezug und entwickelt schließlich das Konzept einer Pädagogik kollektiver Zugehörigkeiten, die mehrere Dimensionen von Zugehörigkeiten (Milieus) einbezieht.

Georg Auernheimer (2007 In Sprung 2008), der eine Koryphäe auf dem Fachgebiet der interkulturellen Pädagogik darstellt, erforscht die folgenden unterschiedlichen Zielsetzungen interkulturellen Lernens: soziales Lernen, Umgang mit Differenzen, Befähigung zum interkulturellen Dialog, multiperspektivische Allgemeinbildung, mehrsprachige Bildung und antirassistische Erziehung. Daneben untersucht und empfiehlt er eine auf individuelles Handeln ausgerichtete und stärker die gesellschaftliche Dimension berücksichtigende Pädagogik sowie eine kognitive vs. ganzheitliche Verständnisweise (vgl. Auerneimer 2007).

Paul Mecheril (2010 In Sprung 2013) verfolgt einen neuen Ansatz zu Bildung in der Migrationsgesellschaft: „Migrationspädagogik bezeichnet kein pädagogisches Konzept, sondern vielmehr eine Orientierung, welche durch die konsequente Anwendung einer spezifischen Perspektive charakterisiert ist" (ibid. 2010, S. 16 In Sprung 2013, S. 70). Diesbezüglich plädiert Mecheril für eine kritischreflexive Sicht auf Differenzierungspraxen, die die jeweils „Anderen" und „Nicht-Anderen" im Bezug zu Bildungsinstitutionen konstruieren (vgl. ibid.).

Heinemann und Robak (In Sprung 2013) schlagen folgende Systematisierung für die interkulturelle Erwachsenenbildung vor. Dabei orientieren sie sich allerdings weniger an theoretischen Konzeptionen, sondern in erster Linie an einer Ordnung des Praxisfeldes, welches wie folgt aussieht: Grundbildung und kompensatorische Angebote (etwa Alphabetisierungs- und Deutschkurse), berufliche Weiterbildung (unter besonderer Berücksichtigung des Anschlusses vorhandener Qualifikationen von MigrantInnen, der Anerkennung im Ausland erworbener Bildungsabschlüsse oder der Einübung von in den Professionsfeldern üblichen Praktiken), Kompetenzentwicklung als kulturübergreifende lebensbegleitende

4.2 Interdisziplinarität

Bildung, allgemeine Weiterbildung hinsichtlich historischem Wissen und Kooperationsbeziehungen unter Berücksichtigung kultureller Unterschiede, soziale Praktiken zur gesellschaftlichen Teilhabe, interkulturelle Bildung als Teilbereich kultureller Bildung (Identitätsentwicklung, Dekonstruktion von Kulturalisierung, Erlernen von Ambiguitätstoleranz etc.).

Die *Interdisziplinarität* von Migrationsforschung und Migrationssoziologie wird nun klar ersichtlich. Um Migration daher ganzheitlich erfassen zu können, wäre es sinnvoll, wenn unterschiedliche Disziplinen dementsprechend kooperieren. Trotz intensiver Auseinandersetzung der unterschiedlichen Wissenschaften mit Migration bleiben doch Forschungsfragen offen und ungeklärt.

Düvell (2006) beispielsweise argumentiert, dass es weiterhin in der Migrationsforschung diverse *Forschungslücken* gibt. So die Frage, warum Menschen nicht migrieren, bleibt in der gesamten Migrationsforschung und Migrationssoziologie unbeantwortet. Dazu kommt die relative eurozentrische Konzentration der Forschung. Europäische oder amerikanische Migrationsphänomene, sowohl im Bereich von Emigration als auch Immigration, sind zentraler Fokus, wohingegen Süd-Süd-Migrationen selten erwähnt und erforscht werden und somit in wissenschaftlichen Diskursen unterrepräsentiert bleiben. Dieser Umstand sollte in der zukünftigen interdisziplinären Migrationsforschung abgeändert werden.

Zu den Forschungslücken der Migrationssoziologie und Migrationsforschung allgemein zählt aber auch die fehlende Inklusion des Tourismus (vgl. ibid.). Tourismus führt wie Migration auch zu Kontakt und Interaktion zwischen Alteingesessenen und Fremden und kann in manchen Fällen zu dauerhafter, sogar irregulärer Migration führen. Tourismusforschung wird zwar betrieben, aber nicht dem Bereich der Migrationsforschung zugerechnet.

Ein weiterer wichtiger Forschungsaspekt der Migrationssoziologie und Migrationsforschung ist die Untersuchung von Rückkehrmigration. Diese steckt jedoch noch in den Kinderschuhen und ist vor allem außerhalb Europas wenig beleuchtet. Es gibt keine einzige qualitative Studie zur Thematik *Brain Drain, Brain Gain und Brain Circulation,* die beispielsweise Lebensgeschichten und Biografien von MigrantInnen, die in diese Kategorien fallen, erforscht.

Zuletzt fehlt auch ein intensiverer Fokus auf Umwelt- und Klimaflucht und damit einhergehende Migration. Klimawandel wird zwar von NaturwissenschaftlerInnen untersucht, die sehr wohl bestätigen, dass Naturkatastrophen in Zukunft ein entscheidender Grund für Migration sein wird, jedoch wird hier wenig Verknüpfung zu Migrationsforschung und Migrationssoziologie initialisiert. Naturwissenschaftliche Perspektiven zu Klimawandel sollten hier besser eingebunden werden, um auf entsprechende Szenarien vorbereitet zu sein.

Gesamtresümee 5

In dem Zukunftsszenario einer weltweit steigenden Bevölkerungsanzahl, in dem Ressourcen ungleich verteilt sind und daher eine steigende Anzahl an Migrationsbewegungen aus unterschiedlichen Gründen zu erwarten ist, müssen Migrationsforschung und Migrationssoziologie mehr denn je in Kooperation mit anderen Wissenschaftsdisziplinen unterschiedlichste Praxisfelder erforschen. Migrationen auf freiwilliger Basis, wie Arbeitsmarktmigrationen oder Familienzusammenführungen, werden auch in Zukunft im Wesentlichen zu den Migrationsbewegungen beitragen. Aber auch bei den Migrationen auf unfreiwilliger Basis, wie Flucht, Asyl und irreguläre Migrationen, ist ein stetiges Wachstum zu vermuten. Sowohl im Bereich der freiwilligen als auch unfreiwilligen Migrationen gilt es, in Zukunft ein besonderes Augenmerk auf die Süd-Süd-Migration zu richten.

Nachdem Migration bereits seit Jahrtausenden ein Bestandteil der Kulturgeschichte der Menschheit ist und es keine historische Epoche, keinen geografischen Raum und keine Gesellschaft ohne Migration gibt, muss Migration zukünftig von der Wissenschaft, der Öffentlichkeit, der Politik, den Hilfsorganisationen, den Entscheidungsträgern und der Allgemeinheit thematisiert werden.

Das vorliegende Buch hat hierfür einen theoretischen Überblick über die Migrationssoziologie mit Bezug auf wissenschaftliche Ansätze der Vergangenheit und Gegenwart gegeben sowie Phänomene der Migration erläutert (vgl. Abschn. 2.1 bis 2.14). Auch wurden die unterschiedlichen Praxisfelder der Migrationssoziologie und Migrationsforschung vorgestellt (vgl. 2.14 bis 4.2).

Die theoretischen Ansatzpunkte im ersten Teil des Buches sollen helfen, ein Verständnis für Motive, die zu Migration führen können, und die Lebenssituationen von MigrantInnen erster und zweiter Generation, zu entwickeln. Nützlich, um die Eingliederung von MigrantInnen in die Aufnahmegesellschaften zu verstehen, sind die vorgestellten Theorien der Migrationssoziologie: Ravenstein (1889) wird beispielsweise als der erste Migrationsforscher erwähnt, da er bereits

1880 erstmals sogenannte *Migrationsgesetze* erarbeitete. Klassiker der Migrationssoziologie, wie Schütz oder Simmel, werden ebenso thematisiert. *Migrationssoziologische Ansätze* wurden darüber hinaus in der University of Chicago in den 1920er-Jahren entwickelt, wie Parks *Race Relations Cycle,* die in Abschn. 2.2 erläutert werden. Abschn. 2.3 nimmt Eisenstadts *Drei-Phasen-Modell,* Abschn. 2.4 Glazers *Beyond the Melting Pot* und Abschn. 2.5 Milton Gordons *Ethclasses* ins Visier. Auch auf jene Theorien, die ihren Ursprung in den 1970er-Jahren (Abschn. 2.7) haben, wird ausführlich eingegangen: Hoffmann-Nowotnys *Migration und sozietale Systeme,* die *Migrationssystemtheorie* (Abschn. 2.6), Wallersteins *Weltsystemtheorie* (Abschn. 2.8) oder Sassens *Migrationstheoretische Ansätze* (Abschn. 2.9). Zeitgenössische Ansätze, wie die des *Transnationalismus* (Abschn. 2.12) oder die *Migrationsnetzwerktheorie* (Abschn. 2.13), werden gleichermaßen berücksichtigt. Die Einflussnahme klassischer Modelle auf zeitgenössische Ansätze und die veränderten Perspektiven der migrationssoziologischen Ansätze über das letze Jahrhundert hinweg galt es, dabei ebenfalls zu erfassen und zu erläutert. Dabei werden auch auf die unterschiedlichen Paradigmenwechsel, zum Beispiel assimilationstheoretische Perspektiven vs. Pluralismusdebatte, eingegangen. Dieses theoretische Rüstzeug hilft, Praxisfelder der Migrationsforschung besser verstehen und erklären zu können.

Im zweiten Teil werden die Praxis- und Forschungsfelder genauer betrachtet, welche derzeit zu den wichtigsten Themen der Migrationsforschung zählen. In folgende Themenbereiche wird daher Einblick gegeben: Migration, Integration und Alltag (Abschn. 3.1), Migration, Arbeit und Arbeitsmarkt (Abschn. 3.2), Migration und Bildung (Abschn. 3.3), Migration, Flucht und Asyl (Abschn. 3.4), Migration und Irregularität (Abschn. 3.5), Migration und Identität (Abschn. 3.6), Feminisierung von Migration (Abschn. 3.7) sowie Internationalität, globale Migrationsströme und -trends (Abschn. 4.1). Dabei wird besonders auch die interdisziplinäre Komponente der Migrationsforschung berücksichtigt (Abschn. 4.2). Insbesondere die Interdisziplinarität zu Forschungsfeldern der Betriebswirtschaft bzw. Ökonomie, Sozial- und Kulturwissenschaften, der Politologie und Erziehungswissenschaften stehen hier im Fokus der Betrachtungen. Denn Migrationssoziologie ist ein grundsätzlich interdisziplinäres Fach, das nicht nur die genannten Forschungsfelder tangiert, sondern ebenso Teilbereiche, die in anderen Disziplinen ebenfalls relevant sind (Abschn. 4.2). Um Migration ganzheitlich zu erfassen, verlangt es nach einer intensiven wissenschaftlichen Kooperation der unterschiedlichen Disziplinen, die sich mit diversen und vor allem auch globalen Phänomenen von Migration befassen.

Wie die Ausführungen bereits gezeigt haben, werden Globalisierung und weltweite Vernetzung neue Migrationssysteme, vor allem zirkuläre und transnationale, sowie Formen von Migration schaffen, die sowohl Wissenschaft als auch Praxis vor Herausforderungen stellen werden. Hierbei wird es voraussichtlich auch neue Beweggründe für Emigrationen und neue Destinationen für MigrantInnen geben. Die zeitgenössischen Global Cities, die unabhängig von nationalstaatlichen Grenzen als Handels- bzw. Wirtschaftszentren und Hot Spots gelten, werden zu Metropolen und Zentren der Immigration. Nicht mehr die nationalstaatlich eingegrenzten Gesellschaftssysteme, sondern transnationale grenzüberschreitende Clusterregionen werden Migrationsdestinationen darstellen. Und aufgrund der Dezimierung nationalstaatlicher Regime sowie bedingt durch die Öffnung des Handels und des globalen Arbeitsmarktes werden diese Zentren an Bedeutung gewinnen.

Integration, die Eingliederung von MigrantInnen, stellt daher weiterhin eine Herausforderung für die Aufnahmegesellschaften dar. Wenngleich der *Race Relations Cycle* von Park oder Theorien zu Assimilation oder Pluralismus in den heutigen Global Cities bereits nicht mehr von Bedeutung sind und man diese als überholt ansehen kann, stellt sich auch die Frage, wie auf zeitgenössische Multikulturalität und Interkulturalität oder auch Transkulturalität in der Praxis eingegangen werden kann und wird. Mit Blick auf Saint Denise, Molenbeek und die gescheiterte Integration in manchen EU-Staaten, in denen Marginalisierung (nach Berry) oder die Etablierten-Außenseiter-Konfiguration (nach Elias) entstehen, stellen auch die Integrationsfragen mit Bezug auf MuslimInnen und andere marginalisierte migrantische Gruppen eine nicht minder große Herausforderung an die heutigen Gesellschaftssysteme und Wissenschaften dar. Themenbereiche zu nationalstaatlichen Praktiken im Bereich der Integration werden diesbezüglich wieder aufgegriffen werden müssen. Wünschenswert wäre außerdem, von klassischen Assimilationsperspektiven abzurücken und der wissenschaftlichen theoretischen Weiterentwicklung auch auf Praxisebene zu folgen, indem hybride, transkulturelle oder superdiverse Identitäten in ihrer Vielfalt als Potenziale erkannt, im Bildungssystem zusätzlich zur Mehrheitsgesellschaftssprache gefördert und am Arbeitsmarkt und in Betrieben dementsprechend eingesetzt werden.

Als Praxisfelder der Zukunft, die weltweit adressiert werden müssen, gelten zudem Flucht und Asyl sowie irreguläre Migration. Beide Migrationsströme steigen stetig weltweit an. Eine der Folgen von Fluchtmigrationen sind Zustände der Irregularität, die durch Asylablehnungen entstehen können. Auch wird die Migrationsforschung intensiver Klimaflüchtlinge und die Ursachen und Konsequenzen von Klimawandel und Umweltkatastrophen, die zu Fluchtverhalten führen, analysieren und adressieren müssen. Wenngleich Migration unabhängig von internationalen und nationalen Migrationsregimen stattfindet, ist es essenziell, dass Migrationsorganisationen, Hilfsorganisationen und Regierungen global kooperieren und vor allem im Bereich der Flüchtlingsfragen Lösungen für die Zukunft finden. Der Fokus hierbei kann aber nicht nur auf Europa und Nordamerika liegen, sondern muss sich durchaus intensiver globalen Migrationsthemen widmen, wie der Süd-Süd-Migration, irregulären Migrationen oder auch der Globalisierung der Migrationsregime.

Literatur

Abel, G., & Sander, N. (2014). Quantifying global international migration flows. *Science, 343*(6178), 1520–1522.
Aigner, P. (2008). *Migration and politics. leadership and legitimacy in Austria.* Oxford: Lang.
Aigner, P. (2012a). *Diversity management – Bridging the gap between theory and practice. With a specific focus on ethnic minority groups.* London: Lambert.
Aigner, P. (2012b). Ethnisches Unternehmertum als Chance sozio-kultureller Integration? Entwicklung eines system- und integrationstheoretischen Modells. SWS-Rundschau *Sozialwissenschaftliche Studiengesellschaft, 52*(4), 389–411.
Aigner, P. (2013a). Migration und Integration. *Soziologische Revue, 36*(1), 151–161.
Aigner, P. (2013b). Integration, Interkultur oder Diversität? Anmerkungen zu Fragen von Theorie und Praxis ethnisch-kultureller Vielfalt in Österreich. *WISO – Wirtschafts- und Sozialpolitische Zeitschrift des ISW, 36*(2), 27–53.
Aigner, P. (2014). Ethnic diversity management in theory and practice. *Journal of Diversity Management., 9*(2), 110–121.
Aigner, P. (2015). Nathan Glazer/Daniel P. Moynihan: Beyond the melting pot: The Negroes, Puerto Ricans, Jews, Italian, and Irish of New York City. In J. Reuter & H. Mecheril (Hrsg.), *Schlüsselwerke der Migrationsforschung* (S. 149–169). Wiesbaden: VS Verlag.
Aigner, P., & Waite, L. (2012). Country monographs: Britain. In C. Attias-Donfut, J. Cook, J. Hoffman, & L. Waite (Hrsg.), *Citizenship, belonging and intergenerational relations in African migration* (S. 131–155). London: Palgrave MacMillan.
Aigner, P., et al. (2011). Institutionelle Unterstützung der Integration von MigrantInnen und Diversitätsmanagement in Oberösterreich. In G. Biffl & N. Dimmel (Hrsg.), *Grundzüge des Managements von Migration und Integration, Migrationsmanagement* (Bd. 1, S. 515–554). Leobersdorf: Omninum.
Aigner, P., Barou, J., & Mbenga, R. (2012). African migration in its national and global context. In C. Attias-Donfut, J. Cook, J. Hoffman, & L. Waite (Hrsg.), *Citizenship, belonging and intergenerational relations in African migration* (S. 13–39). London: Palgrave MacMillan.
Aigner, P. (2017). Ein Mapping von Ethnischen Ökonomien in Österreich. SWS-Rundschau *Sozialwissenschaftliche Studiengesellschaft, 57*(1).

Alba, R., & Nee, V. (2004). Assimilation und Einwanderung in den USA. In Migration-Integration-Bildung: Grundfragen und Problembereiche. IMIS-Heft 23. 21–41. http://www.imis.uni-osnabrueck.de/pdffiles/imis23.pdf. Zugegriffen: 20. März 2014.

Alexander, J. C. (2007). *Contemporary societies.* New York: Norton.

Anderson, B. (1983). *Imagined communities: Reflections on the origins of nationalism.* New York: Verso.

Anstatt, T. (Hrsg.). (2007). *Mehrsprachigkeit bei Kindern und Erwachsenen: Erwerb, Formen, Förderung.* Tübingen: Attempto.

Apitsch, U. (2009). Transnationales biographisches Wissen. In H. Lutz (Hrsg.), *Gender Mobil? Geschlecht und Migration in transnationalen Räumen* (S. 122–140). Münster: Westfäl. Dampfboot.

Ariëns, E., Richter, E., & Sicking, M. (Hrsg.). (2013). *Multikulturalität in Europa. Teilhabe an der Einwanderungsgesellschaft.* Bielefeld: Transcript.

Ataç, I. (2012). Migrationspolitik und Inkorporation von MigrantInnen. In H. Fassmann & J. Dahlvik (Hrsg.), *Migrations- und Integrationsforschung – multidisziplinäre Perspektiven* (S. 265–280). Göttingen: V&R unipress.

Ateş, S. (2007). *Der Multikulti-Irrtum. Wie wir in Deutschland besser zusammenleben können.* Berlin: Ullstein.

Attias-Donfut, C., Cook, J., Hoffman, J., & Waite, L. (Hrsg.). (2012). *Citizenship, belonging and intergenerational relations in African migration.* London: Palgrave MacMillan.

Auernheimer, G. (2007). *Einführung in die interkulturelle Pädagogik.* Darmstadt: Wissenschaftliche Buchgesellschaft.

Aulenbacher, B., & Wetterer, A. (2009). *Arbeit, Perspektiven und Diagnosen der Genderforschung (Forum Frauen- und Geschlechterforschung).* Münster: Westfälisches Dampfboot.

Aumüller, J. (2009). *Assimilation: Kontroversen um ein migrationspolitisches Konzept.* Bielefeld: Transcript.

Bacher, J. (2005a). Bildungschancen von Kindern mit Migrationshintergrund. In: Kontraste. Presse- und Informationsdienst für Sozialpolitik. 2005. 5(10). 25–28. http://www.jku.at/gespol/content/e111785/e111826/e111918/e111955/e111957/Kontraste_10_05_ger.pdf. Zugegriffen: 15. Sept. 2012.

Bacher, J. (2005b). Bildungsungleichheit und Bildungsbenachteiligung im weiterführenden Schulsystem Österreichs. Eine Sekundäranalyse der PISA-2000-Erhebung. *SWS-Rundschau, 2005*(45), 37–63.

Bacher, J. (2010). Bildungschancen und Migrationshintergrund: Ist-Situation, Ursachen und Maßnahmen. *WISO – Wirtschafts- und Sozialpolitische Zeitschrift des ISW, 33*(1), 30–45.

Bacher, J., et al. (2013). NEET-Jugendliche: Eine neue arbeitsmarktpolitische Zielgruppe in Österreich. *WISO – Wirtschafts- und Sozialpolitische Zeitschrift des ISW, 2013*(4), 104–123.

Bade, K. J. (Hrsg.). (1984). *Auswanderer, Wanderarbeiter, Gastarbeiter. Bevölkerung, Arbeitsmarkt und Wanderung in Deutschland seit der Mitte des 19. Jahrhunderts.* Ostfildern: Scripta Mercaturae.

Bade, K. J. (Hrsg.). (1992). *Deutsche im Ausland – Fremde in Deutschland. Migration in Geschichte und Gegenwart.* München: Beck.

Bade, K., & Bommes, M. (Hrsg.). (2004). *Migration – Integration – Bildung: Grundfragen und Problembereiche. IMIS Heft 23.* Osnabrück: Universität Osnabrück.

Bakewell, O. & Jónsson, G. (2011). Migration, mobility and the African city. Oxford: University of Oxford, International Migration Institute. http://www.imi.ox.ac.uk/pdfs/wp/wp-50-11.pdf. Zugegriffen: 21. Mai 2016.

Bauböck, R. (Hrsg.). (2006). *Migration and citizenship. Legal status, rights and political participation.* Amsterdam: Amsterdam University Press.

Bauböck, R., & Perchinig, B. (2003). Migrations- und Integrationsforschung in Österreich – Ansätze, Schnittstellen, Kooperationen. Wien: Österreichische Akademie der Wissenschaften. http://www.oeaw.ac.at/kmi/Bilder/kmi_WP1.pdf. Zugegriffen: 30. März 2016.

Bauer, D., Loser, P., & Mustedanagic, A. (2013). Milliarden aus der Fremde. http://labs.davidbauer.ch/remittances/. Zugegriffen: 6. Apr. 2016.

Bedard, P. (2015) Census: Record 51 million immigrants in 8 years, will account for 82 % of U. S. growth. In Washinton Examiner. 22.4.2015. http://www.washingtonexaminer.com/census-record-51-million-immigrants-in-8-years-will-account-for-82-of-u.s.-growth/article/2563463. Zugegriffen: 30. März 2016.

Behrens, H., & Motte, J. (Hrsg.). (2006). *Politische Bildung in der Einwanderungsgesellschaft. Zugänge, Konzepte, Erfahrungen.* Schwalbach: Wochenschau.

Beine, M., Docquier, F., & Rapoport, H. (2001). Brain drain and economic growth: Theory and evidence. *Journal of Development Economics, 64*(1), 275–289.

Bendl, R. (2005). *Revisiting organization theory. Integration and deconstruction of gender and transformation of organization theory.* Oxford: Lang.

Bendl, R., et al. (Hrsg.). (2004). *Interdisziplinäres Gender- und Diversitätsmanagement. Einführung in Theorie und Praxis.* Wien: Linde.

Bendl, R., et al. (Hrsg.). (2012). *Diversität und Diversitätsmanagement.* Wien: Facultas.

Berry, J. (1980). Acculturation as varieties of adaptation. In A. Padilla (Hrsg.), *Acculturation: Theory, model and some new findings* (S. 9–25). Boulder: Westview.

Berry, J., & Sam, D. (2004). Acculturation and adaption. In J. Berry, C. Kagitcibasi, & M. H. Segall (Hrsg.), *Handbook of cross-cultural psychology: Bd. 3. Social behaviour and applications* (S. 291–326). Boston: Allyn.

Berry, J., Kagitcibasi, C., & Segall, M. H. (Hrsg.). (2004). *Handbook of cross-cultural psychology: Bd. 3. Social behaviour and applications.* Boston: Allyn.

Beslić, K. (2012). *Muttersprachlicher Unterricht. Warum sind muttersprachliche Förderungen für Kinder mit Deutsch als Zweitsprache so bedeutend?* Wien: Pädagogische Hochschule Wien.

Bhaba, H. (1996). Culture's in-between. In S. Hall & P. DuGay (Hrsg.), *Questions of cultural identity* (S. 53–61). London: Sage.

Biermann, F., & Boas, I. (2008). Protecting climate refugees. The case for a global control. *Environment Magazine, 50*(6), 10–16.

Biffl, G. (2012). Sources of irregularity: The social construction of irregular migration. In G. Biffl & F. Altenburg (Hrsg.), *Migration and health in Nowhereland: Access of undocumented migrants to work and health in Europe* (S. 39–72). Bad Vöslau: Omninum.

Biffl, G. (2014). Migration and Labour Integration in Austria. SOPEMI Report on Labour Migration. Austria 2014. Krems: Danube-Universität Krems, Department for Migration and Globalisation. http://www.donau-uni.ac.at/imperia/md/content/department/migrationglobalisierung/forschung/sopemi/biffl-sopemi-2014.pdf. Zugegriffen: 22. Mai 2016.

Biffl, G., & Aigner, P. (2009). Migration and labour integration in Austria. SOPEMI-Report on Labour Migration Austria 2008–2009. Krems: University Krems, Department for Migration and Globalisation. http://www.donau-uni.ac.at/imperia/md/content/department/migrationglobalisierung/forschung/sopemi-2009.pdf. Zugegriffen: 4. Apr. 2012.

Biffl, G., & Altenburg, F. (Hrsg.). (2012). *Migration and health in Nowhereland: Access of undocumented migrants to work and health in Europe.* Bad Vöslau: Omninum.

Biffl, G., & Dimmel, N. (Hrsg.). (2011). *Grundzüge des Managements von Migration und Integration, Migrationsmanagement* (Bd. 1). Leobersdorf: Omninum.
Biffl, G., & Skrivanek, I. (2011). Schule – Migration – Gender. Krems: Donau-Universität Krems, Department für Migration und Globalisierung. http://www.donau-uni.ac.at/ imperia/md/content/department/migrationglobalisierung/forschung/schule_migration_ gender_bmukk-duk.pdf. Zugegriffen: 22. März 2013)
Biffl, G., Aigner, P., Rössl, L., & Skrivanek, I. (2010). Vielfalt schätzen. Vielfalt nutzen! Analyse zu Beratungs-/Unterstützungs- und Projektangeboten in der Modellregion Linz/Linz Land und Wels, und zu bestehenden Arbeitsbeziehungen und Handlungsoptionen für Integrationsarbeit in Oberösterreich. Krems: Donau-Universität Krems, Department für Migration und Globalisierung. http://www.donau-uni.ac.at/imperia/md/ content/department/migrationglobalisierung/forschung/akooe_vielfalt_schaetzen_vielfalt_nutzen.pdf. Zugegriffen: 2. Febr. 2012
Biffl, G., Aigner, P., & Rennert, L. (2011). Migrant workers in Austria and Europe. Challenges for industrial relations, in particular trade unions. Supported by funds of the Österreichische Nationalbank (Anniversary Fund), Krems: Donau-Universität Krems, Department für Migration und Globalisierung. http://www.donau-uni.ac.at/imperia/ md/content/department/migrationglobalisierung/forschung/biffl-migrant-workersoenb-2011.pdf. Zugegriffen: 12. März 2013.
Blumrich, S. Das Schulsystem Österreichs. (2011). http://tu-dresden.de/die_tu_dresden/ fakultaeten/fakultaet_informatik/smt/dil/ib/laendervergleich/oesterreich/oestereich. Zugegriffen: 4. Juli 2012.
Bös, M. (1997). *Migration als Problem offener Gesellschaften*. Opladen: Leske.
Bohnsack, R. (2003). *Rekonstruktive Sozialforschung. Einführung in qualitative Methoden.* Opladen: Leske.
Bojanowski, A. (2. Oktober 2008). Vorhersage 2100. *SPIEGEL ONLINE.* http://www.spiegel.de/wissenschaft/natur/vorhersage-bis-2100-regierungsprognose-enthuellt-folgendes-klimawandels-fuer-deutschland-a-575794.html. Zugegriffen: 7. Okt. 2016.
Bonacich, E. (1973). A theory of middleman minorities. *American Sociological Review, 1973*(2), 547–559.
Bonacich, E. (1993). The other side of ethnic entrepreneurship: A dialogue with Waldinger, Aldrich, Ward and associates. *International Migration Review, 1993*(3), 685–692.
Boyd, M. (1989). Family and personal networks in International migration: Recent developments and new agendas. *International Migration Review, 23*(3), 638–670.
Brandon, L. (Hrsg.). (1995). *Celebrating diversity. A multicultural reader.* Boston: Houghton Mifflin Harcourt.
Breidenbach, J., & Zukrigl, I. (1998). *Tanz der Kulturen. Kulturelle Identität in einer globalisierten Welt.* . München: Kunstmann.
Brettell, C. B., & Hollifield, J. F. (Hrsg.). (2008). *Migration theory.* London: Routledge.
Bridgstock, R., Lettice, F., Özbilgin, M. F., & Tatli, A. (2010). Diversity management for innovation in social enterprises in the UK. *Entrepreneurship & Regional Development, 22*(6), 557–574.
Brinkmann, H., & Uslucan, H. (Hrsg.). (2015). *Dabeisein und dazugehören.* Wiesbaden: Springer.
Brocza, S. (10. April 2016). Asylberechtigte werden nach sechs Jahren eingebürgert. *Die Presse.* http://diepresse.com/home/recht/rechtallgemein/4964400/Asylberechtigte-werden-nach-sechs-Jahren-eingebuergert. Zugegriffen: 4. Febr. 2017.

Literatur

Brodersen, A. (Hrsg.). (1972). *Gesammelte Aufsätze: Bd. 2. Studien zur soziologischen Theorie.* Den Haag: Nijhoff.

Brown, O. (2008). Migration and climate change, IOM Migration Research Series No 31, International Organization for Migration, Geneva.

Bukow, W.-D., Nikodem, C., Schulze, E., & Yildiz, E. (Hrsg.). (2007). *Was heißt hier Parallelgesellschaft? Zum Umgang mit Differenzen.* Wiesbaden: VS Verlag.

Bundesamt für Migration Schweiz (Hrsg.). (2006). *Probleme der Integration von Ausländerinnen und Ausländern in der Schweiz. Bestandesaufnahme der Fakten, Ursachen, Risikogruppen, Massnahmen und des integrationspolitischen Handlungsbedarfs.* Bern: SEM. http://ebookbrowse.com/integrationsbericht-ch-06-04-pdf-d152599418. Zugegriffen: 20. Sept. 2012.

Bundesinstitut Bildungsforschung, Innovation und Entwicklung des österreichischen Schulwesens – BIFIE. (Hrsg.). (2016). Nationale Bildungsberichte Österreich 2013, 2014. https://www.bifie.at/nbb. Zugegriffen: 5. Mai 2016.

Bundeskanzleramt Österreich. (Hrsg.). (2013a). Arbeitsverfassungsgesetz 1974/2012. http://www.ris.bka.gv.at/Bundesrecht. Zugegriffen: 27. März 2013.

Bundeskanzleramt Österreich (Hrsg.). (2013b). Bundes-Gleichbehandlungsgesetz 1993/2012. http://www.ris.bka.gv.at/Bundesrecht. Zugegriffen: 27. März 2013.

Bundeskanzleramt Österreich. (Hrsg.). (2013c). Europäische Charta der Regional- und Minderheitensprachen 1992/2001. http://www.ris.bka.gv.at/Bundesrecht. Zugegriffen: 27. März 2013.

Bundeskanzleramt Österreich. (Hrsg.). (2013d). Staatsbürgerschaftsgesetz 1985/2011. http://www.ris.bka.gv.at/Bundesrecht. Zugegriffen: 27. März 2013.

Bundeskanzleramt Österreich. (Hrsg.). (2013e). Volksgruppengesetz 1976/2011. http://www.ris.bka.gv.at/Bundesrecht. Zugegriffen: 27. März 2013.

Bundesministerium für Arbeit, Soziales und Konsumentenschutz – BMASK (Hrsg.). (2013). Weitergeltung der Übergangsregelungen für Bulgarien und Rumänien. Wien: BMASK. http://www.bmask.gv.at/cms/site/attachments/7/8/3/CH2126/CMS1249542621527/uebergangsregelungen_fuer_bulgarien_und_rumaenien.pdf. Zugegriffen: 30. März 2013.

Bundesministerium für Inneres – BMI. (Hrsg.). (2013). Organisierte Schlepperkriminalität. Wien: BMI. http://www.bmi.gv.at/cms/BK/publikationen/files/Schlepperbericht_2013.pdf. Zugegriffen: 27. März 2013.

Bundesministerium für Inneres – BMI. (Hrsg.). (2014). Sicherheitsbericht 2014. Wien: BMI. http://www.bmi.gv.at/cms/BMI_Service/SIB_2014/Sicherheitsbericht_2014_BMI.pdf. Zugegriffen: 22. Mai 2016.

Bundesministerium für Inneres – BMI. (Hrsg.). (2016a). Arbeitsmigration. http://www.bmi.bund.de. Zugegriffen: 18. Mai 2016.

Bundesministerium für Inneres – BMI. (Hrsg.). (2016b). Asyljahresstatistik 2015. http://www.bmi.gv.at/cms/BMI_Asylwesen/statistik/files/Asyl_Jahresstatistik_2015.pdf. Zugegriffen: 20. Mai 2016.

Bundesministerium für Inneres – BMI. (Hrsg.). (2016c). Vorläufige Asylstatistik 2015 http://www.bmi.gv.at/cms/BMI_Asylwesen/statistik/files/Asylstatistik_Dezember_2015.pdf. Zugegriffen: 22. Mai 2016.

Bundesministerium für Inneres – BMI. (Hrsg.). (2016d). Schlepperei Österreich 2015. Digitaldruckerei des Bundesministeriums für Inneres. Wien: BMI. http://www.bmi.gv.at/cms/BK/publikationen/krim_statistik/2015/1362016_Web_Schlepperei_2015.pdf. Zugegriffen: 23. Mai 2016.

Bundesamt für Migration und Flüchtlinge – BAMF. (Hrsg.). (2016). Asyl. https://www.bamf.de/SharedDocsStatistik. Zugegriffen: 22. Mai 2016.
Bundesministerium für Unterricht, Kunst und Kultur – BMUKK. (Hrsg.). (2012a). Bildungswesen in Österreich. Historische Entwicklung. www.bmukk.gv.at. Zugegriffen: 5. Juli 2012.
Bundesministerium für Unterricht, Kunst und Kultur – BMUKK. (Hrsg.). (2012b). Frühzeitiger Schulabbruch – Early School Leaving-Drop-Out. www.bmukk.gv.at. Zugegriffen: 8. Juli 2012.
Bundesministerium für Unterricht, Kunst und Kultur – BMUKK. (Hrsg.). (2012c). Neue Mittelschule. www.bmukk.gv.at. Zugegriffen: 5. Juli 2012.
Bundesministerium für Unterricht, Kunst und Kultur – BMUKK. (Hrsg.). (2012d). Polytechnische Schule. www.bmukk.gv.at. Zugegriffen: 5. Juli 2012.
Bundesministerium für Unterricht, Kunst und Kultur – BMUKK. (Hrsg.). (2012e). Volksschule. www.bmukk.gv.at. Zugegriffen: 5. Juli 2012.
Bundesministerium für Wissenschaft, Forschung und Wirtschaft – BMWFW. (Hrsg.). (2015). Klimawandel in Österreich. Wien: BMWFW.
Bundeszentrale für Politische Bildung – bpb. (Hrsg.). (2006). Parallelgesellschaften? *Aus Politik und Zeitgeschichte. 2006*(1–2). http://www.bpb.de/system/files/pdf/AQ6PWB.pdf. Zugegriffen: 31. Mai 2013.
Büscher, W., & Kogel, E. M. (2015). Warum verändert dieses Viertel junge Muslime? *Die Welt* 22.11.2015. http://www.welt.de/politik/ausland/article149118690/Warum-veraendert-dieses-Viertel-junge-Muslime.html. Zugegriffen: 30. März 2016.
Butler, J., & Kozmetsky, G. (Hrsg.). (2004). *Immigrant and Minority Entrepreneurship: Building American Communities*. Westport/Connecticut: Praeger.
Castles, S., & Miller, M. (1993/2009). The age of migration, international population movements in the modern world. London: Palgrave.
Castles, S., Haas, H., & Miller, M. (2014). *The age of migration*. London: Palgrave.
Charim, I., et al. (Hrsg.). (2012). *Lebensmodell Diaspora. Über moderne Nomaden*. Bielefeld: Transcript.
Chiswick, B. (2008). Are immigrants favourably self-selected? In C. B. Brettell & J. F. Hollifield (Hrsg.), *Migration theory* (S. 63–82). London: Routledge.
Cichon, P., & Mitterauer, M. (Hrsg.). (2011). *Europasprachen*. Wien: Böhlau.
Çil, N. (2011). Diversity und Multikulturalität. Macht und Ausgrenzung in modernen Gesellschaften. In S. Stemmler (Hrsg.), *Multikultur 2.0: Willkommen im Einwanderungsland Deutschland* (S. 192–200). Göttingen: Wallstein.
Clayton, G. (2010). *Textbook on immigration and asylum law*. Oxford: OUP.
Coskun, C., et al. (2015). *Deutschland postmigrantisch II – Einstellungen von Jugendlichen und jungen Erwachsenen zu Gesellschaft, Religion und Identität*. Berlin: Kalkum.
Crawford, Ch O. (1966). Family attachment, family support for migration and migration plans of young people. *Rural Sociology, 31*(3), 293–300.
Crul, M., & Schneider, J. (2009). The second generation in Europe. Education and the transition to the labour market. TIES policy brief. Amsterdam et al.: Institute for Migration and Ethnic Studies (IMES), University Amsterdam. http://www.tiesproject.eu/component/option,com_docman/task,doc_download/gid,410/Itemid,142. Zugegriffen: 16. Sept. 2012.
Cyrus, N. (1997). Grenzkultur und Stigmamanagement. Mobile Ethnographie und Situationsanalyse eines irregulär beschäftigten polnischen Wanderarbeiters in Berlin. *Kea Zeitschrift für Kulturwissenschaften, 1997*(10), 83–104.

D'Amato, G., Gerber, B., & Kamm, M. (2007). Menschenschmuggel und Irreguläre Migration in der Schweiz. Neuchâtel: Swiss Forum For Migration And Population Studies – SFM. https://doc.rero.ch/record/6445/files/rr37.pdf. Zugegriffen: 21. Mai 2016.

Dahlvik, J., Fassmann, H., & Sievers, W. (Hrsg.). (2011). *Migration und Integration – wissenschaftliche Perspektiven aus Österreich*. Göttingen: Vandenhoek & Ruprecht.

Darowska, L., & Machold, C. (Hrsg.). (2009). *Hochschule als transkultureller Raum? Beiträge zu Kultur, Bildung und Differenz*. Bielefeld: Transcript.

Darwin, C. (1859). *The theory of the origin of species by means of natural selection*. London: Murray.

De Haas, H. (2009). *Mobility and human development*. New York: UNDP.

De Haas, H. (2010a). Migration and development: A theoretical perspective. *International Migration Review, 44*(1), 1–38.

De Haas, H. (2010b). The internal dynamics of migration processes: A theoretical inquiry. *Journal of Ethnic and Migration Studies, 36*(10), 1587–1617.

De Haas, H., & Fokkema, T. (2010). Intra-household conflicts in migration decisionmaking: Return and pendulum migration in Morocco. *Population and Development Review, 36*(3), 541–561.

De Haas, H., & Rodriguez, F. (2010). Mobility and human development: Introduction. *Journal of Human Development and Capabilities, 11*(2), 177–184.

De Haas, H., & Van Rooij, A. (2010). Migration as emancipation? The impact of internal and international migration on the position of women in rural Morocco. *Oxford Development Studies, 38*(1), 43–62.

De Jong, G. F., & Fawcett, J. T. (1981). Motivations for migration: An assessment and a value-expectancy research model. In G. F. De Jong & R. W. Gardner (Hrsg.), *Migration decision making. Multidisciplinary approaches to microlevel studies in developed and developping countries* (S. 13–58). New York: Pergamon.

De Jong, G. F., & Gardner, R. W. (Hrsg.). (1981). *Migration decision making. Multidisciplinary approaches to microlevel studies in developed and developping countries*. New York: Pergamon.

Die Presse. (Hrsg.). (2016). Auswirkungen: Der Klimawandel in Österreich. http://diepresse.com/home/leben/gruenerleben/4642165/Auswirkungen_Der-Klimawandel-in-Osterreich. Zugegriffen: 5. Mai 2016.

Ditton, H., & Maaz, K. (2011). Sozioökonomischer Status und soziale Ungleichheit. In H. Reinders et al. (Hrsg.), *Empirische Bildungsforschung* (S. 193–208). Wiesbaden: VS Verlag.

Dodd, S. C. (1950). The interactance hypothesis. A gravity model fitting physical masses and human groups. *American Sociological Review, 15*(1950), 245–256.

Düvell, F. (2006). *Die politische Ökonomie der Migration in Europäische und Internetional Migration*. Hamburg: LIT.

Düvell, F. (2008). *Die Globalisierung des Migrationsregimes*. Berlin: Assoziation A.

Eisenstadt, S. N. (1951). The place of elites and primary groups in the absorption of new immigrants in Israel. *AJS, 57*(2), 222–231.

Eisenstadt, S. N. (1952). The process of absorption of new immigrants in Israel. *Human Relations, 1952*(5), 223–246.

Eisenstadt, S. N. (1953). Analysis of patterns of immigration and absorption of immigrants. *Population Studies: A Journal of Demography, 7*(2), 167–180.

Eisenstadt, S. N. (1954a). *The absorption of immigrants*. London: Rutledge.

Eisenstadt, S. N. (1954b). The place of elites and primary groups in the absorption of new immigrants in Israel. *American Journal of Sociology, 57*(3), 222–231.

Eisenstadt, S. N. (1975). *The absorption of immigrants: A comparative study based mainly on the Jewish community in Palestine and the state of Israel*. Westport: Greenwood (Erstveröffentlichung 1954, Glencoe: The Free Press).
Elias, N., & Scotson, J. (1965). *The established and the outsiders. A sociological enquiry into community problems*. London: Cass. (deutsche Ausgabe: Elias, N., & Scotson, J. (1990). Etablierte und Außenseiter. Frankfurt a. M.: Suhrkamp).
Esping-Andersen, G. (1990). *The three worlds of welfare capitalism*. Cambridge: Polity.
Esping-Andersen, G. (2002). *Why we need a new welfare state*. Oxford: University Press.
Espinosa, K., & Massey, D. (1997). Undocumented migration and the quantity and quality of social capital. In L. Pries (Hrsg.), *Transnationale Migration, soziale Welt* (Sonderband 12, S. 141–162). Baden-Baden: Nomos.
Esser, H. (1980). *Aspekte der Wanderungssoziologie*. Darmstadt: Luchterhand.
Esser, H. (1990). Prozesse der Eingliederung von Arbeitsmigranten. In C. Höhn & D. Rein (Hrsg.), *Ausländer in der Bundesrepublik Deutschland* (S. 33–53). Wiesbaden: Boldt.
Esser, H. (2001). Integration und ethnische Schichtung. Mannheim: Zentrum für Europäische Sozialforschung. http://www.mzes.uni-mannheim.de/publications/wp/wp-40.pdf. Zugegriffen: 17. Sept. 2012.
Esser, H. (2002). *Soziologie. Spezielle Grundlagen* (Bd. 2)., Die Konstruktion der Gesellschaft. Frankfurt a. M.: Campus.
Esser, H. (2006). *Sprache und Integration. Die sozialen Bedingungen und Folgen des Spracherwerbs von Migranten*. Frankfurt a. M.: Campus.
Esser, H. (2010). Akkulturation. In J. Kopp & B. Schäfers (Hrsg.), *Grundbegriffe der Soziologie* (10. Aufl., S. 9–12). Wiesbaden: VS Verlag. (Erstveröffentlichung 1986).
Esser, H., & Friedrichs, J. (Hrsg.). (1990). *Generation und Identität. Theoretische und empirische Beiträge zur Migrationssoziologie*. Opladen: Westdeutscher Verlag.
Europäische Stiftung zur Verbesserung der Lebens- und Arbeitsbedingungen - Eurofound. (Hrsg.). (2014). Arbeitskräftemobilität in der EU. https://www.eurofound.europa.eu/de. Zugegriffen: 19. Dez. 2014.
Europäische Gemeinschaft – EG. (Hrsg.). (1997). Dublin Convention. http://eur-lex.europa.eu/legal-content/DE/TXT/PDF/?uri=CELEX:41997A0819%2801%29&from=EN. Zugegriffen: 22. Mai 2016.
Europäische Union – EU. (Hrsg.). (2015). Irregular immigration in the EU: Facts and Figures. http://www.europarl.europa.eu/RegData/etudes/BRIE/2015/554202/EPRS_BRI%282015%29554202_EN.pdf. Zugegriffen: 22. Mai 2016.
Faist, T. (1995a). *Sociological theories of international migration: The missing mesolink; paper presented at the meeting of the theory group of migration and development (MAD) project* (Arbeitspapier 17). Hamburg: ZeS.
Faist, T. (1995b). *A preliminary analysis of political-institutional aspects of international migration: Internationalization, transnationalization, and internal globalization* (Arbeitspapier 10/19). Hamburg: ZeS.
Faist, T. (1997a). Migration und der Transfer sozialen Kapitals oder: Warum gibt es relativ wenige internationale Migranten? In L. Pries (Hrsg.), *Transnationale Migration, Soziale Welt* (Sonderband 12, S. 63–84). Baden-Baden: Nomos Verlagsgesellschaft.
Faist, T. (1997b). From common questions to common concepts. In T. Hammar, G. Brochmann, K. Tamas, & T. Faist (Hrsg.), *International migration, immobility and development* (S. 247–276). Oxford: Berg.

Faist, T. (1997c). The crucial meso-level. In T. Hammar, G. Brochmann, K. Tamas, & T. Faist (Hrsg.), *International migration, immobility and development* (S. 187–217). Oxford: Berg.
Farwick, A. (2009). *Segregation und Eingliederung*. Wiesbaden: VS Verlag.
Farwick A., Hillman, F., & Pott, A. (2016). Geografische Migrationsforschung. http://www.geographische-migrationsforschung.de/home.html. Zugegriffen: 22. März 2016.
Fassmann, H. (2003). Transnationale Mobilität. Konzeption und Fallbeispiel. *SWS-Rundschau, 43*(4), 429–449.
Fassmann, H., & Dahlvik, J. (Hrsg.). (2012). *Migrations- und Integrationsforschung – multidisziplinäre Perspektiven*. Göttingen: V&R unipress.
Fassmann, H., & Hintermann, Ch. (1997). *Migrationspotential Ostmitteleuropa. Struktur und Motivation potentieller Migranten aus Polen, Slowakei, Tschechien, Ungarn*. Wien: Institut für Stadt- und Regionalforschung.
Fassmann, H., & Münz, R. (1994). European East-West-Migration, 1945–1992. *European Migration Review, 1994*(3), 520–538.
Fassmann, H., & Münz, R. (Hrsg.). (1996). *Migration in Europa. Historische Entwicklung, aktuelle Trends und politische Reaktionen*. Frankfurt: Campus.
Fawcett, J. T. (1989). (1989): Networks, Linkages, and Migration Systems. *International Migration Review, 23*(3), 671–680.
Faz.net (Hrsg.). (2015). Ein Drittel der Migranten hat Abitur. http://www.faz.net/aktuell/politik/inland/bildung-von-migranten-ein-drittel-hat-abitur-13791431.html. Zugegriffen: 23. März 2016.
FDZ – Fachdidaktisches Zentrum der Universität Wien (Hrsg.). (2013). Mehrsprachigkeit und Professionalisierung in pädagogischen Berufen. Interdisziplinäre Zugänge zu aktuellen Herausforderungen im Bildungsbereich. Nachlese zur Tagung (28.2.–1.3.2013). Wien: FDZ – Sprach- und Lernforschung. https://fdz-sprachen.univie.ac.at/tagung-mehrsprachigkeit. Zugegriffen: 24. März 2013.
Feik, R. (2003). Migrationsforschung aus der Sicht der Rechtswissenschaften, speziell: Fremden und Asylrecht. In KMI Working Paper Series. 2003. 1. 22–24. http://www.oeaw.ac.at/fileadmin/kommissionen/KMI/Dokumente/Working_Papers/kmi_WP1.pdf. Zugegriffen: 24. März 2013.
Fincke, G. (2008). MigrantInnen der zweiten Generation in Europa: „Ausländerproblem", „Parallel-gesellschaft" und sozioökonomischer „Niedergang"? In U. Hunger (Hrsg.), *Migrations- und Integrationsprozesse in Europa. Vergemeinschaftung oder nationalstaatliche Lösungswege?* (S. 191–234). Wiesbaden: VS Verlag.
Fincke, G. (2009). *Abgehängt, chancenlos, unwillig?: Eine empirische Reorientierung von Integrationstheorien zu MigrantInnen der zweiten Generation in Deutschland*. Wiesbaden: VS Verlag.
Fischer, P., Kerski, B., Ruchniewicz, K., Röskau-Rydel, I., & Stekel, S. (Hrsg.). (2010). *Inter Finitimos: Jahrbuch zur deutsch-polnischen Beziehungsgeschichte*. Osnabrück: fibre.
Fokus online (Hrsg.). (2015). Die große Afrika-Karte. Von hier drängen die meisten Flüchtlinge nach Europa. http://www.focus.de/politik/videos/heute-tagt-der-eu-afrika-gipfel-die-grosse-afrika-karte-von-hier-draengen-die-meisten-fluechtlinge-nach-europa_id_5079553.html. Zugegriffen: 10. Apr. 2016.
Foroutan, N. (2015). Hybride Identitäten. In H. Brinkmann & H. Uslucan (Hrsg.), *Dabeisein und dazugehören* (S. 85–99). Wiesbaden: Springer.

Foroutan, N., & Schäfer, I. (2009). Hybride Identitäten – muslimische Migrantinnen und Migranten in Deutschland und Europa. Bonn: Bundeszentrale für Politische Bildung. http://www.bpb.de/apuz/32223/hybride-identitaeten-muslimische-migrantinnen-und-migranten-in-deutschland-und-europa?p=all. Zugegriffen: 18. Sept. 2012.

Frketić, V. (2013). Entwicklungswerkstätte Mehrsprachigkeit – Anerkennung von Mehrsprachigkeit. Mehrsprachigkeit und Professionalisierung in pädagogischen Berufen. Wien: LEFÖ – Lateinamerikanische Entwicklungs- und Beratungsstelle für Frauen in Österreich. http://fdz-sprachen.univie.ac.at/fileadmin/user_upload/p_fdz-sprachforschung/Tagungen/Mehrsprachigkeit/Entwicklungswerkst_MSP_Frketic20130227_Mspr_Profess.pdf. Zugegriffen: 23. März 2013.

Gemende, M., Schröer, W., & Sting, St (Hrsg.). (1999). *Zwischen den Kulturen. Pädagogische und sozialpädagogische Zugänge zur Interkulturalität.* Weinheim: Juventa.

Glazer, N. (1979). Commentary. This week's citation classics. 1980. 1. 301. http://garfield.library.upenn.edu/classics1980/A1980HX94000001.pdf. Zugegriffen: 15. Apr. 2014.

Glazer, N. (2012). My life in sociology. *Annual Review of Sociology, 2012*(38), 1–16.

Glazer, N., & Moynihan, D. P. (1970). *Beyond the Melting Pot: The Negroes, Puerto Ricans, Jews, Italians, and Irish of New York City.* Cambridge: MIT Press (Erstveröffentlichung: 1963, Cambridge: MIT Press).

Glick Schiller, N., Basch, L., & Blanc-Szanton, C. (1992). *Towards a transnational perspective on migration.* New York: New York Academy of Sciences.

Göhlich, M., et al. (Hrsg.). (2006). *Transkulturalität und Pädagogik.* Weinheim: Juventa.

Gogolin, I., & Krüger-Potratz, M. (2006). *Einführung in die interkulturelle Pädagogik.* Opladen: Budrich.

Gogolin, I., & Nauck, B. (Hrsg.). (2000). *Migration, soziale Ungleichheit und ethnische Konflikte.* Wiesbaden: VS Verlag.

Goldring, L. (1996). Blurring the border: Transnational community and social transformation in Mexico-U.S. Migration. *Research in Community Sociology, 1996*(6), 69–104.

Goldring, L. (1997). Power and status in transnational social spaces. In L. Pries (Hrsg.), *Transnationale Migration, Soziale Welt,* (Sonderband 12, S. 179–196). Baden-Baden: Nomos.

Gordon, M. M. (1961). Assimilation in America: Theory and reality. *Daedalus, 90*(2), 263–285.

Gordon, M. M. (1964). *Assimilation in American life – The role of race, religion, and national origin.* Oxford: Oxford University Press.

Gordon, M. M. (1978). *Human nature, class and ethnicity.* New York: Oxford University Press.

Graeme, H. (2008). *Migration, development and environment. International Organisation for Migration.* Geneva: IOM.

Grahl, S. (2006). Empirische Untersuchung zur Einstellung der Eltern zum Sprachprogramm WITAJ. In M. Norberg (Hrsg.), *Das bilinguale Sprachprogramm WITAJ in der Kindertagesstätte und in der Schule der Niederlausitz. Einblicke und Ausblicke* (S. 66–77). Bautzen: Rećny Centrum WITAJ.

Granovetter, M. (1973). The strength of weak ties. *American Journal of Sociology, 78*(6), 1360–1380.

Grossberg, L. (1996). Identity and cultural studies – Is that all there is? In S. Hall & P. DuGay (Hrsg.), *Questions of cultural identity* (S. 87–108). London: Sage.

Gürses, H. (2008). Kultur ist politisch. Zur Interkulturalität in der politischen Erwachsenenbildung. *Magazin erwachsenenbildung.at., 5,* 08-1–08-9.

Hahn, A. (Hrsg.). (1999). *Identität und Moderne.* Suhrkamp: Frankfurt a. M.

Haider, G., & Reiter, C. (Hrsg.). (2004). PISA 2003: Internationaler Vergleich von Schülerleistungen. Ergebnisse im Überblick. Graz: Leykam. https://www.bifie.at/system/files/dl/pisa-2003_ergebnisse-im-ueberblick-2004-12-04.pdf. Zugegriffen: 21. März 2013.
Hall, S., & DuGay, P. (Hrsg.). (1996). *Questions of cultural identity*. London: Sage.
Hamburger, F. (2009). *Abschied von der Interkulturellen Pädagogik. Plädoyer für einen Wandel sozialpädagogischer Konzepte*. Weinheim: Juventa.
Hammar, T., Brochmann, G., Tamas, K., & Faist, T. (Hrsg.). (1997). *International migration, immobility and development*. Oxford: Berg.
Han, P. (2003). *Frauen und Migration*. Stuttgart: Lucius & Lucius.
Han, P. (2006). *Theorien zur internationalen Migration*. Stuttgart: Lucius & Lucius.
Han, P. (2010). *Soziologie der Migration. Erklärungsmodelle, Fakten, politische Konsequenzen, Perspektiven*. Stuttgart: UTB.
Hanappi-Egger, E. (2006). Gender and diversity from a management perspective Synonyms or complements? *Journal of Organisational Transformation and Social Change, 3*(2), 121–134.
Hanappi-Egger, E., Köllen, T., & Mensi-Klarbach, H. (2007). Diversity management: Economically reasonable or 'Only' ethically mandatory? *International Journal of Diversity in Organisations, Communities and Nations, 7*(3), 159–167.
Harris, J. R., & Todaro, M. P. (1970). Migration, unemployment and development: A two sector analysis. *American Economic Review, 1970*(60), 126–142.
Hauenschild, K., Robak, S., & Sievers, I. (Hrsg.). (2013). *Diversity education Zugänge – Perspektiven – Beispiele*. Frankfurt a. M.: Brandes und Apsel.
Haug, S. (2000). *Klassische und neuere Theorien der Migration* (Arbeitspapiere 30). Mannheimer Zentrum für Europäische Sozialforschung.
Heckmann, F. (1992). *Ethnische Minderheiten, Volk und Nation: Soziologie interethnischer Beziehungen*. Stuttgart: Enke.
Heckmann, F. (2005). *Bedingungen erfolgreicher Integration Bayerisches Integrationsforum „Integration im Dialog – Migranten in Bayern"*. Bamberg: Europäisches Forum für Migrationsstudien.
Heckmann, F., & Lutz, A. (2010). *Die Bevölkerung mit Migrationshintergrund in Bayern. Stand der Integration und integrationspolitische Maßnahmen*. Bamberg: Europäisches Forum für Migrationsstudien.
Heckmann, F., & Tomei, V. (1997). *Einwanderungsgesellschaft Deutschland – Zukunftsszenarien: Chancen und Konfliktpotential*. Bamberg: Europäisches Forum für Migrationsstudien.
Hein, S. (2006). *Hybride Identitäten. Bastelbiographien im Spannungsverhältnis zwischen Lateinamerika und Europa*. Bielefeld: Transcript.
Heinemann, A. M. B., & Robak, S. (2012). *Interkulturelle Erwachsenenbildung*. Weinheim: Beltz.
Heitmeyer, W., & Imbusch, P. (Hrsg.). (2005). *Integrationspotenziale einer modernen Gesellschaft*. Wiesbaden: VS Verlag.
Heitmeyer, W., & Imbusch, P. (Hrsg.). (2012). *Desintegrationsdynamiken: Integrationsmechanismen auf dem Prüfstand*. Wiesbaden: VS Verlag.
Hentges, G., & Platzer, H.-W. (Hrsg.). (2011). *Europa – quo vadis?* Wiesbaden: VS Verlag.
Herzog-Punzenberger, B. (2009). Dazugehören oder nicht? Österreich und seine 2. und 3. (MigrantInnen-)Generation. *Schulheft, 2009*(135), 9–26.

Herzog-Punzenberger, B. (2011). Differenzachsen und Grenzziehungsmechanismen. In G. Marinelli-König et al. (Hrsg.), *Zwischenräume der Migration Über die Entgrenzung von Kulturen und Identitäten* (S. 55–77). Bielefeld: Transcript.

Hess, S. (Hrsg.). (2009). *No integration?! Kulturwissenschaftliche Beiträge zur Integrationsdebatte in Europa*. Bielefeld: Transcript.

Heusch, P. (27. November 2015). Frankreichs „Problemviertel": Die verlorene Generation. Südwest Presse. http://www.swp.de/ulm/nachrichten/politik/Frankreichs-Problemviertel-Die-verlorene-Generation;art4306,3557029. Zugegriffen: 30. März 2016.

Hill, P. B. (1984). Räumliche Nähe und soziale Distanz zu ethnischen Minderheiten. *Zeitschrift für Soziologie, 1984*(13), 363–370.

Hillmann, F. (1997). *This is a migrant's world. Städtische ethnische Arbeitsmärkte am Beispiel New York City* (Discussion Paper FS I 97– 103). Berlin: Wissenschaftszentrum Berlin für Sozialforschung

Hillmann, F. (1999). A look at the 'Hidden Side': Turkish women in Berlin's ethnic labour market. *International Journal of Urban and Regional Research, 1999*(2), 267–282.

Hodgons, G. (2000). *The gentleman from New York: Daniel Patrick Moynihan: A biography*. Boston: Houghton Mifflin Harcourt.

Hoffmann-Nowotny, H.-J. (1970a). *Migration. Ein Beitrag zu einer soziologischen Erklärung*. Stuttgart: Enke.

Hoffmann-Nowotny, H.-J. (1970b). *Migration. University of Michigan*. Stuttgart: Enke.

Hoffmann-Nowotny, H.-J. (1973). *Soziologie des Fremdarbeiterproblems*. Stuttgart: Enke.

Hoffmann-Nowotny, H.-J. (2000). Migration, gesellschaftliche Differenzierung und Bildung. In I. Gogolin & B. Nauck (Hrsg.), *Migration, soziale Ungleichheit und ethnische Konflikte* (S. 157–178). Wiesbaden: VS Verlag.

Höhn, C., & Rein, D. (Hrsg.). (1990). *Ausländer in der Bundesrepublik Deutschland*. Wiesbaden: Boldt.

Holert, T., & Terkessidis, M. (2006). *Fliehkraft. Gesellschaft in Bewegung – Von Migranten und Touristen*. Köln: Kiepenheuer & Witsch.

Hormel, U., & Scherr, A. (2004). *Bildung für die Einwanderungsgesellschaft. Perspektiven der Auseinandersetzung mit struktureller, institutioneller und interaktioneller Diskriminierung*. Wiesbaden: VS Verlag.

Houstoun, M., et al. (1984). Female predominace in immigration to the united states since 1930: A first look. *IMR, 18*(4), 64–98.

Huber, P. (2011). Die Arbeitsmarktintegration von Migrantinnen in Österreich. In G. Biffl & N. Dimmel (Hrsg.), *Grundzüge des Managements von Migration und Integration, Migrationsmanagement* (Bd. 1, S. 99–116). Leobersdorf: Omninum.

Hughes, E. C., et al. (Hrsg.). (1950). *The collected papers of Robert Ezra Park* (Bd. I). Glencoe: The Free Press.

Hugo, G. J. (1981). Village-community ties, village norms, and ethnic and social networks: A review of evidence from the third world. In G. F. De Jong & R. W. Gardner (Hrsg.), *Migration decision making multidisciplinary approaches to microlevel studies in developed and developing countries* (S. 186–224). New York: Pergamon.

Hunger, U. (2003). Vom Brain Drain zum Brain Gain. Die Auswirkungen der Migration von Hochqualifizierten auf Abgabe- und Aufnahmeländer. Münster: Friedrich-Ebert-Stiftung, Gesprächskreis Migration und Integration. http://www.fes.de/aktuell/focus_interkulturelles/focus_1/documents/17_000.pdf. Zugegriffen: 21. Mai 2016.

Hunger, U. (2005). Vier Thesen zur deutschen Entwicklungshilfepolitik für Indien. *APUZ, 2005*(27), 12–18.

Hunger, U. (Hrsg.). (2008). *Migrations- und Integrationsprozesse in Europa. Vergemeinschaftung oder nationalstaatliche Lösungswege?* Wiesbaden: VS Verlag.
Institut für Kulturpolitik der kulturpolitischen Gesellschaft. (Hrsg.). (2003). *Jahrbuch für Kulturpolitik 2002/2003.* Essen: Klartext.
Intergovernmental Panel on Climate Change – IPCC (Hrsg.). (2014). Climate change 2013. Geneva: IPCC. http://ipcc.ch/pdf/press/press_release_wg1_full_report.pdf. Zugegriffen: 3. Apr. 2016.
International Labour Organisation – ILO (Hrsg.). (2016). Labour migration. http://www.ilo.org/global/topics/labour-migration/lang--en/index.htm. Zugegriffen: 30 März 2016.
International Organization for Migration – IOM (Hrsg.). (2014). Infosheet: Geneva. http://www.iom.int/jahia/webdav/site/myjahiasite/shared/shared/mainsite/published_docs/brochures_and_info_sheets/IOM_Remittance_eng_pdf.pdf. Zugegriffen: 1. Nov. 2016.
International Organization for Migration – IOM (Hrsg.). (2016). Migration Flows. http://www.iom.int/. Zugegriffen: 15. Apr. 2016.
Inter-Agency Standing Commitee – IASC (Hrsg.). (2008). *Climate change, migration and displacement: Who will be affected?* Geneva: IASC.
Jackson, J. A. (Hrsg.). (1969). *Migration.* Cambridge: The University Press.
Jakobeit, C., & Methmann, C. (2007). *Klimaflüchtlinge. Die verleugnete Katastrophe.* Greenpeace: Hamburg.
Janda, A. (2012). *Abschied von der Parallelgesellschaft. Wie sich Österreich bei der Integration selbst im Weg steht.* Wien: Styria premium.
Jasper, W. (Hrsg.). (2009). *Wieviel Transnationalismus verträgt die Kultur?* Berlin: Köster.
Jedlicka, D. (1978). Opportunities, information networks and internations migration streams. *Social networks, 1978*(1), 211–284.
John, M. (2007). Ethnische und kulturelle Diversität in Österreich 1880–1925. Skizzen und Aspekte einer Entwicklung. In M. Pammer, H. Neiss, & M. John (Hrsg.), *Erfahrungen der Moderne Festschrift für Roman Sandgruber zum 60. Geburtstag* (S. 205–230). Göttingen: Steiner.
Kallen, H. (1915). Democracy vs. the melting pot. A study of American nationality (Part I). *The Nation, 1915*(2). http://www.expo98.msu.edu/people/kallen.htm. Zugegriffen: 29. März 2014.
Kalter, F. (1997). *Wohnortwechsel in Deutschland.* Opladen: Leske & Budrich.
Kammer für Arbeiter und Angestellte Oberösterreich – AK OÖ (2012). Muttersprachlicher Unterricht. Linz. http://www.arbeiterkammer.com/online/muttersprachlicher-unterricht-59625.html. Zugegriffen: 23. März 2013.
Kaneff, D. (Hrsg.). (2011). *Global connections and emerging inequalities in Europe. Perspectives on poverty and transnational migration.* London: Anthem.
Karaŝu, K. (2008). *Identität im Zeitalter kultureller Pluralität und Hybridität.* München: GRIN.
Katenbrink, J. (2003). *Die klassische Migrationstheorien von Hoffmann-Nowotny. Darstellung und kritische Anmerkungen.* München: Grin.
Katzmann, R. A. (Hrsg.). (1998). *Daniel Patrick Moynihan: The intellectual in public life.* Washington: The Woodrow Wilson Center Press.
Khorchide, M. (2009). *Der islamische Religionsunterricht zwischen Integration und Parallelgesellschaft Einstellungen der islamischen ReligionslehrerInnen an öffentlichen Schulen.* Wiesbaden: VS Verlag.

Kien, N. H. (2004). *Ethnizität und Migration reloaded: Kulturelle Identität, Differenz und Hybridität im postkolonialen Diskurs*. Berlin: Wissenschaftlicher Verlag.
King, R. (2007). *Atlas of human migration*. New York: Firefly.
Kleinschmidt, H. (2011). *Migration und Integration. Theoretische und historische Perspektiven*. Münster: Westfälisches Dampfboot.
Klieme, E., et al. (Hrsg.). (2009). *Pisa 2009. Bilanz nach einem Jahrzehnt*. Münster: Waxmann.
Knapp, M. (Hrsg.). (1994a). *Migration im neuen Europa*. Stuttgart: Steiner.
Knapp, M. (1994b). Zur Einleitung: Alte und neue Dimensionen transnationaler Migrationsprozesse. In M. Knapp (Hrsg.), *Migration im neuen Europa* (S. 9–22). Stuttgart: Steiner.
Kobrin, F. E., & Speare, A. (1983). Out-migration and ethnic communities. *International Migration Review, 17*(3), 425–444.
Kopp, J., & Schäfers, B. (Hrsg.). (2010). *Grundbegriffe der Soziologie* (10. Aufl.). Wiesbaden: VS Verlag (Erstveröffentlichung: 1986).
Koser. (2015). 10 migration trends to look out for in 2016. World Economic Forum. 18.12.2015. https://www.weforum.org/agenda/2015/12/10-migration-trends-to-look-out-for-in-2016/. Zugegriffen: 26. März 2016.
Krappmann, L. (2005). *Soziologische Dimensionen der Identität, Strukturelle Bedingungen für die Teilnahme an Interaktionsprozessen* (10. Aufl.). Stuttgart: Klett (Erstveröffentlichung 1971).
Kritz, M. M., & Zlotnik, H. (1992). Global interactions: Migration systems, processes, and policies. In M. M. Kritz, L. L. Lim, & H. Zlotnik (Hrsg.), *International migration systems. A global approach* (S. 1–16). Oxford: Clarendon.
Kritz, M. M., Liu, L. L., & Zlotnik, H. (Hrsg.). (1992). *International migration systems. A global approach*. Oxford: Clarendon.
Kronauer, M. (Hrsg.). (2010). *Inklusion und Weiterbildung. Reflexionen zur gesellschaftlichen Teilhabe in der Gegenwart*. Bielefeld: Bertelsmann.
Krumm, H.-J. (2011). Die deutsche Sprache und die Mehrsprachigkeit in Europa – ein sprachenpolitischer Blick auf Deutsch als europäische Sprache. In P. Cichon & M. Mitterauer (Hrsg.), *Europasprachen* (S. 99–112). Wien: Böhlau.
Krumm, H.-J. (2012). Multilingualism, heterogeneity and the monolingual policies of the linguistic integration of migrants. In M. Messer, R. Schröder, & R. Wodak (Hrsg.), *Migrations: Interdisciplinary perspectives* (S. 43–57). Wien: Springer.
Krumm, R. J. (1983). Regional labor markets and the household migration decision. *Journal of Regional Science, 23*(3), 361–375.
Kuhley, H. (Hrsg.). (2009). Mehrsprachigkeit als Chance. Tagungsband Internationaler Workshop Migration und Multilingualität in Schule und Hochschule. Kassel: Universität, Zentrum Lehrerbildung. http://bvbr.bib-bvb.de:8991/F?func=service&doc_library=BVB01&doc_number=020328356&line_number=0001&func_code=DB_RECORDS&service_type=MEDIA. Zugegriffen: 26. März 2013.
Langenfeld, C. (2001). *Integration und kulturelle Identität zugewanderter Minderheiten. Untersuchung am Beispiel des Allgemeinbildenden Schulwesens in der BRD*. Tübingen: Mohr Siebeck.
Langthaler, M., & Hornoff, S. (2008). Braindrain und seine Auswirkungen auf Entwicklungsländer. Wien: Österreichisches Forschungsinstitut für Internationale Entwicklung – ÖFSE. http://www.oefse.at/fileadmin/content/Downloads/Publikationen/Workingpaper/WP20_Braindrain.pdf. Zugegriffen: 21. Mai 2016.
Lee, E. S. (1966). A theory of migration. *Demography, 1966*(5), 47–57.

Lee, E. S. (1972). Eine Theorie der Wanderung. In Széll, G. (Hrsg.), *Regionale Mobilität* (S. 117–129). München.
Levy, M. B., & Wadycki, W. J. (1973). The influence of family and friends on geographic labor moblity: An international comparison. *The Review of Economic and Statistics, 55*, 198–203.
Light, I. (2003). The ethnic ownership economy. In C. Stiles & C. Galbraith (Hrsg.), *Ethnic entrepreneurship: Structure and process* (S. 3–44). Amsterdam: JAI Press.
Light, I., & Gold, S. (2000). *Ethnic Economies*. San Diego: Academic.
Light, I., & Karageorgis, S. (2009). The ethnic economy. In N. Smelser et al. (Hrsg.), *The handbook of economic sociology* (S. 647–671). Princeton: Princeton University Press.
Lockwood, D. (1971). Soziale integration und systemintegration. In W. Zapf (Hrsg.), *Theorien des sozialen Wandels* (S. 124–137). Köln: Kiepenheuer & Witsch.
Loue, S. (Hrsg.). (1998). *Handbook of immigrant health*. New York: Plenum.
Loughry, M., & McAdam, J. (2008). Kiribati – relocation or adaptation. *Forced Migration Review, 31*, 38–39.
Lowry, I. S. (1966). *Migration and metropolitan growth: Two analytical models* (Arbeitspapiere 30–36). Mannheimer Zentrum für Europäische Sozialforschung.
Loycke, A. (Hrsg.). (1992). *Der Gast, der bleibt: Dimensionen von Georg Simmels Analyse des Fremdseins*. Campus: Frankfurt a. M.
Lueger, A. (2012). Migration und Bildung in Österreich – Benachteiligung von MigrantInnen durch sozioökonomische Gründe. Linz: JKU.
Lutz, H. (2007). *Vom Weltmarkt in den Privathaushalt. Die neuen Dienstmädchen im Zeitalter der Globalisierung*. Opladen: Budrich.
Lutz, H. (Hrsg.). (2008). *Migration and domestic work. A European perspective on a global theme*. Aldershot: Ashgate.
Lutz, H. (Hrsg.). (2009). *Gender Mobil? Geschlecht und Migration in transnationalen Räumen*. Münster: Westfälisches Dampfboot.
Lyman, S. (1968). The race relations cycle of Robert E. Park. *The Pacific Sociological Review, 11*(1), 16–22.
Ma, M. K. (1998). Economic arrangement and spatial resources. Elements of a diaspora economy. In L. Wang & G. Wang (Hrsg.), *The Chinese diaspora. Selected Eesays* (Bd. II, S. 131–144). Singapur: Marshall Cavendish Academic.
Mabogunje, A. L. (2010). Systems approach to a theory of rural-urban migration. *Geographical Analysis, 2*(1), 1–18.
Majcherek, J. A. (2010). Der Mythos der Multikulturalität. In P. Fischer, B. Kerski, K. Ruchniewicz, I. Röskau-Rydel, & S. Stekel (Hrsg.), *Inter Finitimos: Jahrbuch zur deutsch-polnischen Beziehungsgeschichte* (Bd. 8, S. 47–61). Osnabrück: Fibre.
Marinelli-König, G., et al. (Hrsg.). (2011). *Zwischenräume der Migration. Über die Entgrenzung von Kulturen und Identitäten*. Bielefeld: Transcript.
Marschalck, P., & Wiedl, K. H. (Hrsg.). (2001). *Migration und Krankheit*. Osnabrück: Universitätsverlag Rasch.
Massey, D. S. (1990). Social structure, household strategies, and the cumulative causation of migration. *Population Index, 56*(1), 3–26.
Massey, D. S., & España, F. G. (1987). The social process of international migration. *Science, 1987*(237), 733–738.

Massey, D. S., Alarcón, R., Durand, J., & González, H. (1987). *Return to Aztlan. The social process of international migration from Western Mexico*. Berkeley: University of California Press.
Massey, D. S. et al. (1993). Theories of international migration: A review and appraisal. *Population and Development Review*, 19(3), 431–466. http://www.jstor.org/stable/2938462. Zugegriffen: 22. Juni 2011.
Massey, D. S., et al. (1994). An evaluation of international migration theory: The North American case. *Population and Development Review*, 20(4), 699–749.
Massey, D. S., et al. (1998). *Worlds in motion: Understanding international migration at the end of the millennium*. Oxford: Clarendon.
Matter, M. (Hrsg.). (2005). *Die Situation der Roma und Sinti nach der EU-Osterweiterung*. Göttingen: V&R unipress.
Mayer, R. (2005). *Diaspora. Eine kritische Begriffsbestimmung*. Bielefeld: Transcript.
Mecheril, P., et al. (Hrsg.). (2010). *Migrationspädagogik*. Weinheim: Beltz.
Meisel, J. (2003). *Zur Entwicklung kindlicher Mehrsprachigkeit*. Hamburg: Universität Hamburg, Institut für Romanistik. http://www1.uni-hamburg.de/romanistik/personal/pdf-Dateien/ZurEntwicklungderkindlichenMehrsprachigkeit.pdf. Zugegriffen: 24. März 2013.
Meisel, J. (2007). Mehrsprachigkeit in der frühen Kindheit: Zur Rolle des Alters bei Erwerbsbeginn. In T. Anstatt (Hrsg.), *Mehrsprachigkeit bei Kindern und Erwachsenen* (S. 93–113). Tübingen: Attempto.
Messer, M., Schröder, R., & Wodak, R. (Hrsg.). (2012). *Migrations: Interdisciplinary perspectives*. Wien: Springer.
Mincer, J. (1978). Family migration decisions. *Journal of Political Economy., 1978*(86), 749–773.
MIT Press. (Hrsg.). (2014). *Beyond the melting pot, revised second edition: Overview*. https://mitpress.mit.edu/books/beyond-melting-pot-revised. Zugegriffen: 12. März 2014.
Monz, L. (Hrsg.). (2002). *Gleichbehandlung oder positive Diskriminierung? Betriebliche Modelle der Integration von ArbeitnehmerInnen ausländischer Herkunft*. Düsseldorf: DGB Bildungswerk.
Morokvasic, M. (2009). Migration, gender, empowerment. In H. Lutz (Hrsg.), *Gender Mobil? Geschlecht und Migration in transnationalen Räumen* (S. 28–51). Münster: Westfälisches Dampfboot.
Morokvasic, M., & Rudolph, H. (Hrsg.). (2004). *Wanderungsraum Europa*. Berlin: Sigma.
Moynihan, D. P. (1990). *On the Law of Nations*. Cambridge: Harvard University Press.
Moynihan, D. P., & Weisman, S. R. (2012). *A portrait in Letters of an American visionary*. New York: Public Affairs.
Münz, R. (1997). Woher-Wohin? – Massenmigration im Europa des 20. Jahrhunderts. In L. Pries (Hrsg.), *Transnationale Migration, Soziale Welt* (Sonderband 12, S. 221–244). Baden-Baden: Nomos.
Münz, R., Seifert, W., & Ulrich, R. (1997). *Zuwanderung nach Deutschland*. Frankfurt: Campus.
Murhammer, A. M. (2011). *Muttersprachlicher Unterricht in der Migrationsgesellschaft*. Innsbruck: Universität Innsbruck.
Nagurney, A., Pan, J., & Zhao, L. (1992). Human migration networks. *European Journal of Operation Research., 59*, 262–274.

Nauck, B. (1988a). Inter- und intragenerativer Wandel in Migrantenfamilien. In L. Pries (Hrsg.), *Transnationale Migration, Soziale Welt* (Sonderband 12, S. 503–521). Baden-Baden: Nomos.

Nauck, B. (1988b). Sozialstrukturelle und individualistische Migrationstheorien. Elemente eines Theorienvergleichs. *Kölner Zeitschrift für Soziologie und Sozialpsychologie, 40*(1), 15–39.

Nauck, B. (1989). Assimilation process and group integration of migrant families. *International Migration, 27,* 27–48.

Nauck, B., Kohlmann, A., & Diefenbach, H. (1997). Familiäre Netzwerke, intergenerative Transmission und Assimilationsprozesse bei türkischen Migrantenfamilien. *Kölner Zeitschrift für Soziologie und Sozialpsychologie, 49*(3), 477–499.

Neubert, S., Roth, H.-J., & Yildiz, E. (2013). *Multikulturalität in der Diskussion neuere Beiträge zu einem umstrittenen Konzept* (2. Aufl.). Wiesbaden: VS Springer (Erstveröffentlichung 2008).

Nickel, H. M. (2009). Arbeit und Genderregime in der Transformation. In B. Aulenbacher & A. Wetterer (Hrsg.), *Arbeit, Perspektiven und Diagnosen der Genderforschung (Forum Frauen- und Geschlechterforschung 25)* (S. 249–267). Münster: Westfälisches Dampfboot.

Nickel, H. M. (2011). *Transnationale Versorgungsketten, Feminisierung der Migration und globale Fürsorgekrise.* Berlin: Humboldt Universität Berlin. https://www.sowi.hu-berlin.de/de/lehrbereiche/sag/pdf/vl-gk-sozialstruktur-2013/Folie%2011. Zugegriffen: 5. Mai 2016.

Nohl, A.-M. (2006). *Konzepte interkultureller Pädagogik. Eine systematische Einführung.* Bad Heilbrunn: Klinkhardt.

Norberg, M. (Hrsg.). (2006). *Das bilinguale Sprachprogramm WITAJ in der Kindertagesstätte und in der Schule der Niederlausitz. Einblicke und Ausblicke.* Bautzen: Rećny Centrum WITAJ.

Nowak, J. (2006). *Leitkultur und Parallelgesellschaft. Argumente wider einen deutschen Mythos.* Frankfurt a. M.: Brandes & Aspel.

Nusche, D., et al. (2009). *OECD-Länderprüfungen. Migration und Bildung. Österreich.* Wien: Bundesministerium für Unterricht, Kunst und Kultur.

Nusche, D., et al. (2012). *OECD Reviews of Evaluation and Assessment in Education.* New Zealand: OECD Publishing.

Nuscheler, F. (2003). *Internationale Migration. Flucht und Asyl.* Opladen: Leske & Budrich.

O'Connor, B. (1998). Healing practices. In S. Loue (Hrsg.), *Handbook of immigrant health* (S. 145–162). New York: Plenum.

Österreichischer Integrationsfond. (Hrsg.). (2015). *Fact Sheet: Migration und Bildung 2015.* http://www.integrationsfonds.at. Zugegriffen: 15. Mai 2016.

Ohles, F., Ohles, S. M., & Ramsay, J. G. (1997). *Biographical dictionary of modern American educators.* Westport: Greenwood.

Okolski, M. (2004). Alte und neue Muster. Aktuelle Wanderungsbewegungen in Mittel und Osteuropa. In M. Morokvasic & H. Rudolph (Hrsg.), *Wanderungsraum Europa. Menschen und Grenzen in Bewegung* (S. 81–110). Berlin: Edition sigma.

Organisation for Economic Co-operation and Development – OECD. (Hrsg.). (2012). *Bildung auf einen Blick. OECD-Indikatoren.* Paris: OECD (deutsche Ausgabe: Berlin: Bundesministerium für Wissenschaft und Forschung). http://www.oecd-ilibrary.org/docserver/download/9612035e.pdf. Zugegriffen: 23. März 2013.

Organisation for Economic Co-operation and Development – OECD. (Hrsg.). (2016). *PISA-Studien.*. www.oecd.org. Zugegriffen: 20. Mai 2016.
Oswald, I. (2007). *Migrationssoziologie*. Konstanz: UVK.
Oxford English Dictionary. Commonwealth of nations (zugegriffen: 17. Sept. 2014), Race (zugegriffen: 22. Apr. 2014), WASPS (zugegriffen 22. Apr. 2014). www.oxforddictionaries.com.
Padilla, A. (Hrsg.). (1980). *Acculturation: Theory, model and some new findings*. Boulder: Westview.
Pammer, M., Neiss, H., & John, M. (Hrsg.). (2007). *Erfahrungen der Moderne. Festschrift für Roman Sandgruber zum 60. Geburtstag*. Stuttgart: Steiner.
Park, R. E. (1928). Human migration and the marginal man. *American Journal of Sociology, 33*(6), 881–893. http://www.jstor.org/stable/2765982. Zugegriffen: 15. Juli 2014.
Park, R. E. (1950). Our racial frontier on the pacific. In E. C. Hughes et al. (Hrsg.), *Race and culture. The collected papers of Robert Ezra Park* (S. 138–151). Glenoe: The Free Press.
Park, R. E., & Bernard, W. S. (1971). *The immigrant press and its control*. Montclair: Patterson Smith (Erstveröffentlichung 1922, New York: Harper & Brothers).
Park, R. E., & Burguess, E. W. (1969). *Introduction to the science of sociology. Including an index to basic sociological concepts. Student edition. Abridged and with a new preface by Morris Janowitz*. Chicago: The University of Chicago Press.
Park, R. E., Miller, H. A., & Thompson, K. (1969). *Old world traits transplanted. The early sociology of culture*. New York: Arno (Erstveröffentlichung 1921, New York: Harper).
Park, Y. J. (2009). *Chinese migration in Africa (SAIIA)*. Occasional Paper. 2009. 24. http://www.saiia.org.za/occasional-papers/132-chinese-migration-in-africa/file. Zugegriffen: 21. Mai 2016.
Petersen, W. (1958). A general typology of migration. *American Sociological Review, 23*, 256–266.
Pfeiffer, Ulrich (Hrsg.). (2001). *Einwanderung: Integration, Arbeitsmarkt, Bildung*. Berlin: Friedrich-Ebert-Stiftung.
Piore, M. J. (1979a). *Birds of passage. Migrant labor in industrial socities*. Cambridge: Cambridge University Press.
Piore, M. J. (1979b). Zugvögel. Nachfrageorientierte temporäre Arbeitsmigration aus den Entwicklungsländern in die urbanen Industriegesellschaften. In P. Han (Hrsg.), *Theorien zur internationalen Migration* (S. 178–194). Stuttgart: Lucius & Lucius.
Pohjola, A. (1991). Social networks – Help or hindrance to the migrant? *International Migration, 1991*(29), 435–444.
Portes, A. (1995). *The economic sociology of immigration. Essays on networks, ethnicity, and entrepreneurship*. New York: Russell Sage.
Portes, A. (1997). Immigration theory for a new century: Some problems and opportunities. *International Migration Review, 31*(4), 799–825.
Portes, A., & Sensenbrenner, J. (1993). Embeddedness and immigration. Notes on the social determinants of economic action. *American Journal of Sociology, 98*, 1320–1350.
Prengel, A. (2006). *Pädagogik der Vielfalt: Verschiedenheit und Gleichberechtigung in interkultureller, feministischer und integrativer Pädagogik*. Wiesbaden: VS Verlag.
Price, C. (1969). The study of assimilation. In J. A. Jackson (Hrsg.), *Migration* (S. 181–237). Cambridge: The University Press.
Pries, L. (1996). Transnationale soziale Räume. Theoretisch-empirische Skizze am Beispiel der Arbeitswanderungen Mexiko-USA. *Zeitschrift für Soziologie, 1996*(25), 437–453.

Pries, L. (1997a). Neue Migration im transnationalen Raum. In L. Pries (Hrsg.), *Transnationale Migration, Soziale Welt* (Sonderband 12, S. 15–45). Baden-Baden: Nomos.
Pries, L. (1997b). Transmigranten als ein Typ von Arbeitswanderern in pluri-lokalen sozialen Räumen. In L. Pries (Hrsg.), *Transnationale Migration, Soziale Welt* (Sonderband 12, S. 135–150). Baden-Baden: Nomos.
Pries, L. (Hrsg.). (1997c). *Transnationale Migration, Soziale Welt* (Sonderband 12). Baden-Baden: Nomos.
Pusca, A. (Hrsg.). (2012). *Roma in Europe: Migration, education, representation*. New York: International Debate Press.
Rammstedt, O. (Hrsg.). (1992). *Soziologie. Untersuchungen über die Formen der Vergesellschaftung. Gesammelte Ausgabe* (Bd. 11). Suhrkamp: Frankfurt a. M.
Rathsfeld, K. (15. November 2010). Der Kulturwandel kann MigrantInnen krank machen. *Die Welt*. http://www.welt.de/gesundheit/article10948569/Der-Kulturwandel-kann-Migranten-krank-machen.html. Zugegriffen: 14. März 2016.
Ravenstein, E. (1885). The laws of migration. *Journal of the Statistical Society of London, 48*(2), 167–235.
Ravenstein, E. (1889). The laws of migration. *Journal of the Royal Statistical Society, 52*(2), 241–305.
Ravenstein, E. G. (1972). Die Gesetze der Wanderung, I und II. In G. Széll (Hrsg.), *Regionale Mobilität* (S. 41–64). München: Nymphenburger.
Reinders, H., et al. (Hrsg.). (2011). *Empirische Bildungsforschung*. Wiesbaden: VS Verlag.
Reuter, J., & Mecheril, H. (Hrsg.). (2014). *Schlüsselwerke der Migrationsforschung*. Wiesbaden: VS Verlag.
Rinne, U., Schüller, S., & Zimmermann, K. (2010). *Ethnische Vielfalt und Arbeitsmarkterfolg*. Bonn: IZA Forschungsinstitut für die Zukunft der Arbeit. http://ftp.iza.org/sp34.pdf. Zugegriffen: 21. März 2013.
Ritchey, P. N. (1976). Explanations of migration. *Annual Review of Sociology, 2*(1), 363–404.
Roberts, B. R. (1995). Socially expected durations and the economic adjustment of immigrants. In A. Portes (Hrsg.), *The economic sociology of immigration* (S. 42–86). New York: Russell Sage.
Robyn, I., et al. (2002). *Migration research and policy landscape: Case studies of Australia, the Philippines and Thailand*. Wollongong: APMRN Secretariat, University of Wollongong.
Roos, J. (2007). *Spracherwerb und Sprachproduktion: Lernziele und Lernergebnisse im Englischunterricht der Grundschule*. Tübingen: Narr.
Roseman, C. C. (1983). A framework for the study of migration destination selection. *Population and Environment, 6*(3), 151–165.
Rosen, L., & Farrokhzad, S. (Hrsg.). (2008). *Macht, Kultur, Bildung. Festschrift für Georg Auernheimer*. Münster: Waxmann.
Rossi, P. H. (1980). *Why families move*. Beverly Hills: Sage.
Rouse, R. (1989). Mexican migration to the US: Family relations in a transnational migrant circuit. Unpublished dissertation, Stanford University, Stanford.
Rouse, R. (1991). Mexican migration and the space of postmodernism. *Diaspora. A Journal of Transnational Studies, 1*(1), 8–23.

Rouse, R. (1992). Making sense of settlement: Class formation, cultural struggle, and transnationalism among Mexican migrants in the United States. In N. Glick Schiller, L. Basch, & C. Blanc-Szanton (Hrsg.), *Towards a transnational perspective on migration*. New York: New York Academy of Sciences.

Salt, J. (2000). Trafficking and human smuggling: A European perspective. *International Migration, 38*(3), 31–54.

Salt, J., & Stein, J. (1997). Migration as a business: The case of trafficking. *International Migration, 35*(4), 467–494.

Sandell, S. H. (1977). Women and the economics of family migration. *Review of Economics and Statistics, 59,* 406–414.

Sandner, D. (Hrsg.). (2007). *Kompendium Diversity Management. Vom Nutzen der Vielfalt. Praxisbeispiele österreichischer Organisationen*. Wien: diversityworks – prove Unternehmensberatung GmbH. http://www.migration-boell.de/downloads/diversity/diversity_kompendium.pdf. Zugegriffen: 24. Februar 2012.

Santel, B. (1995). *Migration in und nach Europa*. Opladen: Leske & Budrich.

Sarrazin, T. (2012). *Deutschland schafft sich ab. Wie wir unser Land aufs Spiel setzen*. München: Dt. Verlagsanstalt.

Sassen, S. (1984). Notes on the incorporation of third world women into wage-labor Through immigrationand off-shore production. *International Migration Review, 18*(4), 1144–1167.

Sassen, S. (1991). *The global city*. New York: Princeton University Press.

Sassen, S. (1996a). *Losing control? Sovereignty in an age of globalization*. New York: Columbia University Press.

Sassen, S. (1996b). *Migranten, Siedler, Flüchtlinge*. Frankfurt a. M.: Fischer.

Sassen, S. (1999). *Guests and Aliens*. Nueva York: The New Press.

Sassen, S. (2000). The global city: Strategic site/new frontier. *American Studies, 41*(2/3), 79–95.

Sassen, S. (2007a). A sociology of globalization. In J. C. Alexander (Hrsg.), *Contemporary societies* (S. 129–163). New York: Norton.

Sassen, S. (2007b). The making of international migrants. In J. C. Alexander (Hrsg.), *Contemporary societies* (S. 69–76). New York: Norton.

Sciacca, M. T. (2009). Pädagogik und Migration. Bilingualität als Konzept. In W. Jasper (Hrsg.), *Wieviel Transnationalismus verträgt die Kultur?* (S. 178–188). Berlin: Köster.

Scharathow, W., & Leiprecht R. (Hrsg.) (2009). *Rassismuskritik: Bd. 2. Rassismuskritische Bildungsarbeit* . Schwalbach: Wochenschau.

Schiller, N., et al. (2006). Transnationalism: A new analytic framework for understanding migration. *Annals of the New York Academy of Science, 2006*(645), 1–24.

Schmid, F. (2015). *Klimaflüchtlinge werden zum Haupttreiber zukünftiger Migration*. München: isw – Institut für sozial-ökologische Wirtschaftsforschung e. V. https://isw-muenchen.de/2015/11/klimafluechtlinge-werden-zum-haupttreiber-kuenftiger-migration/. Zugegriffen: 7. Okt. 2016.

Schmid, K. (2010). *Außenwirtschaft und Humanressourcen. Herausforderungen infolge Internationalisierung*. Wien: Institut für Bildungsforschung der Wirtschaft. http://www.forschungsnetzwerk.at/downloadpub/2010_ibw_fb152_schmid.pdf. Zugegriffen: 24. Febr. 2012.

Schreiner, C. (2007). Die Entscheidung für Hauptschule oder Allgemeinbildende Höhere Schulen. Ein Beitrag zur Chancengleichheit. In TIMSS (Hrsg.), *Mathematik & Natur-*

wissenschaft in der Grundschule. Österreichischer Expertenbericht (Kapitel 2.3). Salzburg: Bundesinstitut für Bildungsforschung – BIFIE. https://www.bifie.at/buch/1191/2/3. Zugegriffen: 24. März 2013.

Schreiner C., & Schwantner U. (2009). *PISA 2006. Österreichischer Expertenbericht zum Naturwissenschaftsschwerpunkt.* Graz: Leykam. https://www.bifie.at/buch/815. Zugegriffen: 11. Juli 2012.

Schütz, A. (1944). The stranger: An essay in social psychology. *American Journal of Sociology, 49*(6), 499–507. http://www.jstor.org/stable/2771547. Zugegriffen: 17. Juni 2014.

Schütz, A. (1972). Der Fremde. In A. Brodersen (Hrsg.), *Gesammelte Aufsätze: Bd. 2. Studien zur soziologischen Theorie* (S. 53–69). Den Haag: Nijhoff.

Schwandtner, U., & Schreiner, C. (2010). *PISA 2009.* Graz: Leykam.

Seebaß, K., & Siegert, M. (2011). *Migranten am Arbeitsmarkt in Deutschland.* Nürnberg: Bundesamt für Migration und Flüchtlinge – BAMF. https://www.bamf.de/SharedDocs/Anlagen/DE/Publikationen/WorkingPapers/wp36-migranten-am-arbeitsmarkt-in-deutschland.pdf?__blob=publicationFile. Zugegriffen: 22. Mai 2016.

Shannon, T. (1996). *An introduction to the world system perspective.* Boulder: Westview.

Sheared, V. et al. (Hrsg.). (2010). *The Handbook of Race and Adult Education. A Resource for Dialogue on Racism.* San Francisco: Jossey-Bass.

Shields, G. M., & Shields, M. P. (1989). The emergence of migration theory and a suggested new direction. *Journal of Economic Surveys, 3,* 277–304.

Simmel, G. (1908). Exkurs über den Fremden. In O. Rammstedt (Hrsg.), *Soziologie. Untersuchungen über die Formen der Vergesellschaftung. Gesammelte Ausgabe* (Bd. 11, S. 764–771). Frankfurt a. M.: Suhrkamp.

Siegert, M. (2008). *Schulische Bildung von Migranten in Deutschland.* Nürnberg: Bundesamt für Migration und Flüchtlinge – BAMF. https://www.bamf.de/SharedDocs/Anlagen/DE/Publikationen/WorkingPapers/wp13-schulische-bildung.pdf?__blob=publicationFile. Zugegriffen: 8. Februar 2017.

Sippel, L. (2009). *Von Brain Drain zu Brain Circulation.* Berlin: Institut für Bevölkerung und Entwicklung.

Six-Hohenbalken, S., & Tosic, J. (Hrsg.). (2009). *Anthropologie der Migration. Theoretische Grundlagen und interdisziplinäre Aspekte.* Wien: Facultas.

Sjastaad, L. A. (1962). The costs and returns of human migration. *The Journal of Political Economy, 70,* 80–93.

Sly, D. F. (1972). Migration and the ecological complex. *American Sociological Review, 37,* 615–628.

Smelser, N., et al. (Hrsg.). (2009). *The handbook of economic sociology.* Princeton: Princeton University Press.

Smith, R. (1995). *Los Ausentes Siempre Presentes. The imaging, making and politics of a transnational community between Ticuani, Puebla, Mexiko, and New York City.* New York: Columbia University.

Smith, R. (1997). Reflections on migration, the state and the construction, durability and newness of transnational life. In L. Pries (Hrsg.), *Transnationale Migration, Soziale Welt* (Sonderband 12, S. 197–220). Baden-Baden: Nomos.

Speare, A. (1974). Residential satisfaction as an intervening variable in residential mobility. *Demography, 11,* 173–188.

Speare, A., Jr. (1971). A cost-benefit model of rural to urban migration in Taiwan. *Population Studies, 25,* 117–130.

SPIEGEL ONLINE. (Hrsg.) (2015a). Flüchtlinge in Asien: Horror 15 Kilometer vor dem Touristenparadies. http://www.spiegel.de/politik/ausland/fluechtlinge-vor-thailand-malaysia-indonesien-warten-auf-hilfe-a-1034043.html. Zugegriffen: 28. März 2016.
SPIEGEL ONLINE. (Hrsg.). (2015b). Klimawandel könnte die Golfregion unbewohnbar machen. http://www.spiegel.de/wissenschaft/natur/klimawandel-koennte-golfregion-bis-2100-unbewohnbar-machen-a-1059744.html. Zugegriffen: 28. März 2016.
Spielmann, Y. (2010). *Hybridkultur*. Berlin: Suhrkamp.
Spindler, S. (2011). Feminisierung von Migration – Formen und Folgen weiblicher Wanderungsprozesse. In G. Hentges & H.-W. Platzer (Hrsg.), *Europa – quo vadis?* (S. 171–186). Wiesbaden: VS Verlag.
Sprung, A. (2002). *Interkulturalität – eine pädagogische Irritation? Pluralisierung und Differenz als Herausforderung für die Weiterbildung*. Frankfurt a. M.: Lang.
Sprung, A. Pädagogische Konzepte der Migrationsgesellschaft. (2013). http://erwachsenenbildung.at/themen/migrationsgesellschaft/theorien_und_konzepte/paed_konzepte.php. Zugegriffen: 3. Apr. 2016.
Stanford, M. L. (1968). The race relations cycle of Robert E. Park. *The Pacific Sociological Review, 11*(1), 16–22.
Stark, O. (1984). Migration decision making: A review article. *Journal of Development Economics, 14*, 251–259.
Stark, O. (1986). *Research in human capital and development: Bd. 4. Migration, human capital, and development*. Greenwich: JAI Press.
Stark, O. (1991a). Labor migration and risk aversion in less developed countries. In O. Stark (Hrsg.), *The migration of labor* (S. 46–61). Oxford: Blackwell.
Stark, O. (1991b): On migration and risk in less developed countries. In O. Stark (Hrsg.), *The migration of labor* (S. 39–45). Oxford: Blackwell.
Stark, O. (1991c). *The migration of labor*. Oxford: Blackwell.
Stark, O., & Taylor, E. J. (1989). Relative deprivation and international migration. *Demography, 26*, 1–14.
Stanat et al. (2002). *PISA im Überblick*. Berlin: Max Planck Institut. https://www.mpib-berlin.mpg.de/Pisa/PISA_im_Ueberblick.pdf. Zugegriffen: 3. Juni 2016.
Statistik Austria. (Hrsg.). (2007). *Erwerbspersonen 2001 nach Stellung im Beruf bzw. sozioökonomischer Zugehörigkeit, Staatsangehörigkeit und Geschlecht*. www.statistik.at. Zugegriffen: 29. Sept. 2012.
Statistik Austria. (Hrsg.). (2011a). *Arbeitskräfteerhebung 2010. Ergebnisse des Mikrozensus*. www.statistik.at. Zugegriffen: 5. Mai 2012.
Statistik Austria. (Hrsg.). (2011b). *Migration und Integration. Zahlen, Daten, Indikatoren 2011*. www.statistik.at. Zugegriffen: 20. Sept. 2012.
Statistik Austria. (Hrsg.). (2011c). *Ordentliche Studierende an öffentlichen Universitäten 1955–2010*. www.statistik.at. Zugegriffen: 7. Juli 2012.
Statistik Austria. (Hrsg.). (2012). *Ausländische Schülerinnen und Schüler mit nicht deutscher Umgangssprache im Schuljahr 2010/11*. www.statistik.at. Zugegriffen: 6. Juli 2012.
Statistik Austria. (Hrsg.). (2014). *Mikrozensus- Arbeitskräfteerhebung 2014. Ergebnisse des Mikrozensus*. www.statistik.at. Zugegriffen: 3. Febr. 2016.
Statistik Austria. (Hrsg.). (2015). Migration und Integration. Zahlen, Daten, Indikatoren 2015. www.statistik.at. Zugegriffen: 3. Febr. 2016.
Statistik Austria (Hrsg.). (2016). Statistiken zu Bevölkerungsstruktur. Unterschiedliche Statistiken. www.statistik.at. Zugegriffen: 3. Febr. 2016.
Statistik Austria (Hrsg.). (2016). Statistiken zu Bevölkerungsstruktur. Unterschiedliche Statistiken. www.statistik.at. Zugegriffen: 3. Febr. 2016.

Statistik Schweiz. (Hrsg.). (2011). *Bevölkerung nach Migrationsstatus*. Bern: BFS. http://www.bfs.admin.ch/bfs/portal/de/index/themen/01/07/blank/dos/02.html. Zugegriffen: 20. Sept. 2012.

Statistisches Amt der Europäischen Union – EUROSTAT. (Hrsg.). (2016). *Statistiken zu internationalen Wanderungen, Wanderungsströmen und zur Migrantenbevölkerung*. www.ec.europa.eu/eurostat/de. Zugegriffen: 22. Mai 2016.

Statistisches Amt der Europäische Union – EUROSTAT. (Hrsg.). (2015). Integration von Migranten – Bildungsindikatoren im Jahr 2014. http://ec.europa.eu/eurostat/documents/2995521/6943086/3-21082015-AP-DE.pdf/be5661e3-4c84-472f-ab94-778afb43b8eb. Zugegriffen: 10. Apr. 2016.

Statistisches Bundesamt. (Hrsg.). (2012). *Bevölkerung mit Migrationshintergrund. Ergebnisse des Mikrozensus 2011*. Wiesbaden: DESTATIS. https://www.destatis.de/DE/Publikationen/Thematisch/Bevoelkerung/MigrationIntegration/Migrationshintergrund2010220117004.pdf?__blob=publicationFile. Zugegriffen: 20. Sept. 2012.

Statistisches Bundesamt. (Hrsg.). (2016). *Ausländische Bevölkerung: Unterschiedliche Statistiken*. www.destatis.de. Zugegriffen: 19. Mai 2016.

Steinberg, S. (1989). *The ethnic myth: Race, ethnicity, and class in America*. Boston: Beacon.

Steiner, M. (2011). Empirische Analyse der Beteiligung und Exklusion von MigrantInnen im österreichischen Schulsystem. In G. Biffl & N. Dimmel (Hrsg.), *Grundzüge des Managements von Migration und Integration, Migrationsmanagement* (Bd. 1, S. 275–290). Leobersdorf: Omninum.

Stenger, H. (1998). Soziale und kulturelle Fremdheit. *Zeitschrift für Soziologie, 27*(1), 18–38.

Stemmler, S. (Hrsg.). (2011). *Multikultur 2.0: Willkommen im Einwanderungsland Deutschland*. Göttingen: Wallstein.

Stiles, C., & Galbraith, C. (Hrsg.). (2003). *Ethnic entrepreneurship: Structure and process*. Amsterdam: JAI Press.

Stouffer, S. A. (1962a). Intervening opportunities: A theory relating mobility and distance. In S. A. Stouffer (Hrsg.), *Social research to test ideas* (S. 69–91). Glencoe: The Free Press of Glencoe.

Stouffer, S. A. (1962b): Intervening Opportunities and Competing Migrants. In S. A. Stouffer (Hrsg.), *Social research to test ideas* (S. 91–112). Glencoe: The Free Press of Glencoe.

Stouffer, S. A. (1962c). *Social research to test ideas*. Glencoe: The Free Press of Glencoe.

Straubhaar, T. (2007). Illegale Migration. Eine ökonomische Perspektive. *Rat für Migration: Politische Essays zu Migration und Integration, 2007*(3). http://www.hwwi.org/fileadmin/hwwi/Publikationen/Dossier/Zuwanderung_in_Deutschland/Straubhaar-illegale-Migration.pdf. Zugegriffen: 7. Okt. 2016.

Strauss, A., & Corbin, J. (1996). *Grundlagen qualitativer Sozialforschung*. Weinheim: Beltz.

Strebelow, S. (2010). Zusammenleben nach Multikulti. In T. Franz (Hrsg.), *SuKuLTuR*. http://www.satt.org/gesellschaft/10_06_interkultur.html. Zugegriffen: 23. März 2013.

Széll, G. (1972). *Regionale Mobilität*. München: Nymphenburger.

Tagesschau.de. (Hrsg.). (2015). 5000 Flüchtlinge starben 2015. https://www.tagesschau.de/ausland/fluechtlinge-tote-101.html. Zugegriffen: 2. Mai. 2016.

Taylor, J. E. (1986). Differential migration, networks, information, and risk. In O. Stark (Hrsg.), *Research in human capital and development: Bd. 4. Migration, human capital, and development* (S. 147–171). Greenwich: JAI Press.

Terkessidis, M. (2003). Zwischen Exotik, Folklore und Integration. Kulturarbeit in der Einwanderungsgesellschaft. In Institut für Kulturpolitik der kulturpolitischen Gesellschaft (Hrsg.), *Jahrbuch für Kulturpolitik 2002/2003* (S. 173–186). Essen: Klartext.

Terkessidis, M. (2004). *Die Banalität des Rassismus: Migranten zweiter Generation entwickeln eine neue Perspektive*. Bielefeld: Transcript.

Terkessidis, M. (2006). Kulturarbeit in der Einwanderungsgesellschaft. Zur kulturellen Praxis von MigrantInnen. *Kulturrisse. Zeitschrift für radikaldemokratische Kulturpolitik, 2006(3)*. http://kulturrisse.at/ausgaben/032006/oppositionen/kulturarbeit-in-dereinwanderungsgesellschaft.-zur-kulturellen-praxis-von-migrantinnen. Zugegriffen: 27. März 2013.

Terkessidis, M. (2010). *Interkultur*. Berlin: Suhrkamp.

Terkessidis, M. (2012a). Interkultur – Die Herausforderung der Einwanderungsgesellschaft. In I. Charim et al. (Hrsg.), *Lebensmodell Diaspora. Über moderne Nomaden* (S. 113–122). Bielefeld: Transcript.

Terkessidis, M., & Wimmer, C. Was macht Interkultur in der Kulturarbeit? (2012b). http://www.dorftv.at/videos/dorf-tv-redaktion/3757. Zugegriffen: 27. März 2013.

Terkessidis, M., Yildiz, E., Schmid, M. (2011). Interkultur und das Ende von Multikulti. Radiosendung. Wien: Radio Ö1, Reihe Dimensionen (Welt der Wissenschaft), gesendet am 14.2.2011, ab 19.06 Uhr. http://oe1.orf.at/programm/267130. Zugegriffen: 27. März 2013.

Thompson, C. W. (Hrsg.). (1994). *Hybridkultur. Ästhetik, Pragmatik und Geschichte der Bildschirmmedien*. Siegen: Universität Siegen.

Tilly, C. (1990). Transplanted networks. In V. Yans-McLaughlin (Hrsg.), *Immigration reconsidered. History, sociology, and politics* (S. 79–95). New York: Oxford University Press.

Tilly, C., & Brown, C. H. (1967). On uprooting, kinship, and the auspices of migration. *International Journal of Comparative Socology, 1967*(8), 139–164.

TIMSS. (Hrsg.). (2007). Mathematik & Naturwissenschaft in der Grundschule. Österreichischer Expertenbericht. Salzburg: Bundesinstitut für Bildungsforschung – BIFIE. https://www.bifie.at/buch/1191. Zugegriffen: 24. März 2013.

Todaro, M. P. (1976). *Internal migration in developing countries: A survey*. Geneva: International Labor Office.

Tomova, I. (2011). Transnational migration of Bulgarian Roma. In D. Kaneff (Hrsg.), *Global connections and emerging inequalities in Europe. Perspectives on poverty and transnational migration* (S. 103–124). London: Anthem.

Torrington, D., & Taylor, S., & Hall, L. (2011). *Human resource management*. Upper Saddle River: Pearson (Erstveröffentlichung 1987, Edinburgh: Prentice Hall).

Treibel, A. (1990). *Migration in modernen Gesellschaften. Soziale Folgen von Einwanderung und Gastarbeit*. Weinheim: Juventa.

United Nations. (Hrsg.). (2014). *International Migration Report 2013*. www.un.org. Zugegriffen: 12. Okt. 2015.

United Nations. (Hrsg.). (2015). *International Migration Report 2014*. www.un.org. Zugegriffen: 22. Sept. 2014.

United Nations. (Hrsg.). (2016a). *International Migration Report 2015*. www.un.org. Zugegriffen: 27. März 2016.

United Nations. (Hrsg.). (2016b). *Population facts, December 2015*. www.un.org. Zugegriffen: 27. März 2016.

United Nations. (Hrsg.). (2016c). *Trends in International Migrant Stock: The 2015 revision.* www.un.org. Zugegriffen: 27. März 2016.
United Nations High Commissioner for Refugees – UNHCR. (Hrsg.). (2015). World at war. Genf: UNHCR. http://www.unhcr.org/556725e69.html. Zugegriffen: 16. Mai 2016.
United Nations High Commissioner for Refugees – UNHCR. (Hrsg.). (2011). *Global trends 2010.* http://www.unhcr.at. Zugegriffen: 22. Sept. 2014.
United Nations High Commissioner for Refugees – UNHCR. (Hrsg.). (2014). *Global trends 2013.* http://www.unhcr.at. Zugegriffen: 22. Mai 2016.
United Nations High Commissioner for Refugees – UNHCR. (Hrsg.). (2016) Protecting Refugees. Diverses. http://www.unhcr.org. Zugegriffen: 22. Mai 2016.
United Nations Office on Drugs and Crime – UNODC. (Hrsg.). (2016). *Smuggling of migrants: The harsh search for a better life.* www.unodc.org. Zugegriffen: 22. Mai 2016.
Vertovec, S. (2007). Super-diversity and its implications. *Ethnic and Racial Studies, 30*(6), 1024–1054.
Wagner, M. (1989). *Räumliche Mobilität im Lebensverlauf: Eine empirische Untersuchung sozialer Bedingungen der Migration.* Stuttgart: Enke.
Wallerstein, I. (1974). Comparative studies. *Society and History, 16*(4), 387–415.
Walterskirchen G. (28. Juni 2015). Wohnbau in Österreich. *Die Presse.* http://diepresse.com/home/meinung/quergeschrieben/walterskirchen/4765137/Wohnbau-in-Osterreich_Ein-Selbstbedienungsladen-fur-Bonzen. Zugegriffen: 20. Mai 2016.
Wang, L., & Wang, G. (Hrsg.). (1998). *The Chinese diaspora. Selected essays* (Bd. II). Singapur: Marshall Cavendish Academic.
Welsch, W. (2009). Was ist eigentlich Transkulturalität? In L. Darowska & C. Machold (Hrsg.), *Hochschule als transkultureller Raum? Beiträge zu Kultur, Bildung und Differenz* (S. 39–66). Bielefeld: Transcript.
Wicker, H. R., et al. (Hrsg.). (2003). *Migration und die Schweiz.* Zürich: Seismo.
Wieviorka, M. (2003). *Kulturelle Differenzen und kollektive Identitäten.* Hamburg: Hamburger Edition.
Wihtol de Wenden, C. (1997). Kulturvermittlung zwischen Frankreich und Algerien: Eine transnationale Brücke zwischen Immigranten, neuen Akteuren und dem Mahgreb. In L. Pries (Hrsg.), *Transnationale Migration, Soziale Welt* (Sonderband 12, S. 265–276). Baden-Baden: Nomos.
Willems, H. (1999). Institutionelle Selbstthematisierungen und Identitätsbildungen im Modernisierungsprozess. In A. Hahn (Hrsg.), *Identität und Moderne* (S. 62–101). Frankfurt a. M.: Suhrkamp.
Wirtschaftskammer Österreich – WKO. (Hrsg.). (2016). Selbständig Erwerbstätige 1980–2015. http://wko.at/statistik/jahrbuch/am-selbstaendige.pdf. Zugegriffen: 2. Febr. 2016.
Wirtschaftslexikon. *Schattenwirtschaft.* (2016). www.wirtschaftslexikon24.com. Zugegriffen: 7. Okt. 2016.
Wolpert, J. (1965). Behavioral aspects of the decison to migrate. *Papers and Proceedings of the Regional Science Association, 15,* 159–169.
World Bank. (2015). http://www.worldbank.org. Zugegriffen: 6. Apr. 2016.
Yans-McLaughlin, V. (Hrsg.). (1990). *Immigration reconsidered. History, sociology, and politics.* New York: Oxford University Press.
Yildiz, E. (2008). *Urban recycling. Migration als Großstadt-Ressource.* Berlin: Birkhäuser.

Yildiz, E. (2009). Was heißt hier Parallelgesellschaft? Von der hegemonialen Normalität zu den Niederungen des Alltags. In S. Hess (Hrsg.), *No integration?! Kulturwissenschaftliche Beiträge zur Integrationsdebatte in Europa* (S. 153–170). Bielefeld: Transcript.

Zangwill, I. (1909). *The melting pot. New York: The Jewish publication society of America.* London: MacMillan.

Zapf, W. (Hrsg.). (1971). *Theorien des sozialen Wandels.* Köln: Kiepenheuer & Witsch.

Zhou, M. (2004). The role of the enclave economy in immigrant adaptation and community building: The case of New York's Chinatown. In J. Butler & G. Kozmetsky (Hrsg.), *Immigrant and minority entrepreneurship: Building American communities* (S. 37–60). Westport: Praeger.

ZEIT ONLINE. (Hrsg.). (2014). 23.000 Flüchtlinge gestorben oder vermisst. http://www.zeit.de/gesellschaft/zeitgeschehen/2014-03/fluechtlinge-europa-tote-lampedusa-libyen. Zugegriffen: 20. März 2016.

ZEIT ONLINE. (Hrsg.). (2015). UN zählt 2015 eine Million neue Flüchtlinge in Europa. http://www.zeit.de/politik/ausland/2015-12/un-fluechtlinge-europa-2015. Zugegriffen: 26. März 2010.

Zelinsky, W. (1971). The hypothesis of the mobility transition. *Geographical Review, 61*(2), 219–249.

Zimmermann, K. (2012). *Ökonomische Ursachen und Folgen von Migration.* Bonn: IZA und Universität Bonn. http://ftp.iza.org/sp47.pdf. Zugegriffen: 27. März 2016.

Zipf, G. K. (1946). The P1*P2/D Hypothesis: On the intercity movement of persons,*American Sociological Review, 11,* 677–686.

Zlotnik, H. (1992). Empirical identification of international migration systems. In M. M. Kritz, L. L. Lin, & H. Zlotnik (Hrsg.), *International migration systems. A global approach* (S. 19–40). Oxford: Clarendon.

The manufacturer's authorised representative in the EU is Springer Nature Customer Service Centre GmbH, Europaplatz 3, 69115 Heidelberg, Germany. If you have any concerns regarding our products, please contact ProductSafety@springernature.com

Printed and bound by CPI Group (UK) Ltd, Croydon, CR0 4YY

25/03/2026

02078214-0002